U0083440

古代歷史文化 研究輯刊

三 編

王明蓀 主編

第 19 冊

三楊與明初之政治

駱芬美 著

明宦官王振之研究

王文景 著

國家圖書館出版品預行編目資料

三楊與明初之政治　駱芬美著／明宦官王振之研究　王文景
著 — 初版 — 台北縣永和市：花木蘭文化出版社，2010〔民
99〕
目 4+134 面 + 目 2+130 面；19×26 公分
（古代歷史文化研究輯刊 三編：第 19 冊）
ISBN：978-986-254-001-5（精裝）
1. 中國政治制度　2. 內閣　3. 宦官　4. 明代
573.527　　　　　　　　　　　　　　　　98014338

ISBN - 978-986-2540-01-5

9 789862 540015

古代歷史文化研究輯刊
三 編 第十九冊　　　　ISBN：978-986-254-001-5

三楊與明初之政治
明宦官王振之研究

作 者　駱芬美／王文景
主 編　王明蓀
總 編 輯　杜潔祥
出 版　花木蘭文化出版社
發 行 所　花木蘭文化出版社
發 行 人　高小娟
聯 絡 地 址　台北縣永和市中正路五九五號七樓之三
　　　　　　電話：02-2923-1455 ／傳眞：02-2923-1452
網 址　http://www.huamulan.tw 信箱 sut81518@ms59.hinet.net
印 刷　普羅文化出版廣告事業
初 版　2010 年 3 月
定 價　三編 30 冊（精裝）新台幣 46,000 元
版權所有·請勿翻印

三楊與明初之政治

駱芬美　著

作者簡介

　　駱芬美，1956 年出生，雲林縣土庫鎮，輔仁大學歷史學士，中國文化大學史學碩士，碩士論文「三楊與明初之政治」（1982）（指導老師：程光裕教授）。

　　中國文化大學史學博士，博士論文「明代官員丁憂與奪情之研究」（1997）（指導老師：王家儉教授）。

　　曾在世新、輔大、海洋、實踐、台科大、護理學院、空大等校兼課。

　　目前專職銘傳大學通識教育中心副教授。

　　因長期擔任通識課程，遂涉及「台灣史」、「中國史」、「兩岸關係」與「世界史」的教學領域。「影視史學」、「田野與口述歷史」則是近年歷史教學較多採用的模式，亦為近年研究的方向與興趣。

提　要

　　歷史上許多重要史事的確立及演變，往往受到當代傑出人物睿智之啟發與影響。要瞭解明初政治權力結構層之轉變關鍵，則需留意當時的「三楊」（楊士奇、楊榮、楊溥）。

　　明代自太祖罷相後，過渡時期雖曾設四輔官，尋因功能效益不彰而廢棄，遂設殿閣大學士以為補救，然皆僅備顧問而已。至成祖時代的內閣，在位亦僅止於此，自後歷經仁、宣、英宗三朝，內閣地位、職權提升，成為實權之掌握者。此乃三楊相繼入閣，在閣內卓越之表現，獲歷朝皇帝寵任所致。在英宗正統初期，內閣權勢雖然高漲，卻為明代宦禍養成之始，斲喪明代元氣甚鉅。歸結其因，三楊之姑息養奸，以及太祖廢相後，不健全之制度使然。

　　三楊於明初政治既具有舉足輕重之地位，本文乃試圖以三楊的事蹟為經，所歷朝代為緯，探討三人事功之得失 如此則對於當時之政治 或許有追溯源始 深入了解的裨益。全文計分六章，其要點如後：

　　第一章緒論。指出明初政治之重點所在，及三楊與明初政治之關係，並闡明本文研究之動機、範圍、方法。

　　第二章三楊的傳略與品騭。探討三楊之家世、生平事略、及人格特質，以明三楊宦途起伏之根本原因。

　　第三章三楊與明初之內閣。明初內閣地位、職權之提升與轉變，乃由三楊輔政治，在閣同心輔政，造成仁、宣及英宗初年的昇平。本章之探討除先詳內閣形成、轉變之情況外，並以三楊在閣時期之政治表現，促使內閣地位逐漸加重為重點。內閣制度結構層之轉換，直接的就造成六部權力的蛻變，所以從三楊在閣時期所擁有的權限，及其實質表現，可對明初政權的轉移，尋出一條脈絡本。

　　第四章三楊與四朝皇帝。三楊能久任朝廷，固然由於當時政治清明，同時也因深獲當時皇帝之寵任所致。本章旨在探討三楊與四朝皇帝之關係，及如何取得皇帝的信任與重用，而成為舉足輕重之角色。然三人寵遇有殊，此則端視其個人才能之表現、時代之需要，以及皇帝之好惡，而互有起伏。

　　第五章三楊與宦官權勢的消長。英宗以幼沖即位，太皇太后委政三楊，然此時，卻隱藏宦官擅權之危機。論者對以三楊下世，振始弄權，而謂若三人在，當不及此；或以為三人依違中旨，內閣失柄，而釀成宦禍。本章即針對此探討三楊對王振之弄權，是否有負有姑息養奸之責，抑或在當時的客觀情勢下，已有莫可如何之定局。

　　第六章結論。總結各章所揭櫫之大要，並予三楊功業之得失，予以一客觀之評價。

目

次

第一章　緒　論

　　中國歷史上許多重要的事件，其產生及演變，難免會受到當代傑出人物之睿智啓發和影響。而這種人物的出爲世用則端視君王之器重與委任，以及當時的政治環境與其個人才華與能力的相配合。因此，倘能選擇當時政治上的關鍵人物，以他們的事蹟爲經，所歷之朝代爲緯，則有助於對當時政治情況的深入了解。

　　明所繼承的朝代乃是一般史家所認爲的「馬上」得天下，「馬上」治天下的蒙古王朝，是中國歷代最無制度的一個朝代。爲此，明代若干政治與其他漢家王朝歧異，其中最爲特殊者乃「內閣制度」的產生，明太祖洪武十三年（1380）罷相，誠開中國歷史之先例，此後兩百六十年的明代歷史便無「宰相」之名。事實上早在罷相以後的六十餘年，「宰相」制度便已變相的復活，此即「內閣制度」〔註1〕。內閣自設立後，短短二、三十年間，由備顧問之秘書性質，漸變成形同「宰輔」之地位。然而在它的極盛期之隱後，卻是宦官擅權的開始。這種演變即是本文研究之主旨。

　　要探究前述的「內閣制度」，則需注意當時的「三楊」，「三楊」即史稱的楊士奇、楊榮、楊溥。太祖罷相之後，曾三令五申以後嗣君不得議置宰相。後設置四輔官，因功能的效益不彰而廢，尋設內閣大學士以爲補救，然皆備顧問而已。成祖、仁、宣三朝，三楊相繼入閣，造致內閣制度丕變，至此，內閣雖無「丞相」之名，卻有「丞相」之實權了。何以三楊之輔政，足以造成內閣地位的改變？厥爲本文研究動機之一。

　　三楊久歷朝政——按：士奇入直內閣三十四年、榮三十七年、溥三十二年。三人歷成祖、仁、宣、英四朝，爲四朝皇帝所重，集皇恩榮寵於一身，

〔註1〕 蘇同炳著，〈明代相權問題研究〉，《明史偶筆》（臺北：臺灣商務印書館，人人文庫，民國65年7月，第2版），頁2。

又因能同心輔政，以致仁宣及英宗初年出現治平之政，論明初賢臣必稱「三楊」〔註2〕。他們能獲此殊遇，史論稱美？此亦本文研究動機之二。

英宗正統時期，宦官王振擅權跋扈，此爲明代宦官專權大壞朝政之始，當時有「土木之變」的辱國，洶至蔓延及天啓年間魏忠賢之肆虐天下，斲喪國家元氣，爲害之大，亦以此爲濫觴。論者以：「三楊先後下世，振始弄權」〔註3〕，又曰：「此三人者在，當不及此」〔註4〕。或謂：「其依違中旨，內閣失柄，釀成振禍者，此三人也」〔註5〕，甚且曰：「春秋責備賢者，其能逭乎」〔註6〕。誠如以上所論，三楊對王振之弄權，是否該負姑息養奸之責？爲本文研究動機之三。

按諸史學方法，梁任公云：「合傳這種體裁，在傳記中最爲良好，因爲他是把歷史性質相同的人，或者互有關係的人物，聚在一處，加以說明，比較單獨敘述一人，更能表示歷史眞相」〔註7〕。楊士奇、楊榮、楊溥在明代歷史上合乎上述條件，其幾乎是同時進退於明代政治舞臺，故本文擬以「三楊」爲研究主題，以其所歷任之成祖、仁、宣、英四朝爲斷限，探討他們的事功。然而制度本非突起，追溯其源流，則不能不始於洪武朝，以故本文以「三楊與明初之政治」爲題。

本文所擬綱領爲三楊的傳略與品隲、三楊與明初之內閣、與四朝皇帝、及與宦官權勢的消長四部分。當矜其功勳之處，則不煩其詳，然糾其不當者，亦不吝於揭露。徵引之資料，朝政事蹟首以明實錄爲主，明史爲輔。涉及私人行爲思想則以《東里全集》、《文敏集》、《年譜》、《明史列傳》、《方志》等爲資料來源，並參考明人撰著之奏疏，別記、文集、詩集、筆記等，旁求到清人之撰著以及近人於期刊、雜誌發表之相關論文而成。

〔註2〕 明・李紹文撰，《皇明世說新語》（明萬曆庚戌雲間李氏原刊本，國立中央圖書館善本室藏），卷4，〈品藻〉，頁11。

〔註3〕 明・許浩撰，《兩湖塵談錄》，《歷代小史》（臺北：藝文印書館，《百部叢書集成》之七，據明李栻輯刊本影印），卷95，頁5；明・耿定向撰，《碩輔寶鑑》（臺北：文海出版社，明人文集叢刊第1期，據明藍格鈔本影印），卷11，頁1128。

〔註4〕 清・張廷玉等纂，《明史》（臺北：國防研究院，明史編纂委員會，民國51年12月臺初版，新刊本），卷148，列傳36，頁1827。

〔註5〕 同註4。

〔註6〕 明・尹直撰，《謇齋瑣綴錄》，《歷代小史》（臺北：藝文印書館，《百部叢書集成》之七，據明李栻輯刊本影印），卷93，頁9。

〔註7〕 梁啓超著，《中國歷代史研究法附補編》（臺北：臺灣中華書局印行，民國66年3月臺12版），頁57。

第二章　三楊的傳略與品騭

　　楊士奇、楊榮、楊溥三人於英宗正統朝共掌閣事，因有張太皇后的寵信及先朝正人君子在位之同心輔政，造成天下清平，朝中幾無失政，於是當時論賢臣必稱「三楊」，且其名並傳播天下，四夷外國亦皆知之，時人爲便於分別起見，以其居第來區分，稱士奇爲西楊，榮爲東楊，而溥則因其署郡望爲南郡，故稱爲南楊。〔註1〕

　　三楊雖於正統間才共掌閣事，然其分別在閣之時期並不僅於此，成祖時，士奇及榮已與解縉等人同直內閣，而溥也爲仁宗在皇儲時之僚屬，且三人皆歷事成祖、仁、宣、英四朝，位望隆尊，「爲時耆碩」。〔註2〕

　　三人除了在朝事功皆卓著外，各有長才，士奇以「文學」才華名，榮以政事「敏捷」著，溥以「節操」清雅稱，爲時人所傳頌〔註3〕，以下擬論三楊生平。

第一節　楊公士奇（文貞）

　　楊士奇，初名寓〔註4〕，字士奇〔註5〕，一字僑仲〔註6〕，後以字行，人

〔註1〕 清・張廷玉等纂修，《明史》，卷148，列傳36，頁1827；明・李紹文撰，《皇明世說新語》，卷4，〈品藻〉，頁11上；明・葉盛撰，《水東日記》（臺北：藝文印書館，《百部叢書集成》之十六，紀錄彙篇第七函，據清康熙賜書樓重校刊刻本影印），卷3，頁8。

〔註2〕 清・張廷玉等纂修，《明史》，卷148，列傳36，頁1827。

〔註3〕 明・尹直撰，《謇齋瑣綴錄》，《歷代小史》，卷93，頁9。

〔註4〕 關於楊士奇之名，有下列諸說：

　　1.名寓：清・張廷玉等纂修，前引書，頁1822；明・陳賞撰，〈東里先生小傳〉，

稱西楊，以世爲西昌東里儒家〔註7〕，故又曰東里先生。江西泰和人（今江西泰和），生於元至正二十五年（1365），卒於英宗正統九年（1444）三月十四日，年八十，贈太師，諡文貞。〔註8〕

一、家世與背景

（一）家世──先代乃官宦門第，儒學爲行

士奇著籍江西泰和，然其祖先並非世居此地，遠祖原散居華陰（今陝西潼關），至唐天祐初楊堪以刑部員外郎使吳越，因楊行密亂不得歸，遂家錢唐（今浙江杭縣），南唐楊輅時始居廬陵（今江西吉安），輅之子銳徙吉水（今江西吉安），銳之孫延安又徙上逕，延安孫允素始定居泰和。〔註9〕

曾祖景行，字賢可，元時累官至翰林待制、朝列大夫，所歷州縣，皆有

《國朝獻徵錄》（臺北：臺灣學生書局，《中國史學叢書》六，民國54年6月影印出版），卷12，頁35，總頁402。

2.名遇：明‧尹守衡撰，《明史竊》（臺北：華世出版社，據民國23年東莞博物館刊本影印，民國67年出版），卷66，頁1，總頁1455；明‧傅維鱗撰，《明書》（臺北：藝文印書館，《百部叢書集成》之九四，《畿輔叢書》，據清光緒王灝輯刊本影印），卷120，頁6。

3.名寄：清‧查東山撰，《罪惟錄》（臺北：臺灣商務印書館，《四部叢刊》三編史部，據上海涵芬樓影印吳興劉氏嘉業堂藏手稿本影印），傳20，頁5，總頁7196。然此於名寄之下又云：「墓志云：初名寓」。

由上列諸資料，以名「寓」爲是。

〔註5〕 1.字士奇：同註4，所引諸書。
2.改名士奇：明‧鄧球撰，《皇明泳化類編》（臺北：國風出版社，民國54年4月初版，據明隆慶間刊鈔補本影印），別集，卷136，頁14～15，總頁⑧676-7。

〔註6〕 明‧陳賞撰，前引書，卷12，頁35，總頁402。

〔註7〕 同註6。

〔註8〕 同註2引書，頁1822。

〔註9〕 明‧楊士奇撰，〈泰和楊氏族諸序〉，《東里全集》（臺北：臺灣商務印書館，欽定《四庫全書》珍本七集），續集，卷13，頁1：「楊氏出姬姓，晉武公子伯僑四世孫叔向食采於楊，生食我，以邑爲氏，食我之後散居華陰，在戰國時，曰章生秦卿款，款生石，從沛公征伐爲太史，生赤泉嚴侯喜，喜七世至太尉震，震第五子城門校尉中書侍郎奉，奉八世孫結仕慕容氏爲中山相，結三世至恩，恩七世至寧，寧生虞卿，虞卿生堪，堪生承休，唐天祐初以刑部員外郎使吳越，楊行密亂不得歸，遂家錢唐，承休生嚴，嚴生郁，郁生墠，歸宋太宗更其名爲覃（《宋史》有傳），覃生文友，文友生輅，來居廬陵郡中，則廬陵楊氏始祖也，廬陵府君二子，銳徙吉水楊家莊，鋋徙吉水淹塘，銳之孫延安又徙上逕，延安孫允素始徙泰和，則爲泰和楊氏始祖也。」

惠政，及去，民皆立石頌之〔註 10〕。景行爲官清廉，故雖以「四品朝官，服金紫」致仕，家道貧困〔註 11〕，人見其以官高而貧，較之里中官卑而貲產充溢，甚表不平，景行淡然而云：「天道公平，貴者減富，富者減貴。」其忠厚不矜至此，人皆服之。〔註 12〕

祖榮，不仕，以「文學行義重於時」〔註 13〕。父子將，原爲伯公辰之子，以父母早逝，叔公榮無子遂立爲子〔註 14〕。自幼機警，好讀書，文思敏捷，孝事其親〔註 15〕，惜年僅三十四而終〔註 16〕。未仕，亦以「文學行義重於時」〔註 17〕。母陳氏諱元貞，字開元，年十六來歸，二十九歲夫卒〔註 18〕，攜士奇改嫁同里德安府同知羅性，後因性坐累謫戌，得歸〔註 19〕，洪武三十一年（1398）六月十三日歿，年至六十。士奇生周歲，父即卒，未能親受父教，多得力於其母之殷殷教誨。〔註 20〕

士奇之先祖雖至其祖榮後皆不仕，然因士奇之力學，在朝之日獲成祖、仁、宣、英宗的拔識，寵命優渥，進而光耀門楣，其祖考妣三代並且蒙累封追贈，三代考皆至光祿大夫、柱國少師、兵部尚書兼華蓋殿大學士，妣皆夫人。〔註 21〕

士奇元配嚴氏諱琇，天資溫靜明淑，所爲近道，自用以儉，處族姻以忍

〔註 10〕明・宋濂等撰，《元史》（臺北：洪氏出版社標點校勘本，民國 64 年元月初版），卷 192，列傳 79，《楊景行傳》，頁 4366。

〔註 11〕明・楊士奇撰，〈先世遺事錄〉，《東里全集》，續集，卷 48，頁 2。

〔註 12〕同註 11。

〔註 13〕明・王直撰，〈少師泰和楊公傳〉，《抑菴文集》（臺北：臺灣商務印書館，四庫珍本八集），卷 11，頁 7。

〔註 14〕明・楊士奇撰，〈陳情推封〉，《東里全集》，別集，卷 3，頁 27；明・楊榮撰，〈楊子將哀辭〉，《文敏集》（臺北：臺灣商務印書館，四庫珍本四集），卷 25，頁 12。

〔註 15〕明・楊榮撰，〈楊子將哀辭〉，《文敏集》，卷 25，頁 11；明・楊士奇撰，〈慈訓錄〉，《東里全集》，續集，卷 48，頁 5～8。

〔註 16〕明・楊榮撰，〈楊子將哀辭〉，《文敏集》，卷 25，頁 12。

〔註 17〕同註 13。

〔註 18〕明・楊士奇撰，〈慈訓錄〉，《東里全集》，續集，卷 48，頁 4。

〔註 19〕清・張廷玉等纂修，《明史》，卷 148，列傳 36，頁 4；明・陳賞撰，前引書，卷 12，頁 35，總頁 402。

〔註 20〕同註 18。

〔註 21〕明・楊士奇撰，〈東里老人自志〉，《東里全集》，續集，卷 39，頁 26；《明太宗實錄》（臺北：中研院史語所，民國 52 年刊本，據紅格抄本微捲影印），卷 125，永樂十二年二月丙辰朔條，頁 1，總頁 1565。

爲和，敬長慈幼咸當其分，男女非己出者恩愛均一，助士奇尤多。惜於洪熙元年卒，年四十八〔註22〕，繼娶郭氏無子卒〔註23〕，後皆封夫人〔註24〕。納一婢季氏，亦如制封之夫人不爲例〔註25〕。有三子四女七孫〔註26〕，長子稷「傲狠」，鄉人甚苦，於士奇卒後二月，死於獄中。次子稹〔註27〕，字叔簡，少豪放，後折節向學，博涉經史，能詩賦談論娓娓，一時大臣之子中能文者稱道，以蔭補尚寶丞。成化中，遷爲卿，久上，上言尚寶司官才可用者，宜以例推舉，報可，竟不舉。稹不能平，乞改南京。秩滿，進太常少卿，仍掌司事卒。〔註28〕

孫，載鳴，嘉靖中進士，督學東粵〔註29〕，寅秋，萬曆初進士，初授東莞令，召入爲侍御史，出僉憲雲南，莞民爲立祠尸祝之〔註30〕。曾孫，嘉祚，

〔註22〕 1.嚴氏有子：明·楊士奇撰，〈故妻夫人嚴氏墓誌銘〉，《東里文集》，卷21，頁4，中有載：「夫人謂余曰：『先舅姑墳容當久曠展省耶，（中略），妾請行焉。』遂以其子歸，（中略），六年，余得疾頓劇，累月未解，夫人以其子來視。」可知嚴氏有子。

2.嚴氏無子：明·鄧球撰，〈皇明泳化類編〉，《別集》，卷134，頁12，總頁⑧604，中云：「嚴氏無子卒。」今從1.說。

〔註23〕 明·鄧球撰，前引書，別集卷之134，頁12，總頁⑧604。

〔註24〕 明·楊士奇撰，〈東里老人自志〉，《東里全集》，續集，卷39，頁27；明·楊士奇撰，〈故妻夫人嚴氏墓誌銘〉，《東里全集》，文集，卷21，頁5。

〔註25〕 明·凌迪知撰，《國朝名世類苑》（明萬曆乙亥（三年）吳興凌氏原刊本，國立中央圖書館善本室藏），卷15，頁23下～24上；明·李紹文撰，前引書，卷6，頁23。

〔註26〕 同註24，原有四男，即稷、种、稹、秩，种先卒，故餘三男。

〔註27〕 其名字有數種寫法：

1.稹：明·楊士奇撰，〈故妻夫人嚴氏墓誌銘〉，《東里全集》，文集，卷21，頁5；清·張廷玉等纂修，《明史》，卷148，列傳36，頁1824。

2.導：清·王鴻緒編，明史稿（臺北：文海出版社，民國51年11月初版，據敬愼堂刊橫雲山人集本影印），列傳33，頁8，總頁312；清·徐乾學編，《明史列傳》（臺北：臺灣學生書局，民國59年12月影印初版，據國立中央圖書館藏書鈔本影印），卷25，頁1020。

3.稺：明·黃佐、廖道南撰，《殿閣詞林記》（臺北：臺灣商務印書館，四庫珍本九集），卷1，頁13。

〔註28〕 清·王鴻緒編，《明史稿》，列傳33，頁8，總頁312；清·徐乾學編，《明史列傳》，卷25，頁1020。

〔註29〕 明·尹守衡者，《明史竊》，卷66，頁5，總頁1463。

〔註30〕 同註29。清·陳伯陶纂修，〈東莞縣志〉《廣東方志》之八（臺北：臺灣學生書局，據民國10年鉛印本影印，民國57年4月影印初版），卷50，頁8，總頁1947。

寅秋子，萬曆丙辰進士（關於士奇之家世系統見表2-1）。〔註31〕

表2-1：楊士奇家世系統表

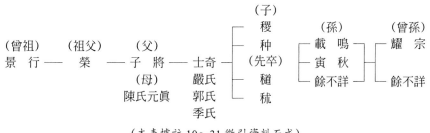

（本表據註10～31徵引資料而成）

（二）庭訓——母教的偉大

　　士奇生周歲而孤，賴母陳氏之保育教訓，得以卓然成立，尤其於學問基礎之紮根功夫，有甚深的影響。方五歲，即每日令識五、六字。稍長，則教之以學應力求熟記精究，並訓之曰：「汝今宜專事經傳，未可汎閱，枉費日力。」又曰：「讀書必究義理，義理不通，雖熟何用。」士奇曾著論辨議古人，其母覽之不滿曰：「諺恆言，未學行不可學走，汝違此戒，豈不聞書未到康成地，不敢言譚議漢儒，汝今見得古人幾分，敢肆妄誕。」立取其稿火之。而見士奇於親執井汲杵臼之事畢輒讀書，喜而教之曰：「人居世未必長富貴，但貧賤入富貴，非讀書未易得也」〔註32〕，因此，士奇益加勤奮而力學。

　　士奇交友，其母亦甚限制。士奇曾從心吾先生讀書於僧寺間，與僧童身份之同學至家，其母怒曰：「寡婦之子乃與僧同侶乎？」取仗將笞之，士奇跽謝不敢。又曾偕同學市兒至家，其母亦怒形於色曰：「此兒無父又無好母，汝獨不思乎？」士奇每自外歸來，母必問今日與誰親近？若聞與正人君子則善，若平庸之常人，則曰：「此何益於汝，曷若閉門讀書自有益也。」並剖析曰：「近正人君子如行晴天暖日之下，自然心目光明，四體融暢；近庸人俗子譬如行風埃昏霧中，非但無所見，且有霑汙矣」。〔註33〕

　　對士奇做人處事方面，其母時時予以警惕與鼓勵。所以士奇少時家雖貧，但從不敢與人較利，或推己遜人，其母聞而喜，乃曰：「汝初生，術者與汝父

〔註31〕同註29。
〔註32〕明‧楊士奇撰，〈慈訓錄〉，《東里續集》，卷48，頁5～6。
〔註33〕同註32。

日,兒後當食祿,即其言驗尤應推利及人」〔註34〕。見士奇有義行,則鼓勵曰:「吾兒力學嚮義,足以光先世矣」〔註35〕。又曾訓之曰:「自我歸汝家,耳聞目見,楊氏仕者皆以儒術進,皆秉廉潔,從來無以贓敗者,雖家貧而譽好,汝皆勿墮也」。〔註36〕

在一位識大體的母親殷殷教誨下,士奇往後一生的行誼,無論從政、或為人處事皆有莫大的影響。

二、生平事略

士奇少孤好學,雖甚貧仍親執勞務,未嘗廢卷,時天下已定,卻苦無書,四書五經皆手抄以為讀本。受業於海桑先生,乃士奇母世父,見士奇敦敏好學,甚愛之,朝夕訓飭,年十三,士奇已能通經,十五則為邑弟子師〔註37〕。弱冠時游章貢,章貢守重禮之,請攝琴江教事〔註38〕,不久遭誣,避罪走武昌〔註39〕,變名楊立可,居江夏間〔註40〕,其後改名楊士奇。〔註41〕

士奇少年時曾登黃鶴樓與蔣隱溪子立遊,慨然有幽人貞士之志〔註42〕,故當日雖學行日益有聞,縉紳君子禮重焉,郡縣交舉為學官,皆不就。〔註43〕

明初太祖求才若渴,科舉之外,另闢薦舉之途,由是人才稱盛。士奇之

〔註34〕 同註32引書,頁8。

〔註35〕 明‧鄧球撰,前引書,〈人物〉,卷50,頁1,總頁③525。

〔註36〕 同註34。

〔註37〕 明‧王直撰,〈少師泰和楊公傳〉,《抑菴文集》,卷11,頁7;明‧陳賞撰,前引書,卷12,頁36,總頁402。

〔註38〕 明‧陳賞撰,前引書,卷12,頁37,總頁403;明‧傅維鱗撰,《明書》,卷120,頁7;明‧尹守衡撰,《明史竊》,卷66,頁455。

〔註39〕 明‧鄧球撰,前引書,別集,卷136,頁14~15,總頁③676-7。中云:「以失印避罪走武昌」;同書,〈人物〉,卷50,頁1,總頁③525,中僅言:「遭誣走武昌」;明‧何喬遠撰,《名山藏‧臣林記》(臺北‧成文出版社,民國60年臺1版,據明崇禎十三年刊本影印),頁3388,中僅云:「遭誣亡入武昌。」清‧查東山撰,《罪惟錄》傳20,頁5,總頁7196,中云:「琴江令入覲罪死,而士奇方又揖縣,事俱,逃之武昌。」

〔註40〕 明‧鄧球撰,前引書,〈人物〉,卷50,頁1,總頁③525;同書別集,卷136,頁14,總頁⑧676;明‧何喬遠撰,《名山藏‧臣林記》,頁3388。

〔註41〕 明‧鄧球撰,前引書,〈人物〉,卷50,頁1,總頁③525。

〔註42〕 明‧耿定向撰,《碩輔寶鑑》,卷11,頁1051;明‧黃佐、廖道南撰,《殿閣詞林記》,卷1,頁7。

〔註43〕 明‧耿定向撰,前引書,卷11,頁1051;明‧王直撰,〈少師泰和楊公傳〉,《抑菴文集》,卷11,頁7。

入仕，即不由科目而以布衣受薦〔註44〕。建文即位（洪武三十一年，1398），時士奇年登三十四〔註45〕，朝廷敕修《太祖實錄》，士奇以「博學」受王叔英之薦入翰林任編纂，當日史館皆集四方宿儒，朝廷欲官之，命吏部考第諸編纂之高下，尚書張紞讀其策喜曰：「時務有用之才，不但文詞之工而已。」奏士奇第一〔註46〕，授吳王府審理副〔註47〕，仍令執筆翰林。

成祖「靖難」，師入南京，士奇等郊迎於金川門。朱棣即位，改編修，簡入內閣，典機務。數月進侍講〔註48〕。永樂二年（1404），選東宮宮僚，士奇以翰林院侍講兼左春坊左中允改北京刑部主事〔註49〕。五年（1407），進左春坊左諭德〔註50〕。六年（1408），命與楊榮、黃淮等輔皇長孫。七年（1409），帝北巡，命與黃淮等留輔太子〔註51〕。十一年（1413），帝北征，士奇仍留輔

〔註44〕明・王世貞撰，《列朝盛事》，《明清史料彙編初集》，第 1 冊（臺北：文海出版社影印本），頁 78；明・王世貞撰，《弇山堂別集》（臺北：臺灣學生書局，民國 54 年 5 月初版，影印本），卷 5，頁 17，總頁 2430。

〔註45〕1.三十四歲，士奇為元至正二十五年（1365）生，據推算至此年為洪武三十一年（1398），應為三十四歲。詳見附錄：三楊年表。
　　　　2.三十六歲：明・鄧球撰，前引書，〈人物〉，卷 50，頁 1〜2，總頁③525-6，中云：「建文初，朝臣以名儒薦授教職，時年三十六歲，未任，會修高宗實錄」；明・傅維鱗撰，《明書》，卷 102，頁 7〜8，中云：「建文初（中略）時年三十六。」
　　　　然仍以三十四歲為正確。

〔註46〕明・陳賞撰，前引書，卷 12，頁 36，總頁 403；明・王直撰，〈少師泰和楊公傳〉，《抑菴文集》，卷 11，頁 7。

〔註47〕1.吳王府：《明太宗實錄》，卷 10 上，洪武三十五年七月丙戌條，頁 7，總頁 156；明・楊士奇撰，〈東里老人自志〉，《東里續集》，卷 39，頁 26。
　　　　2.親王府：明・陳賞撰，前引書，卷 12，頁 36，總頁 403；明・王直撰，〈少師泰和楊公傳〉，《抑菴文集》，卷 11，頁 7。
　　　　3.吳府：明・傅維鱗撰，《明書》，卷 102，頁 7〜8。
　　　　4.齊府：明・尹守衡撰，《明史竊》，卷 3，〈革除紀〉，頁 4，總頁 163。
　　　　5.齊王府：清・孫承澤撰，《春明夢餘錄》（臺北：大立出版社，據光緒九年孟春刻成版藏廣州惜分陰館古香齋本影印），卷 23，頁 14，總頁 249。但於其同卷，頁 4，總頁 244，中則云：「楊士奇，吳府審理。」

〔註48〕清・張廷玉等纂，《明史》，卷 148，列傳 36，頁 1822。

〔註49〕《明太宗實錄》，卷 30，永樂二年四月壬申條，頁 2，總頁 535。

〔註50〕1.永樂五年：《明太宗實錄》，卷 73，永樂五年十一月辛亥朔條，頁 1，總頁 1013；清・張廷玉等纂，《明史》，卷 148，列傳 36，頁 1822。
　　　　2.永樂三年：明・陳賞撰，前引書，卷 12，頁 38，總頁 402。
　　　　以永樂五年為正確。

〔註51〕1.永樂七年：《明太宗實錄》，卷 88，永樂七年二月戊寅條，頁 4，總頁 1168。

太子居守〔註52〕。十二年（1414）以太子迎帝遲，與輔臣下錦衣衛獄，尋獨得釋。十五年（1417），進翰林學士，兼故官〔註53〕。十九年（1421），改左春坊大學士，仍兼學士〔註54〕。二十年（1422），復坐輔導有闕，下錦衣衛，旬日而釋。

仁宗即位，士奇以宮僚故，擢禮部侍郎，兼華蓋殿大學士。尋進少保，與同官楊榮、金幼孜並賜繩愆糾繆銀章，得密封言事。陞少傅，復命兼兵部尚書，並食三祿，士奇辭尚書祿〔註55〕。後帝以士奇忠心，創制「楊貞一印」賜之。尋修《太宗實錄》，任總裁官。未幾，帝不豫，召士奇等至思善門，命其草敕書，召太子於南京。〔註56〕

宣宗即位，以國之元老，皇父舊人，尊寵益隆，仍充總裁。宣德五年（1430）春，帝奉皇太后謁陵，召士奇等於行殿，太后慰勞之〔註57〕。是時，宣帝勵精圖治，士奇等同心輔佐，海內號稱治平。

英宗以幼齡即位，張太皇太后輔政，大政委士奇等三人，以致朝政清明。正統三年（1438），《宣宗實錄》成，進少師〔註58〕。四年（1439），乞致仕，

2.永樂六年：清・張廷玉等纂，《明史》，卷148，列傳36，頁1822。

以永樂七年爲正確。

〔註52〕1.永樂十一年：《太宗實錄》，卷137，永樂十一年二月甲子條，頁4，頁1668；清・張廷玉等纂，《明史》，卷6，本紀六，成祖二，頁63。

2.永樂十二年：清・張廷玉等纂，《明史》，卷148，列傳36，頁1822；清・徐乾學編，《明史列傳》，卷25，頁1036，中皆載爲：「十一年正旦日食，（中略），明年（十二年）帝北征。」

應以永樂十一年爲正確。

〔註53〕1.永樂十五年：《明太宗實錄》，卷185，永樂十五年二月乙亥條，頁3，總頁1985；明・談遷撰，《國榷》（臺北：鼎文書局，民國67年7月初版），卷16，成祖永樂十五年，頁1138；清・張廷玉等纂，《明史》，卷148，列傳36，頁1822。

2.永樂十四年：明・尹守衡撰，《明史竊》，卷66，頁1456。

應以永樂十五年爲正確。

〔註54〕《明太宗實錄》，卷233，永樂十九年正月丁卯條，頁1，總頁2247。

〔註55〕《明仁宗實錄》（臺北：中研院史語所，民國52年刊行，據紅格抄本微捲影印），卷6上，洪熙元年正月丙子條、丁丑條，頁3～4，總頁199～202。

〔註56〕《明仁宗實錄》，卷10，洪熙元年五月庚辰條，頁2，總頁305。

〔註57〕《明宣宗實錄》（臺北：中研院史語所，民國52年刊行，據紅格抄本微捲影印），卷63，宣德五年二月己亥條，頁11，總頁1496。

〔註58〕《明英宗實錄》（臺北：中研院史語所，民國52年刊行，據紅格排本微捲影印），卷41，正統三年四月辛未條，頁9，總頁805。

不允，敕歸省墓，未幾還，時中官王振漸得帝寵，士奇竟弗能制。

三、學識才智

三楊中以士奇之文才最爲特出，當時的制誥碑版多出其手，且領導文壇凡數十年，時稱爲「臺閣體」。文學之外，尤深入史學，無論參予官撰，或私人著史，皆有卓越貢獻。

（一）文　學

士奇爲文出自歐陽修窠臼，《東里集》總目有云：

> 仁宗雅好歐陽修文，士奇文亦平正紆餘得其髣髴，可稱春容典雅之音。〔註59〕

鄭瑗稱：「其文典則無浮泛之病，雜錄細事，極平穩不費力」〔註60〕。而王世貞則認爲其「以簡澹和易爲主，而乏充拓之功」〔註61〕。此外，近人錢基博所評，其實爲《東里集》總目的延衍，文曰：

> 遣言措意，切近的當；然遽以擬歐陽修，亦似稍過。歐陽氣逸韻流，意態無窮。士奇言盡而意止，趣味不長，只是紆徐委備，無艱難勞苦之態，所以得歐陽之髣髴；然亦以啓冗弱之病；歐陽意有餘於詞，故耐咀味，士奇詞或饒於意，不免蕪弱也。〔註62〕

時論或褒或貶，然其於歐陽修「韞麗夷粹雖不逮之質，而質婉而顯備，有先正典刑」〔註63〕，卻是確當的。

至論士奇能領導當時文壇數十年，誠非偶然。當時館閣著作衍爲流派，即所稱「臺閣體」，是推本於士奇。李夢陽云：「宣德文體多渾淪偉哉，東里廊廟珍者，蓋亦推本於士奇」〔註64〕。此「臺閣體」，因影響廣泛，群起效習者多，漸疏於膚庸，此則效尤者之不善學，而有索貌遺神之過〔註65〕，非士

〔註59〕明・楊士奇撰，《東里全集》，總目，頁1。
〔註60〕明・鄭瑗撰，《井觀瑣言》（臺北：藝文印書館，《百部叢書集成》，《寶顏堂秘笈》，影印本），卷1，頁6。
〔註61〕明・王世貞撰，《新刻增補藝苑巵言》（明萬曆十七年，武林樵雲書舍刊本，國立中央圖書館善本室藏），卷4，頁16。
〔註62〕錢基博著，《明代文學》（臺北：臺灣商務印書館，人人文庫，民國62年11月臺1版），頁15。
〔註63〕明・何喬遠撰，《明山藏・臣林記》，頁3392。
〔註64〕同註59。
〔註65〕同註59引書，頁2。

奇之過。故何喬遠曰：

> 士奇臺閣之體，當世所推良，以朝廷之上，但取敷適相沿百餘年，
> 有依經之儒，而無擅場之作，似譏其稍涉淺顯也。〔註66〕

但就士奇所作論之，何喬遠認為「實能不失古格，其轉移一代之風氣，非偶然也」。〔註67〕

文之外，士奇亦擅長於詩。士奇之詩，卻為其位望事功所掩，其實「平正可觀」〔註68〕。楊溥評之曰：

> 東里歌頌太平未嘗不致儆戒之意，至於觸物起興，亦莫不各極其趣，
> 體製音響皆發乎性情，非求之工巧者之比。〔註69〕

王世貞以為乃簡澹和易，評為「如流水平橋，粗成小致」〔註70〕。但是以太平淡，而顯得不出色，故曰：

> 少師韻語妥協，聲度和平，如僚倒書生，雖酬酢雅馴，無復生氣。
>
> 〔註71〕

至於錢謙益有同感，所以說：

> 東里辭氣安閒，首尾停穩，不尚藻辭，不矜麗句，太平宰相之風度
> 可以想見，以詞章取之，則末矣。〔註72〕

葉盛曾稱士奇為「知詩者」〔註73〕，士奇則自謙言：「余何足以言詩也」，謂「詩志之所發也」，而自述其寫作本意乃是「余早不聞道，既溺於俗好，又往往不得已而應人之求，即其志之所存者無幾也」〔註74〕，可謂能自訟，也有身不由己之慨。

〔註66〕 清・裘君弘撰，《西江詩話》（臺北：廣文書局，民國62年9月初版，影印本），卷7，頁18，總頁602，引何喬遠〈文苑記序〉之言。

〔註67〕 同註65。

〔註68〕 明・胡應麟撰，《詩藪》（臺北：廣文書局，民國62年9月初版，影印本），續編一，〈國朝〉上，頁7，總頁726。

〔註69〕 清・朱彝尊編，《明詩綜》（臺北：世界書局，據清康熙刻本影印），卷17，頁3，中於楊士奇條，引楊溥之言。

〔註70〕 明・王世貞撰，《新刻增補藝苑巵言》，卷4，頁6～7。

〔註71〕 明・王世貞撰，《明詩評》，《紀錄彙編》（臺北：藝文印書館，百部叢書集成之十六，《紀錄彙編》第五函，影印本），卷119，頁28。

〔註72〕 清・錢謙益撰，《列朝詩集小傳》（臺北：世界書局，民國54年4月再版），乙編，頁162。

〔註73〕 明・葉盛撰，《水東日記》，卷16，頁11。

〔註74〕 明・楊士奇撰，〈題東里詩集序〉，《東里續集》，卷15，頁24。

位望既著，難免常為人情所困，託撰譜序，就平生所敘譜文幾近五十餘家。平心而論，士奇之詩文與譜序大部分皆「人情」之作，就文而言，雖嫌不夠嚴密，然其為人之原則近於仁〔註75〕，以故詩學雖稍嫌不足，卻免於苛求，則為人行事之得人稱述可知。

（二）纂修實錄與史學著作

士奇的史學修養，不論編撰，或私家著史，皆有一定的評估。永樂、洪熙、宣德、正統四朝，士奇皆參予纂修實錄，永樂朝時任纂修官，其後三帝時則任總裁。

《太祖實錄》，因政治因素，數經改修。先是建文元年（1399），命董倫等總裁。及成祖入正大統後，以董倫等所修之實錄斥其靖難為逆舉，論死籍沒。是年十二月，命李景隆等為監修，夏原吉等為總裁〔註76〕重修實錄。永樂九年（1411），復以景隆等心術不正，又成於急促，未極精詳，改命姚廣孝、夏原吉為監修，胡廣、胡儼、黃淮、楊榮等為總裁，楊士奇、金幼孜等為纂修〔註77〕。十六年（1418）五月，共成實錄257卷、寶訓15卷。〔註78〕

《太宗實錄》之纂修，始於洪熙元年（1425）五月，以張輔、蹇義、夏原吉為監修，楊士奇、楊榮、金幼孜、楊溥為總裁〔註79〕。同年閏七年，修《仁宗實錄》，以張輔、王通、蹇義、夏原吉為監修，楊士奇、王淮、楊榮、金幼孜、楊溥為總裁〔註80〕。宣德五年（1429）正月，太宗、仁宗實錄修成，計《太宗實錄》卷130，《寶訓》5卷；《仁宗實錄》卷10、《寶訓》2卷。〔註81〕

《宣宗實錄》於宣德十年（1434）七月纂修，以張輔為監修，楊士奇、楊榮、楊浦、王英、王直為總裁〔註82〕。正統三年（1438）完成，計《宣宗

〔註75〕明・葉盛撰，《水東日記》，卷28，頁1。
〔註76〕明・俞汝楫撰，《禮部志稿》（臺北：臺灣商務印書館，《四庫珍本初集》），卷65，頁5。
〔註77〕《明太宗實錄》，卷120，永樂九年十月乙巳條，頁2～3，總頁1516～1517；明・談遷撰，《國榷》，卷15，永樂九年十月乙巳條，頁1068。
〔註78〕清・張廷玉等纂，《明史》，卷97，志七十三，藝文二，頁1021；明・陛楫著，《兼葭堂雜著摘抄》（臺北：民智出版社，民國54年10月臺1版，影印本，《紀錄彙編》卷之204），卷151，頁1540。
〔註79〕《明仁宗實錄》，卷10，洪熙元年五月癸酉條，頁2，總頁304。
〔註80〕《明宣宗實錄》，卷5，洪熙元年閏七月乙巳條，頁7，總頁137。
〔註81〕《明宣宗實錄》，卷61，宣德五年正月癸亥條，頁6，總頁1454。
〔註82〕《明英宗實錄》，卷7，宣德十年七月丙子條，頁3，總頁132。

實錄》361卷,《寶訓》5卷。〔註83〕

　　除此之外,他並參予《古今列女傳》〔註84〕,及《列代名臣奏議》〔註85〕等書的纂修工作。

　　至於私人著史方面,有《三朝聖諭錄》〔註86〕、《北京紀行錄》〔註87〕、《奏對錄》〔註88〕等書,皆士奇將永樂、洪熙、宣德、正統四朝中所見所聞,其個人之奏疏、君臣問對記載詳明,為一代明良契合之盛事。

　　綜上所述,是士奇在事言方面的表現,故謂之:「西楊文學,人不能及」。士奇之文,皆收錄於《東里全集》中,集分正、續二編,正集乃士奇親自選擇付刻;續集則子孫所刻,其中所錄大致是士奇所淘汰,認為非盡得意之作。其後又有別集四種,即《代言錄》,為制敕之類;《聖諭錄》、《奏對錄》、《附錄》;士奇之傳誌諸文皆刊載於其中〔註89〕。其他尚有《文淵閣書目》〔註90〕、《周易直旨》等書。

四、人格特質

　　士奇從政四十年,歷事四朝皆居密勿之地,稱為樞臣不為過,一言一行,輒動觀瞻。然其修為,自處以清廉律己,事親則孝悌仁敬,待人以寬厚篤義,於後進則善薦獎掖,並以忠誠結主。及其晚年受子稷之累,不免有蒙埃之嘆。以下分別論之:

(一)清廉律己

　　士奇性廉介,自少雖家境貧賤,亦不肯苟事干謁,及貴,仍儉約一如布衣時,所得祿賜有餘,一以置書籍,家未嘗有百緡之蓄。其平生樂簡靜,閒暇閉戶觀書自適而已〔註91〕。人或問其平昔所行,曰:「不能為善,亦不能為

〔註83〕《明英宗實錄》,卷41,正統三年四月丙寅條,頁6～7,總頁800～801。
〔註84〕《明太宗實錄》,卷26,永樂元年甲戌條,頁1,總頁475。
〔註85〕前引書,卷183,永樂十四年十二月壬申條,頁2,總頁1971。
〔註86〕明·楊士奇撰,〈三朝聖諭錄〉,《東里別集》,卷2,頁1～48。
〔註87〕明·楊士奇撰,〈北京紀行錄〉,《東里續集》,卷48,頁10～18。
〔註88〕明·楊士奇撰,〈奏對錄〉,《東里別集》,卷3,頁1～31。
〔註89〕明·楊士奇撰,《東里集總目》,頁2。
〔註90〕明·楊士奇等編,《文淵閣書目》(臺北:藝文印書館,百部叢書集成之三九,讀畫齋叢書第五函,據清嘉慶顧修輯刊本影印),全20卷,共6冊。
〔註91〕明·陳賞撰,前引書,卷12,頁38～39,總頁403～404;明·徐燉撰,〈楊文貞積書〉,《徐氏筆精》(臺北:臺灣商務印書館,四庫珍本十集),卷6,頁

惡也。」其存心不間物，見人有樂如己之樂，有憂如己之憂。見有議法刻薄必嫉之，遇事是非不以私蔽。〔註92〕

因為以清廉自律，故臨利能讓，不事苟得。例證之一：其婦家先塚多壞，子孫貧不克修治，有舉以售人者。時士奇正值喪母，而卜宅兆尚未得；婦有季父素重士奇，告曰：「吾家某所壞塚，世遠無遺骸，術者言葬此，後當貴，請以贈也。」士奇婉辭曰：「丈人厚意不敢忘，然義有不可。幽明一理，攘人之室而居之，其能安乎？且所重有後者為其為墳墓主耳，壞而不治不可為孝，況又舉以昇人哉」〔註93〕？其二：值任琴江教事職時，有永豐某商過琴江，為關吏驗無文引，並搜得偽鈔數百貫，縣令疑其造也，榜掠之。士奇聞之乃辯曰：「山谷人宜不辨真偽，且其裝亦有真鈔數百貫，偽鈔恐非其所造也。偽造當重法，吾郡嘗以偽造禍蔓延數百家及孥戮，何可輕也。」由是琴江令竟焚偽鈔而只定其無文引之罪。其後商人知此事，以白金五十兩夜詣士奇為謝，士奇屬聲曰：「吾以教為職，縣官事吾安所預聞。」辭不受。〔註94〕

士奇為人甚為細密，與人交則直道不阿，甚為和易。例如他以元宰歸省，過湖中，邂逅一張姓參政者，風駛舟上下，則各舉手一笑，竟別抵維揚郡，守令先日候無耗，翌日，舟至，守令竟不相聞，訪友則相與聯寢語達旦。自常廩外無別供奉，鄉人得以隻雞束薪相辭受〔註95〕。其為人於細密處甚且如此，況於大處者。時有李文達賢人，入仕之初，士奇以不識為歉。南陽太守，士奇友也，邀士奇往見文達。士奇以為不可，乃曰：「素無識而造門，是求知也。」士夫兩賢之〔註96〕，其行止謹慎可見。

（二）孝悌事親

士奇自幼即對傳統的孝道極為尊重。幼居繼父羅性家，某年伏臘時，繼父率其諸子於祠堂祭祀，獨留士奇一人不得入。六歲時，士奇以此事問其母，

〔註92〕明·陳賞撰，前引書，卷12，頁38，總頁403。

〔註93〕明·陳賞撰，前引書，卷12，頁39，總頁404；明·李紹文撰，前引書，卷1，〈德行〉，頁8。

〔註94〕明·陳賞撰，前引書，卷12，頁37，總頁403；明·傅維麟撰，《明書》，卷120，頁7。

〔註95〕明·陳賞撰，前引書，卷12，頁40～41，總頁404～405；明·耿定向撰，《先進遺風》（臺北：藝文印書館印行，百部叢書集成之二八，寶顏堂祕笈第九函，據明萬曆繡水沈氏尚白齋刻寶顏堂祕笈本影印），卷上，頁2。

〔註96〕明·陳賞撰，前引書，卷12，頁41，總頁405。

母以實情相告,士奇乃深感父親早逝,自覺寄人籬下的境遇,不禁大慟。七歲乃自築土室,私奉其楊氏三世先人,每旦入室焚香作禮,時時泣下,極盡孝思,繼父感其心,使復本姓。〔註97〕

及長,仕宦顯達,孝悌情誼並推及繼父家系,以謝其撫育之恩。羅性後坐累謫戍永昌卒,有二子,長子憲補戍役,次子京家居養母,母卒亦坐累,嘗種田北京。時士奇任東宮輔導,念憲兄弟不幸皆以事遠役,母夫人墳墓無所託,具其情以聞,竟欲乞宥以歸,歲時奠掃,卒之感動仁宗,並親洒寶翰,令永昌軍役並免之。設非士奇忠孝,則一旦隸籍軍冊,往往貽累子孫無窮,而羅氏子孫因士奇之推恩卒獲庇廕〔註98〕。又士奇對親戚亦能盡其孝慈,事從兄仲基甫盡恭愛,愛從子如子,諄諄訓之爲學務義,雖隔數千里而貽書教誨不輟。〔註99〕

(三)篤義待人

士奇曰:「性篤義,每遇人之窮乏者,願振之。親識有疾病,亟扶持之」〔註100〕。其惻隱之心如此,早年爲塾師時,有一儒生過其館下臉色悽悽然。士奇問其因,告以無錢可奉養其母,士奇乃分其徒半與之,使其能以此束修得奉遂其母。〔註101〕

弱冠時,姑氏舉家疫疾,無人敢接近,而士奇卻獨往其家,爲之灑掃戶庭,具湯粥調護,至其瘁癒始還〔註102〕。客居江夏期間,嘗館於陳氏。會城中大疫,陳氏家大小皆病,人皆勸士奇離去,不從。陳氏竊聞之曰:「先生在,我砥柱也。」待其家盡癒,始告去。〔註103〕

士奇爲人寬厚,善掩人過,從政期間,曾數度爲其同僚解圍。永樂五年(1407)冬,廣東布政徐奇載嶺南土物將饋廷臣,有取得奇所列單目以上聞,帝閱無士奇名,召問,對曰:「奇赴廣時,群臣作詩文贈行,臣適病,弗預,

---

〔註97〕明・陳賞撰,前引書,卷12,頁35~36,總頁399~400。
〔註98〕明・楊士奇撰,〈恭題天恩卷後〉,《東里續集》,卷16,頁2~3;明・金幼孜撰,〈書楊少傅陳情題本副錄後〉,《金文靖集》(臺北:臺灣商務印書館,四庫珍本二集),卷10,頁1~3。
〔註99〕明・陳賞撰,前引書,卷12,頁38,總頁403。
〔註100〕明・鄧球撰,《皇明泳化類編》,〈人物〉,卷50,頁1,總頁③525。
〔註101〕明・陳賞撰,前引書,卷12,頁36~37,總頁402~403;明・尹守衡撰,《明史竊》,卷66,〈三楊列傳〉44,頁1455。
〔註102〕明・陳賞撰,前引書,卷12,頁37,總頁403。
〔註103〕明・陳賞撰,前引書,卷12,頁38~39,總頁403~404。

以故獨不及，且物微，當無他意。」帝遽命燬籍，並諭臣曰：「爲臣當戒私交，爲士當務清謹」〔註104〕，眾臣因士奇之言而得解除「受賄」之罪。

又永樂六年（1408）六月，禮部尙書鄭賜爲侍郎趙狃所間，憂鬱成疾，忽以卒告，上疑其自盡，以問翰林諸臣，眾未及對，士奇曰：「賜病已數日，但惶懼不敢就醫，昨晚同立右順門外，立而仆，臣命其屬扶出之。」語未竟，上曰：「賜本君子，顧才不足耳！」命撰祭文遣官祭之，又命工部予棺。眾臣皆退，獨召士奇曰：「微汝言，幾誤疑賜」。〔註105〕

然永樂、宣德年間，同列有譖士奇於上者，幸皆賴上明不聽，士奇聞之，亦不爲憾，待其人如初〔註106〕。尤篤於故舊，解縉、尹昌隆之死，得士奇言於仁宗，皆存其後。〔註107〕

（四）獎掖後進

士奇雖官居顯要，但好獎掖後進，見一詩一文之善，輒薦達其人，其中且有初未識面者〔註108〕。嘗見崑山屈昉〈送行詩〉有佳句，默識其名，一日，崑山知縣羅永平以事入京，士奇問崑山風土民情，因及云：「屈昉何如人？」永年茫然慚赧而退。未幾，有詔舉明經修行之士，永年乃以昉應詔，除南海縣丞，可見其留心人物如此。〔註109〕

再者，仁宗嘗幸文淵閣，問：「今之山林有知名士否？」士奇對曰：「東吳有陳繼，善爲文。」於是仁宗乃召至吏部，擬授國子監博士，上曰：「此當在禁庭。」乃改翰林五經博士。陳繼，字嗣，士奇與陳繼並不相識，因夏原吉治水蘇州時，得繼之文以歸，士奇偶見之，加以推薦。〔註110〕

另有楊仲舉其人，少孤貧，隨兄戍武昌，授徒自給，士奇微時，流寄窘乏，仲舉輒解館舍讓之，而己教授他所，士奇心賢之，及貴，薦仲舉經明行

〔註104〕明・楊士奇撰，〈聖諭錄上〉，《東里別集》，卷2，頁4；明・陳賞撰，前引書，卷12，頁40，總頁404。
〔註105〕明・楊士奇撰，〈聖諭錄上〉，《東里別集》，卷2，頁5～6；明・王直撰，〈少師泰和楊公傳〉，《抑菴文集》，卷11，頁10。
〔註106〕明・王直，〈少師泰和楊公傳〉，《抑菴文集》，卷11，頁31。
〔註107〕同註106。
〔註108〕清・徐乾學編，《明史列傳》，卷25，頁1019。
〔註109〕明・陸容撰，《菽園雜記》（臺北：廣文書局，民國59年12月初版，影印本），卷6，頁13。
〔註110〕清・張廷玉等纂，《明史》，卷152，列傳40，〈陳繼傳〉，頁1855；明・傅維鱗撰，《明書》，卷120，頁16。

修，宣宗詔吏部試稱旨，授翰林院檢討，歷修撰〔註111〕。又有吳訥者，初爲黑窯匠，亦是以一文之善而受薦者。〔註112〕

從這數椿事件可見士奇愛士之一斑，不過他取人必先德行而後才能，因此所舉薦而列官中外者五十餘人，皆有聲績〔註113〕。此外，士奇又勉勵後進，未嘗揚己抑人。士有得一職來見者，必以「守身愛民」勉之。〔註114〕

（五）忠勤結主

士奇奉職甚謹，私居時不言公事，所治職事雖至親亦不得聞與，而亦無敢以請者〔註115〕。遇月俸之入或得賜賚，輒顧其家人曰：「我何才德可以當此，常人施一飯之恩猶望報，今吾舉家享天賜，何以報也，惟應勉力爲善」。〔註116〕

平居關心國事，正統初，每朝罷歸邸，或正襟危坐，長吁不已，或獨倚間立，或月下間行，通夕不寐，夫人問其故不答。一日早朝回，欣然喜動顏色，夫人問曰：「每朝回多憂，今獨喜何也？」曰：「主少國疑，擔荷重任，懼不克勝，故多憂，今早見上聰明，已能覽章奏決事，重任可釋矣」〔註117〕。其憂國如此。

（六）瑕疵失端

不幸士奇晚年受其子稷所累。稷居鄉豪橫多不法事。嘗陵長吏，至侵暴殺人，人來告，士奇反疑之，必與子書曰：「某人說汝如此，果然，即改之。」稷得書反毀其人曰：「某人在此，如此行事，男以鄉里故撓其所行。」以此誣之。〔註118〕

王直乃士奇同鄉且相交甚厚，遂極言之，後士奇以展墓還其家以欲制其子也，稷乃先於每驛站中安置親信之人，稱譽稷之賢，並颺言曰：「人忌公功名之盛，故謗稷耳。」稷復穿硬牛皮靴、青布直身迎於數百里外，士奇一見，以其子爲敦厚善人，疑王直忌其功名妄爲此語。大不平之，以是還京，出之

〔註111〕清・張廷玉等纂，《明史》，卷152，列傳40，〈楊鏮傳〉，頁1855；明・何良俊撰，《四友齋叢說》（臺北：藝文印書館，百部叢書集成之十六，紀錄彙編第十函，據明隆慶原刻本影印），卷7，頁4～5。

〔註112〕明・何良俊撰，前引書，卷7，頁4～5。

〔註113〕明・王直撰，前引書，卷11，頁31。

〔註114〕明・陳賞撰，前引書，卷12，頁38，總頁403。

〔註115〕同註114。

〔註116〕同註114。

〔註117〕明・陳賞撰，前引書，卷12，頁41，總頁405。

〔註118〕明・李賢撰，《古穰集》（臺北：臺灣商務印書館，四庫珍本二集），卷30，頁3。

吏部。〔註119〕

　　自後，不信言子之惡者。更不幸的是，有阿附譽子之善也。他即以引爲實，由是子之惡不復聞矣。被害者連奏其子不善之狀，朝廷猶不忍加之罪，付其狀於士奇，乃曰：「左右之人非良，助之爲不善也。」已而，有奏其橫虐數十事，惡不可言，朝廷不得已付之法司，士奇此時老病不能起，朝廷猶慰安之，恐致憂〔註120〕。後歲餘，士奇終，始論其子於法斬之，鄉人預爲祭文數其惡況，天下傳頌。〔註121〕

　　士奇爲此逆子頗遭指責，給事中廖莊等、御史陳員韜等劾士奇曰：「不能教子齊家，何以服人事上」〔註122〕。李賢則謂：「士奇晚年昵愛其子，莫知其惡，最爲敗德事」。〔註123〕

　　有人以爲王直之於吏部十餘年終不得入閣者，乃因士奇以王直曾言其子之惡而沮之〔註124〕。《明史》〈王直傳〉亦謂：「直以次當入閣，楊士奇不欲也」〔註125〕。故有評之曰：「三楊之中，士奇爲最劣矣」〔註126〕。俗謂：「知子莫若父」，而士奇於其子之惡猶不自知，且溺於親情，反對忠言相告者予以「報復」，失之於不明事理且不辨是非，良非一代賢臣所當有之表現。

　　平情而論，士奇之於稷亦有不得已之處，稷爲長子，自小留在原籍看守祖墳〔註127〕，而士奇在朝四十年，未嘗一日反抵家鄉，晚年歸省祖墓僅四十日，鄉人願稍留之，士奇則曰：「君命不敢稽。」其一心報國類此，以是不獲訓誨其子，父子情隔，子之不肖，無可奈何，非詒謨之罪〔註128〕，亦忠君而忘家之缺憾，衡諸世事，欲求兩全者，殆甚不易也，子稷的不肖，難免焉。

〔註119〕明‧李紹文撰，前引書，卷8，《惑溺》，頁30；明‧何良俊撰，前引書，卷7，頁4。
〔註120〕明‧李賢撰，前引書，卷30，頁3；清‧徐乾學編，《明史列傳》，卷25，頁1019。
〔註121〕同註120。
〔註122〕明‧過庭訓編，《本（明）朝分省人物考》（臺北：成文出版社，民國60年臺1版，據明天啓二年刊本影印），卷64，頁15，總頁5896；明‧傅維鱗撰，《明書》，卷120，頁15～16。
〔註123〕同註118。
〔註124〕明‧何良俊撰，前引書，卷7，頁4。
〔註125〕清‧張廷玉等纂，《明史》，卷169，列傳58，〈王直傳〉，頁2004。
〔註126〕同註124。
〔註127〕明‧楊士奇撰，〈爲鄉人訴告事〉，《東里別集》，卷3，頁28。
〔註128〕明‧尹守衡撰，《明史竊》，卷66，頁5，總頁1463。

圖 2-1：楊士奇像

（本圖採自林明哲編，《中國歷代名人畫像彙編》，第 280 圖）

圖 2-2：楊士奇墨跡

（本圖採自梁師嘉彬著，《中國歷史圖說・十》，頁 50）

第二節　楊公榮〔文敏〕

楊榮，初名子榮〔註129〕，字勉仁，太宗皇帝更其名爲榮〔註130〕。及名聞於天下，人稱東楊。福建建安人（今福建建甌），生於洪武四年（1371）十二月九日，卒於正統五年（1439）七月，年七十，贈太師，諡文敏。〔註131〕

一、家庭背景

（一）家世與家教

榮遠祖關右，爲漢太尉楊震之後〔註132〕，傳至唐末有仕於閩者，始居浦城（今福建浦城），其後子孫復遷崇安（今福建崇安）、建陽（今福建建陽），再轉徙至建安，故爲建安人。〔註133〕

曾祖諱伯遜，「隱德弗耀」〔註134〕。祖達卿，天性純孝、樂善好義，凡先世墳墓所在必令子孫分居以供祭祀。而於捐助貧難，不遺餘力，嘗於近居山林栽置萬木，以資鄉人貧者衣食屋空棺槨之用，津渡爲橋樑舟楫，歲久滋茂，遺訓子孫無專以利家〔註135〕。以是惠澤之及於人者甚廣，元福建行省左丞阮德柔繪「萬木圖」以美之。〔註136〕

〔註129〕取名子榮之由：明・江鐵撰，〈楊公行實〉，《文敏集附集》，頁 1；明・蘇銳撰，《太師楊文敏公年譜》（明嘉靖三十一年福建巡按曾佩刊藍印本，中央圖書館善本室藏本微捲），卷1，頁 1：「洪武四年辛亥十二月辛丑九日戊子時丁巳公生，先夕，父士美夢道士眉髮蒼然，扣門假宿，翌日公生，因名道應，後祖達卿聞公啼聲曰：『雄哉是子必榮顯吾家』，更名子榮。」

另按：〈楊公行實〉之作者江鐵，據《文敏集》乃爲江「銕」，而據明・蘇銳撰，《太師楊文敏公年譜》，卷1，洪武四年九月丙辰條，下引「按副使江鐵撰行狀云」，即可知「銕」乃「鐵」之誤，由是以下凡所徵引資料皆以江鐵爲名。

〔註130〕明・王直撰，〈少師建安楊公傳〉，《抑菴文集》，卷 11，頁 1；明・蘇銳撰，前引書，卷 1，頁 6。

〔註131〕清・張廷玉等纂，《明史》，卷 148，列傳 36，頁 1826。

〔註132〕明・江鐵撰，前引書，附錄，頁 1；明・楊榮撰，〈楊氏族譜序〉，《文敏集》，卷 15，頁 11。

〔註133〕明・楊榮撰，〈楊氏先塋之碑〉，《文敏集》，卷 19，頁 3～4；明・陳循撰，〈少師楊公誄文〉，《芳洲文集》（明萬曆二十一年陳以躍建安刊本，中央圖書館善本室藏本微捲），卷 10，頁 22。

〔註134〕明・楊榮撰，〈楊氏先塋之碑〉，《文敏集》，卷 19，頁 4。

〔註135〕明・楊榮撰，〈萬木圖事實〉，《文敏集》，卷 16，頁 21～23；明・金幼孜撰，〈萬木圖記〉，《金文靖集》（臺北：臺灣商務印書館，四庫珍本二集），卷 8 頁 86～87；明・楊士奇撰，〈萬木圖序〉，《東里文集》，卷 4，頁 15～16。

〔註136〕明・楊榮撰，〈萬木圖事實〉，《文敏集》，卷 16，頁 22。

　　父伯成字士美，事親孝、謹篤友愛，鄉人子弟貧不能從師者，開學聚而教之，舉秀才，徵書累至，以養母辭；後復以孝廉徵，亦不就〔註137〕。母劉氏諱順，出自閩之望族，溫淑聰慧，十六歸士美，事舅姑盡孝，治家務勤快，濟貧乏者以慈厚，教子女則諄諄誨誡。永樂六年十月二十日卒，享年五十五歲。〔註138〕

　　榮之先祖皆不仕，後以榮之蒙皇帝寵任而得受誥命追贈，三代祖考皆獲累贈至榮祿大夫、少傅、工部尚書兼謹身殿大學士，祖考姒及妻皆爲一品夫人。〔註139〕

　　榮元配劉氏，西甌仲穆之長女。時榮年二十四，夫人年方十七，仲穆見榮喜曰：「此國士也。」遂以女歸之。夫人溫柔貞淑，而尤聰慧，自幼已通曹氏女誡諸篇。婚後夙夜敬謹克相其德〔註140〕，孝敬莊慈不達儀矩，內外稱之〔註141〕。永樂元年（1403）九月卒於京〔註142〕。二年冬，仲穆復以季女妻榮〔註143〕，亦賢淑溫婉，撫諸孤盡其慈〔註144〕。另有側室葉氏、武氏、張氏。〔註145〕

　　榮育子六人，即恭、讓、錫、賜、貴芳、貴通。女七人，長適兵部主事雷潛、次適詹鑕、次適大理寺評事陳順德、次適蘇潤皆士人，另在室孫十二人，即泰、儼、俊、倫、儉、佶、儆、佐、宗、偉、侗、儀，孫女七人，曾孫女一人〔註146〕，曾孫曄〔註147〕、昂〔註148〕。子恭字允寬，器量宏雅。嘗

〔註137〕明‧楊榮撰，〈楊公神道碑銘〉，《文敏集附錄》，頁 42；明‧陳循撰，前引書，卷 10，頁 22。

〔註138〕明‧楊榮撰，〈先姒行實〉，《文敏集》，卷 16，頁 23～26。

〔註139〕明‧楊榮撰，〈恭書封贈誥命後〉，《文敏集》，卷 15，頁 14；明‧楊榮撰，〈楊公墓誌銘〉，《文敏集附錄》，頁 40。

〔註140〕明‧江鐵撰，前引書，附錄，頁 3。

〔註141〕明‧蘇鎰撰，前引書，卷 1，頁 3～4。

〔註142〕同註 141 引書，卷 1，頁 8。

〔註143〕同註 141 引書，卷 1，頁 10；明‧江鐵撰，前引書，附錄，頁 4。

〔註144〕同註 141 引書，卷 1，頁 10。

〔註145〕明‧楊溥撰，前引書，附錄，頁 44。

〔註146〕明‧江鐵撰，前引書，附錄，頁 32；明‧楊士奇撰，〈楊公墓誌銘〉，《文敏集附錄》，頁 40；明‧楊溥撰，前引書，附錄，頁 44～45。

〔註147〕1.註 146 所引諸資料中皆無曾孫曄之記載。

　　　　2.有「曄」及「業」兩種寫法：「曄」：清‧張廷玉等纂，《明史》，卷 304，列傳 192，〈汪直傳〉，頁 3410；《明憲宗實錄》（臺北：中研院史語所，民國 52 年刊行，據紅格抄本微捲影印），卷 162，成化十三年二月丁丑條，

侍榮北上涉大江，風濤暴作，舟屢次幾覆，眾失措，而恭神色不變。又嘗過德州，舟破，同舟四人皆沈，恭獨倚敗舟了無懼色，眾皆異之。榮在位時，不令其子仕進，亦不為之乞恩。及卒，被特旨蔭為尚寶司丞。鄧茂七亂，遺書與弟讓、子泰各輸粟千石助軍，為人尤以好義許焉，遷少卿，以母憂去；讓字允謙，散粟周貧，族里有嫁娶喪葬不能舉者每賚助之。有沙尤盜寇劫掠鄉村、燬民舍，讓相戒之使勿犯；錫字允嘉，少從楊壽夫學，通諸經大義。及侍父京師，又師事張洪，學益進。廷臣有欲薦之者，謝弗就。沙尤盜起，有良民五人避亂山中，官兵執以規賞，錫急為之辯，得不死。平居自奉儉約，訓諸子以盈滿為戒。卒後，鄉人私諡為貞素先生。〔註149〕

孫，倧字原甫，錫次子，天順丁丑進士，知無為州，有巨猾范某持官府短長，又有邱姓兄弟八人勦掠江上，前官吏莫敢問，倧悉置諸法。正統十四年（1449），州民運糧至臨清，聞土木變駭散，米盡失，既得赦，戶部猶下所司督償捕繫獄。倧奏蠲之，若其師卒，則郵其子為娶婦置產，人皆稱之。〔註150〕

曾孫昂，字孔禺，以蔭入監，宏治中知香山縣，蒞政愷悌，上下皆稱其廉能，調順德，考滿致仕去。其子崇為廣東按察僉事，二縣之民皆曰：「此吾舊父母之子也。」其遺愛如此可見〔註151〕；曄，為建寧指揮，後以貲敗（榮之家世系統詳見表2-2）。〔註152〕

　　　頁2，總頁2957；「業」，清・張廷玉等纂，《明史》，卷148，列傳36，頁1826；以「曄」為正確。

〔註148〕1.註146、147所引諸資料皆無曾孫昂之記載。
　　　　2.此乃據清・陳壽祺等撰，《福建通志》（中國省志彙編之九，臺北：華文書局，民國57年10月初版，據同治十年重刊本影印），卷201，頁8～9，總頁3654～3655。

〔註149〕清・陳壽祺等撰，前引書，頁8～9，總頁3654～3655。

〔註150〕同註149。然其之名，於本引書中為「仕倧」，而於註146所引書中為「倧」，今乃據書為倧。

〔註151〕同註149。

〔註152〕1.建寧指揮：清・張廷玉等纂，《明史》，卷304，列傳192，〈汪直傳〉，頁3410；同上引書，卷90，志六十六，兵二，頁944，建安未置衛，作「建寧」是。
　　　　2.建安指揮：同上引書，卷148，列傳36，頁1826。因以「建寧」為是。

表 2-2：楊榮家世系統表

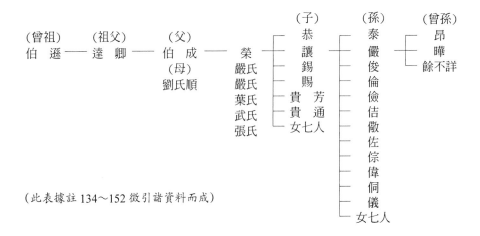

（此表據註 134～152 徵引諸資料而成）

（二）家庭環境——母教

楊榮出自一個「積善樂施」之家，人曾謂達卿「積德有繼，聖明撫運，世際太平」。易云：「爲善必有餘慶」〔註153〕。因此，榮之生，有人謂是其祖先陰德之應。即或不然，其自幼在諸親長之薰陶調教之下成長，亦能得其精髓，而於其往後立身處事上多所益助。

祖父達卿、祖母阮氏對榮鍾愛備至。其祖的善行、懿德更爲榮夙夜弗忘〔註154〕。母劉氏平居篤於教子，榮幼時親教讀《孝經》、《論語》。稍長，則使就師學。後榮既領鄉薦，宗戚悉以爲榮，母未嘗色喜，語榮曰：「顧吾兒所立何如焉？」將上春宮，又訓之曰：

> 汝蒙朝廷教育不食于家十年矣，汝曷可忘所自，且吾觀汝祖宗積德
> 深厚今始發于汝，汝往必食其報，惟當正心操節、勤勵不息，庶不
> 負朝廷作養之恩，暨爾父母期望之心。〔註155〕

二、生平事略

楊榮自幼聰明絕倫、喜讀書，又善講說〔註156〕。六歲時即從里中師學，不數月，即能背誦《孝經》、《啓蒙》、《論語》、《孟子》諸篇。其祖達卿甚喜

〔註153〕明‧陳循撰，前引書，卷10，頁23。
〔註154〕明‧陳榮撰，〈先妣阮氏宜人壙誌〉，《文敏集》，卷25，頁1～4。
〔註155〕明‧楊榮撰，〈先妣行實〉，《文敏集》，卷16，頁25。
〔註156〕明‧王直撰，〈少師建安楊公傳〉，《抑菴文集》，卷11，頁1。

之。與賓客嬉游時必攜榮前往,時誦古人詩而令榮解說,皆通其意,達卿曰:
「異日無忝太尉矣」。〔註157〕

俗謂:「大難不死,必有後福」。榮十七歲時鄉里遭大疫,榮亦染疾,沉
困極甚,湯藥弗能進,人皆以為不可治,其父母已為之準備後事,詎半夜時
分,榮忽然起床呼家僮要水喝,並完全甦醒,人皆竊語曰:「其危殆若此而復
生,非偶然也」。〔註158〕

同年冬天,榮被有司選充郡庠生,從教授周質夫、訓導趙友士等二位先
生學易,見榮「穎悟敦實」,甚器重之,深加教誨,而榮益勵志於學,曾與同
門討論古之名相,彼或謂:「不可及!」榮曰:「皋、夔、伊周或不可及,如
其他未有不可學而至也。」知者皆謂其器識不凡〔註159〕。榮在諸生列凡十年,
於經史百氏無不博洽,為文皆根據義理,不事浮靡,深為當時之郡守所禮敬,
而時任戶部侍郎之夏原吉及諸朝使按臨者莫不待其以殊禮。〔註160〕

建文元年(1399),榮年二十九,福建鄉試第一。未舉前,一日,侍郎夏
原吉偕中書舍人吳均使閩視學,值榮講孟子養氣章,夏公褒獎之餘,因賦詩
「擬福建鄉試詩」期之云:「浩興催人入建遊,棘闈正爾集儒流,虹霓氣吐三
千丈,奎璧光浮十二樓,天下爭先看豹變,榜中誰獨占鰲頭,慇慇文苑司衡
者,莫使祥麟後馬牛」〔註161〕,是年榮果舉第一。建文二年(1400),禮部會
試中第三,入對大廷中第二甲第三賜進士出身,授翰林院編修。〔註162〕

成祖入京,榮等迎謁於金川門。即位,肇建內閣,進修撰階承務郎,命
入內閣掌機務,賜更名榮。尋進侍講階承直郎。永樂二年,選侍皇太子於東
宮,進春坊右諭德階奉訓大夫,仍兼侍講。五年,命往甘肅經畫軍務,還,
尋進右庶子〔註163〕。六年,命輔皇長孫。七年,車駕巡狩北京,與胡廣、金

〔註157〕明·江鐵撰,前引書,附錄,頁1。

〔註158〕同註157引書,頁2。

〔註159〕同註157;明·蘇鎰撰,前引書,卷1,頁2。

〔註160〕同註158。

〔註161〕明·蘇鎰撰,前引書,卷1,頁4～5。

〔註162〕明·江鐵撰,前引書,附錄,頁3;明·蘇鎰撰,前引書,卷1,頁3。

〔註163〕1.榮進右庶子,自甘肅還後:明·蘇鎰撰,前引書,卷6,頁16;《明太宗實
錄》,卷73,永樂五年十一月辛亥朔條。

2.榮進右庶子,在往甘肅之前:明·雷禮纂輯,《國朝列卿紀》(臺北:成文
出版社,民國59年10月臺1版,據明刊本影印),卷19,頁52,總頁
1302。「二年選侍皇太子於東宮,進春坊右諭德階奉訓大夫,未幾轉右庶
子,五年命往甘肅。」今以1.說為正確。

幼孜扈從。八年（1410），扈從北征本雅失里，九年（1411），奔喪還，皇太子召為皇太孫講學。十一年扈狩北京，十二年與胡廣、金幼孜扈征瓦剌。十四年（1416），進翰林院學士仍兼庶子。十五年扈狩北京，命任翰林學士兼右春坊右諭德〔註164〕。十六年（1418），高廟實錄成，值掌院事。胡廣卒，命掌翰林院事〔註165〕。十七年（1419），進文淵閣大學士兼翰林學士階奉正大夫〔註166〕。二十一年（1423），扈西征。二十二年（1424），扈征阿魯台。

仁宗即位，進太常寺卿，兼官如故。復進太子少傅兼謹身殿大學士，階資善大夫，尋陞工部尚書。洪熙元年（1425），進資善大夫、太子少傅，兼支尚書太學三俸。〔註167〕

宣德元年（1426），漢王高煦反，榮首請帝親征。帝從，高煦出降。師還，賜銀章五。三年（1428），從帝巡邊至遵化。五年，進少傅，辭大學士祿。九年（1434），復從巡邊，至洗馬林而還。〔註168〕

英宗即位，委寄如故。正統三年，進少師。五年（1440），乞歸展墓，命中官阮江護行，還至武林驛而卒，授世襲都指揮使。〔註169〕

三、學識才智

楊榮的才華，雖不若士奇所得評價之高，然能與士奇同主一代之文柄，則非偶然。榮之文章，據《文敏集》提要以為其「歷事四朝，恩禮始終無間」，故「發為文章，具有富貴福澤之氣，應制諸作，渢渢雅音；其他詩文亦皆雍容平易，肖其為人。雖無深湛幽渺之思，縱橫馳驟之才，足以震耀一世，而逶迤有度，醇實無疵」〔註170〕。吳若思則稱其文曰：「譬之春日園林，群英競秀，清風澗谷，幽蘭獨芳」。〔註171〕

〔註164〕明‧蘇鎡撰，前引書，卷2，頁11。
〔註165〕《明太宗實錄》，卷200，永樂十六年五月辛亥條，頁1～4，總頁2081～2087；明‧蘇鎡撰，前引書，卷2，頁12。
〔註166〕明‧蘇鎡撰，前引書，卷2，頁16。
〔註167〕明‧蘇鎡撰，前引書，卷2，頁39～42；同上引書，卷3，頁1～2；清‧張廷玉等纂，《明史》，卷148，列傳36，頁1825。
〔註168〕明‧蘇鎡撰，前引書，卷3，頁7～46；明‧張廷玉等纂，《明史》，卷148，列傳36，頁1825～1826。
〔註169〕明‧蘇鎡撰，前引書，卷4，頁7～15；清‧張廷玉等纂，《明史》，卷148，列傳36，頁1826。
〔註170〕清‧紀昀等撰，《文敏集》〈提要〉，頁1。
〔註171〕明‧李紹文撰，《皇明世說新語》，卷2，文學，頁14。引吳若思之言。

　　榮文章之體格與士奇略同，同爲「臺閣體」之先驅人物。雖臺閣體後來流衍爲「膚廓冗長，千篇一律」之文，然平心而論，「凡文章之力足以轉移一世者，其始也必能自成一家，其久也亦無不生弊」〔註172〕。且文風之流衍，既不可以前人之盛來護後來之衰，亦不可以後來之衰來掩沒前人之盛。故榮之文有其「領導一代文柄」之地位，亦不可忽視也。

　　榮以位遇之隆，而文亦瞻富，時朝廷高文典冊皆出其手，而應酬題贈之作尤爲繁富，凡文武大臣勳績之所紀述，中外名流先德之所表揚，以及海內逢掖之士欲所借譽者，得片言隻字莫不以爲至幸〔註173〕。榮亦隨其人之所求，樂然應之不倦，於是碑、誌、銘、記、序、述、贊、頌者多矣。

　　文章之外，其於詩亦多所創作。錢習禮稱其詩「備極諸體，清遠俊麗、趣味不凡」〔註174〕。詩話亦以其詩「頗溫麗」，而於三楊之外，則「上擬西楊不及，下視南楊有餘」〔註175〕其之文、詩、碑、銘等皆錄於《文敏集》，共25卷以傳世，使後人得瞻仰其風。另有〈訓子編〉1卷，此乃其諸子每歲更迭來京省侍，於其歸也，榮皆有詩訓飭之，詞意激切，並纂集古人訓子之言，各授一帙。時胡若思、楊士奇、金幼孜、黃宗豫等公皆有題識，以贊榮之篤於教子也。〔註176〕

　　榮在史學方面也有其造詣，有關官書編撰方面，參與永樂、洪熙、宣德、正統四朝實錄之纂修，皆任總裁官。另成祖以五經四書，傳註之外先儒多所發明，且性理書及諸議論皆未有統。乃詔集儒臣類次成編，命榮與胡廣總其事，書成賜名《五經四書性理大全》〔註177〕。此外又曾參予《古今列女傳》之纂修，及《天下郡邑志》〔註178〕、《歷代臣鑒》、《外戚事鑑》之總裁工作〔註179〕。至於私人撰史方面，榮有《北征記》之撰述，乃是記載於永樂二十二年隨從

〔註172〕同註170引書，頁1～2。
〔註173〕明·周敘撰，《文敏集》〈原序〉，頁3～4。
〔註174〕明·錢習禮撰，《文敏集》〈原序〉，頁5。
〔註175〕〈靜志居詩話〉，《明詩綜》，卷17附錄，頁7。
〔註176〕明·江鐵撰，前引書，附錄，頁32～33。
〔註177〕《明太宗實錄》，卷168，永樂十三年九月己酉條、庚戌條，頁2～3，總頁1872～1874；明·蘇鎰撰，前引書，卷2，頁5、8。
〔註178〕《明太宗卷實錄》，卷201，永樂十六年六月乙酉條，總頁2089；明·蘇鎰撰，前引書，卷2，頁13。
〔註179〕明·蘇鎰撰，前引書，卷2，頁13；明·楊溥撰，〈楊公神道碑〉，《文敏集》附錄，頁44。

成祖親征阿魯台之實錄，內容詳細，爲後代提供了一部完備的史料。〔註180〕

文史之外，榮又以其學博才贍而得「一典京闈、九侍廷試、校文讀卷」〔註181〕。榮既已蒙恩寵於當世，建勳業於朝廷，不待文詞，自可垂世，故人皆謂榮「有文武才略，詩文特其餘事也」。〔註182〕

四、人格特質

榮從政四十年，歷事四朝皆居密勿之地，而恩寵始終如一。待親朋孝友仁義、爲人方直剛正、事君立朝明敏果斷，然仍不免大瑕之中有疵，以下則分別論之：

（一）孝友仁義

榮自幼即甚孝順，方八歲，祖達卿沒，哭泣盡哀，使弔者異之。自是日侍祖母阮氏弗離。十二、三歲時，因父服賦役在外，榮承順母志，綜理家事，纖悉皆有條緒，爲郡庠生時，在學舍自奉甚薄，而將每月所分廩之米市甘鮮之味，皆歸以奉親。〔註183〕

於親友鄉閭能盡其仁愛。在郡庠時，以外祖家自從舅之子和歿後，貲產日減，遂養其遺孤至長大成人，春秋祭掃時並親奠墳下。遇鄰閭有困於賦役而流竄者，必竭力爲其營護，使復業，並使其家人無離散之憂。上京師後，鄉人有囚繫謫戍者，皆資給之，不令失所。有疾病死喪者，或給醫藥，或給棺柩，所濟甚廣。〔註184〕

於同僚亦有仁義之行。從文皇北征時，至凌霄峰，與胡廣、金純、幼孜迷失道入窮谷，幼孜墮馬，胡、金二人不顧而去，榮下馬爲整鞍轡，不數步，復墮，馬鞍盡裂，榮以馬讓之，自乘孱馬從夜至旦，登高涉險，不憚疲勞。成祖嘉榮之義，復語幼孜曰：「此中多狼，汝非榮詎能免乎？」榮曰：「僚友之誼所當然。」成祖曰：「胡廣豈非僚友，何不顧而去也」〔註185〕。永樂十八年（1420），成祖以宜解四夷諸番字，選大學士中聰俊少年者習之，然多不欲習，

〔註180〕明·楊榮撰，〈北征記〉，《紀錄彙編》（臺北：藝文印書館，百部叢書集之十六，紀錄彙編第二函，據紀錄彙編本影印），卷34，共10頁。

〔註181〕明·王直撰〈少師楊公傳〉，《抑菴文集》，卷11，頁6。

〔註182〕明·江鐵撰，前引書，附錄，頁33。

〔註183〕同前引書，頁1～2。

〔註184〕同前引書，頁31。

〔註185〕明·李紹文撰，前引書，卷1，頁2；明·雷禮撰，《內閣行實》（臺北：臺灣學生書局，民國59年12月初版，影印本），卷2，頁14～15，總頁126～127。

輒生謗議，成祖怒將罪之，榮力救得免，遂命榮掌之〔註186〕。十九年（1421），翰林侍讀李時勉等十餘人爲蜚言所中，成祖怒欲罪之，榮力救得免。冬，兵部尙書方賓得罪死，逮及戶部尙書夏原吉、工部尙書吳中等皆下獄。時禮部尙書呂震侍左右屢言吳中等憸邪誣罔，成祖益怒。一日召榮問原吉等平昔所行，榮力言原吉惟以數征北敵乏饋運爲憂，論才力或不及，憸邪未之見也。由是成祖怒稍釋，遂置而不問。另都御史劉觀亦以榮言，得免戍邊。〔註187〕

（二）方直剛正

榮爲人之方直剛正，幼年時已表現無遺。年方十五，以里中橋樑爲山水所衝決，男女涉水相牽輓而過，榮見而嘆曰：「此非宜也，古者男女授受不親，此何爲哉！」乃率鄉人採木編筏，固以鐵線，水弗能害，行者安之。時並傳聞有妖人依鬼物混擾邑中，然因榮之正直而不敢擾其鄉〔註188〕。此傳聞容或不可信，而榮之以正直聞於時卻由此可見。

入朝後，以忠勤事主，毫不稍怠，遇事有關治體者，則知無不言，言無不盡。然遇事激言，至不能容人，由是爲同僚所忌，尤其是傾巧迎合爲榮所抑者，乃議欲間之，會北京缺祭酒，眾請以公任焉，上不許，遂止。人以其言過激，勸其應多和遜含容，則曰：「吾所言所爲皆吾分之事，如欲狥人失職，則不敢也」〔註189〕。由是，皇上益重之，委信不貳，並賜以「方直剛正」銀章嘉勉之。

另從薦賢一事，亦可見其正直。宣德中魯穆爲福建僉事，獨特之風采，不畏強禦，即使榮之家人有犯罪者亦不少貸，榮以爲賢，特薦於宣廟，遂拜爲僉都御史〔註190〕。榮之薦舉惟賢，無間親疏，由此可見。

（三）明敏果斷

榮之所以蒙寵四朝，實因其明敏果斷、果毅善斷之才力。成祖入金川門，榮迎謁馬首曰：「殿下先謁陵乎？先即位乎？」王愕然曰：「固當先謁陵。」又曰：「非若言幾誤事矣！」由是寵遇遂隆〔註191〕。成祖即位，榮獲選入閣。

〔註186〕同註182引書，頁10〜13。
〔註187〕同註182引書，頁15。
〔註188〕明・江鐵撰，前引書，頁2；明・蘇鎰撰，前引書，頁2。
〔註189〕明・耿定向撰，《碩輔寶鑑》，卷11，頁1097。
〔註190〕明・許浩撰，《雨湖塵談錄》，《歷代小史》，卷95，頁6。
〔註191〕明・祝允明撰，《野記》，《歷代小史》（臺北：藝文印書館，百部叢書集成之七，據明李栻輯刊歷代小史本影印），卷95，頁24。

一日晚寧夏被圍，上急召閣臣，惟榮赴命，上不懌，示以奏曰：「爾後進寧解此，今當遣何處兵往救？」榮曰：「不須救，臣嘗奉使至彼，其城堅且人皆習戰，今發已十餘日，虜必退，但敕守臣固守及鄰近諸城堡隄備可矣，不必遣兵重為煩擾也。」夜半虜圍解報至，次晨，召榮諭曰：「何料敵之審也」〔註192〕。又吉安鄉民嘯聚，先遣行人許子謨賷敕撫諭，行將一月又遣都督韓觀繼之，至是江西三司奏言嘯聚者悉復業，上以奏章示榮曰：「觀不至不下，其降敕褒觀。」榮對曰：「計發奏之日，觀尚在中道，未足褒」從之。〔註193〕

榮反應敏捷，故善於應變。永樂十九年四月，奉天、華蓋、謹身三殿災，火勢猛烈，而奉天門東廡切近秘閣，榮奮身直入，指揮衛士三百人，將御書圖籍並積歲制敕文書，搬至東華門。明日，成祖召諭曰：「昨日火發，在目前者幾人，而卿能收拾圖籍，不避艱危，可謂是歲寒松柏也。」榮謝曰：「職分當然。」成祖嘉之並賞賜。〔註194〕

此外，遇事更能果斷處理，因立朝歲久，於人情政體莫不諳練，故見事能洞察重心而斷之。時中官有事來閣下議，必問曰：「東楊先生在否？」知不在即回。凡議事未嘗不遜，士奇或執以古以斷不可行，已而卒斷於榮，且灼然可行而無礙也。又每逢秋敕文武大臣赴憲臺審錄重獄時，自英國公而下俱遜避，俟二楊決之，士奇訊之未嘗決至不可了，榮則一問即決，其斷事折獄之才，人皆嘆服。〔註195〕

（四）善承君意

榮善處君臣間，人為雖甚「方直剛正」，於君主則是察言觀色，語氣甚為溫厚委曲，以其善承君意，甚得君主之喜愛。其事君之「準則」由下列諸事可見。其一，榮朝回，聞仲子讓與客談《漢疏廣傳》，榮問曰：「何知？」客舉「知足不辱、知止不殆」二語，語而稱其美，榮曰：「仲翁故好，然君子事君，竭忠盡力，生死不計，顧取老氏之言以為身謀哉。」榮退，客曰：「聞公早年志不肯下漢唐宰相，由此可見」〔註196〕。其二，夏太常仲昭嘗聞榮曰：「吾

〔註192〕清‧查東山撰，《罪惟錄》傳二十，頁1，總頁7199；清‧徐乾學纂，《明史列傳》，卷25，頁1021。

〔註193〕明‧楊士奇撰〈楊公墓誌銘〉，《文敏集》附錄，頁34～35。

〔註194〕明‧江鐵撰，前引書，附錄，頁14～15；明‧張岱撰，《明紀史闕》（臺北：臺灣學生書局，據國立中央圖書館藏舊抄本影印），頁95。

〔註195〕明‧李賢撰，《古穰雜錄》，《歷代小史》（臺北：藝文印書館印行，百部叢書集成之七，影印本），卷94，頁10。

〔註196〕明‧李紹文撰，《皇明世說新語》，卷2，政事，頁25。

見人臣以抗直受禍者每深惜之，事人主自有體，進言貴有方，譬若侍上讀千字，文上曰：『天地玄黃』，未可遽言也，安知不以試我，安知上主意所自云何，安知玄紅不可爲玄黃，遽言之無益也，俟其至再至三，或有詢問則應之曰，臣幼讀千文見書本是天地玄黃，未知是否」〔註197〕。從此諸事而明白榮之發言皆能中節，尤其是不當言時絕不輕言。

（五）瑕疵失端

榮有濟物利人之仁，因而頗通請謁，上知召而責之曰：「卿何不恤外議。」榮頓首曰：「臣日侍彤庭與天顏相接，他人欲見而無隙，若不啓門以納天下之士，兵民休戚孰得而知」〔註198〕。惟不忍卻人之餽，人以爲其「愛錢」。文廟亦知之，每遂其所欲，蓋用人之仁去其貪也。有鄉人來餽者必詢訪其貧富何如，知其貧亦不卻，但與別物與所餽相稱酬，若富則以十分爲率，亦答其一二，有坐法乞救者，或在卑求薦者必留意焉，於是報者相繼而不厭也。時自五府六部至都察院無不畏其威聽，其說使百職不能持正亦由於此。〔註199〕

又榮與士奇同事頗不相能，士奇卒後，鄉人訴其子於朝，中官持其奏欲下撫按，榮曰：「不可使宰相子辱於撫按之手，須錦衣衛官校提來。實欲辱之也」。〔註200〕

大抵而言，居仕途很難一向遂意，李賢曾言：

> 天有乘除之數，默行乎其間，早年得意，晚必坎坷；少年寒滯，老必通顯；或首尾多難，而中則安樂。〔註201〕

而榮之自入仕路，卻無日不在寵榮之中，四十餘年歷事四朝，曾無數日之忒，可謂「先榮死哀，始終全美」。豈所得稟賦完厚如是？

楊榮具有的若干品質，如明敏果毅的智慧能力、廣結善緣的爲人態度，是活躍政治舞臺的基本態度，然也不容諱言的是其包容於明敏之下的假道學，以及收賄等的若干瑕疵，因此《明書》所評，頗能中其肯綮，文曰：

> 宋儒有言，德勝才謂之君子，才勝德謂之小人，信斯言也，豈得謂之才哉。夫國家多難，羽檄旁午，匪才弗達。上下多危，蕭牆交構，匪才弗定。強敵窺伺，內猜外疑，匪才弗靖。姦雄僭竊，彼甲此乙，

〔註197〕明・葉盛撰，《水東日記》，卷9，頁11。
〔註198〕明・李紹文撰，前引書，卷1，言語上，頁25。
〔註199〕明・李賢撰，《古穰雜錄》，《歷代小史》，卷94，頁10。
〔註200〕明・李紹文撰，前引書，卷8，假譎，頁2。
〔註201〕同註199。

匪才弗協。是故,陳平燕居,深念張良借筋前籌才矣,而謂之小人可乎?或謂士奇正而不譎,榮譎而不正。〔註202〕

圖 2-3:楊榮像

(本圖採自林明哲編,《中國歷代名人畫像彙編,第二八一圖》)

〔註202〕明・傅維麟撰,《明書》,卷 120,頁 23~24。

第三節 楊公溥（文定）

楊溥，字弘濟，人稱南楊，湖廣石首人（現今湖北省石首縣），先於洪武五年（1372），卒於正統十一年（1446）七月，享年七十五歲，贈太師，諡文定。〔註203〕

一、家世生平

溥於建文元年時以諸生鄉試，考官胡儼閱卷，大加稱許，並遂薦第一〔註204〕。次年，與楊榮同第進士，同授翰林編修。〔註205〕

成祖師入南京，出迎降。永樂二年，選用東宮僚屬，遷司經局洗馬，仍兼編修，侍皇太子於南京。十二年，成祖二次北征回師，以太子遣使出迎遲事，溥受牽連，逮錦衣獄，囚禁十年。

仁宗即位，釋出獄，擢翰林學士〔註206〕。洪熙元年，建弘文閣，命溥領閣事。尋陞為太常寺卿兼學士〔註207〕。宣宗即位，召還內閣與士奇等共事，共典機務。九年，遷禮部尚書學士，值內閣如故。〔註208〕

英宗即位，以帝齡幼，與士奇、榮請開經筵，豫擇講官。正統三年，《宣宗實錄》成，因參與修纂，進少保，武英殿大學士〔註209〕，溥後士奇、榮二十餘年入閣，至是乃與士奇、榮並顯榮位，時天下清平，朝無失政，號稱「三楊」。後王振用事，榮、士奇相繼卒，溥遂孤子，十一年卒。

溥受恩寵，其先祖因是得受誥命。父楊文憲，因溥貴而封為禮部尚書兼

〔註203〕清・張廷玉等纂，《明史》，卷148，列傳36，頁1827。

〔註204〕明・尹守衡撰，《明史竊》，卷66，頁8，總頁1469；明・鄧球撰，《皇明泳化類編》，人物，卷50，頁10，總頁3544。

〔註205〕明・彭韶撰，〈楊溥傳〉，《國朝獻徵錄》，卷12，頁48，總頁408；明・尹守衡撰，《明史竊》，卷66，頁8，總頁1469；及卷3，革除紀三，頁10，總頁175。

〔註206〕《明仁宗實錄》，卷1下，永樂二十二年八月乙未條，頁2，總頁25，按此「乙未」乃為誤，應是「己未」；明・談遷撰，《國榷》，卷18，永樂二十二年八月己未條，頁1217。

〔註207〕《明仁宗實錄》，卷6上，洪熙元年三月丁酉條，頁7，總頁271；明・談遷撰，《國榷》，卷18，洪熙元年三月丁酉條，頁1249。

〔註208〕明・尹守衡撰，前引書，卷66，頁9，總頁1471；清・張廷玉等纂，前引書，卷148，頁1826。

〔註209〕《明英宗實錄》，卷41，正統三年四月辛未條，頁9，總頁805。

武英殿大學士，母贈爲夫人〔註210〕。溥卒後，孫輩亦受恩蔭。壽，明正統丙辰授尚寶寺丞至少卿；泰，成化四年授中書至禮部主事；孝，天順二年授中書；元孫耀宗則任中書〔註211〕。溥晚年得帝尊寵，並澤及先人子孫，視同僚解縉等，境遇則相去不可道里計（溥之家世系統詳見表2-3）。

表2-3：楊溥家世系統表〔註212〕

（本表據註209～211徵引諸資料而成）

二、學識才智

　　三楊之中，溥之文才不及士奇與榮，故不及文名，其集亦不傳；然檢索明人文集，仍隱約可見其美稱。溥之爲文，據李賢所撰〈楊文定公文集序〉中云：

> 觀其所爲文章，則辭惟達意，而主于理言，必有補於世，而不爲無用之言論，必有合于道，而不爲無定之論，嚴重老成，有臺閣之氣象焉。〔註213〕

其文風乃摹韓昌黎之「文以載道」，言必有因，不爲呻吟之作，此殆與明初社會風氣有關：

> 其時天下康樂，故廊廟麞颺，具有氣象，操觚者亦不知也。〔註214〕

而溥獨以弘識雅操驂駕三楊，故而刻意遒古。〔註215〕

　　近人錢基博氏在他的文體結構方面具有好評，論之曰：

〔註210〕清・張坦纂輯，《石首縣志》（清乾隆元年刊本，故宮藏本），卷5，貤封，頁3。

〔註211〕同註210引書，卷5，恩蔭，頁5。

〔註212〕同註210引書，卷5，頁6，載：「楊文定公奉祀生楊于南、楊于荊、楊永豐、楊永秀。」

〔註213〕明・李賢撰，〈楊文定公文集序〉，《古穰集》，卷8，頁14。

〔註214〕錢基博撰，《明代文學》，頁16。

〔註215〕同註214。

取材結體，摹詰範頌，有意矜練，又是一格，而與士奇、榮之汗漫

演迤者不同，雖出以平實雅淡，而矜持少變化，光燄不長。〔註216〕

而於詩方面，詩話以為：「三楊位業竝稱，南楊詩名獨不振」。〔註217〕

溥曾參予實錄之纂修，凡太宗、仁宗、宣宗三朝實錄的纂修，皆任總裁。此外，又以總裁參予《文獻大成》（後改名《永樂大典》）之重修。〔註218〕

溥為人穩重，不以學識才智顯，可從下列三事見之：其一，仁宗時，溥奉命御製修國子監碑文，其題曰：「重建大學之碑」。時士奇寢疾不能出，仁宗密旨封令士奇，另製一題曰：「大明新建廟學之碑」，進呈遂用之。溥爭辯執用其所題。於是士奇具本論之曰：

> 凡言重建者，謂既作之後又作，今廟學前元所建非國朝事，此不可
> 論，我皇上臨御既悉撤而新作之，只當云新建，云重建者非是，今
> 請改為新建。且廟與學二者廟為重，故廟成之後然後作學，若只書
> 建太學而不云廟，於禮未安，今請通改作新建廟學四字為宜。〔註219〕

當時廷議皆韙士奇之言，然宣帝已敕令刻石，無可挽回，不過觀士奇之文，可反映出其學識。

此二乃是宣宗時，一日命御製壽星贊，陳援筆贊云：

> 渺南極兮一星，燦祥光兮入絃，兆皇家兮永齡，我懷思兮治平，賴
> 忠貞兮弼成，宜壽域兮同升。〔註220〕

溥以指圈畫「壽域」二字欲易而未就，時中官促進甚急，曰：「先生有則改，無則罷。」遂取去賜內閣，問二楊先生曰：「壽域二字如何？」士奇應曰：「八荒開壽域。」中官還詰溥曰：「八荒開壽域此句詩如何？」溥曰：「好詩。」中官曰：「先指壽域為未好何也？」溥默然。少頃，陳退食遇士奇於端門，士奇語陳曰：「適賜壽星一贊甚佳必大手筆也。」陳唯唯。〔註221〕

其三是正統間，朝鍾一日不受桴，命內閣製祠鍾文，溥入室中翻舊稿不得，太監候久，促陳芳洲曰：「先生何不作。」陳乃白溥曰：「舊無此稿，先

〔註216〕同註214引書，頁17。

〔註217〕《靜志居詩話》，《明詩綜》，卷17，附錄，頁8。

〔註218〕《明太宗實錄》，卷36，永樂二年十一月丁巳條，頁5，總頁627。

〔註219〕明・楊士奇撰〈論國子監碑書題事〉，《東里別集》，卷3，頁29～30；明・尹直撰，《謇齋瑣綴錄》，《歷代小史》，卷93，頁12。

〔註220〕明・尹直撰，《謇齋瑣綴錄》，《歷代小史》，卷93，頁12。

〔註221〕同註220。

生第口占我寫。」溥乃起一語，陳遂續成之。〔註222〕

　　由此可見溥之「思遲」，及其學識才智稍遜二楊之一斑。而《罪惟錄》對溥一生評論較爲平允，論曰：

> 所謂南楊文學不及，顧未必耳。胡儼初評其鄉試，有曰：「他日立玉階方寸地，必能爲董子之正言，而不效漢公孫弘之阿曲。」所持理已能贊運，所謂詞之達者哉。〔註223〕

三、人格特質

　　溥入朝四十年間，曾以遭讒而困禁十年，然操履堅貞、苦心力學，終致顯達。及居高則思危，謙虛下士，以致勳德榮顧，不遜士奇、榮之功。〔註224〕

（一）操履堅貞

　　溥以節操清雅聞於時，嘗自言：「士君子一言一行，幽明無愧，然後無負於父母生身。」又曰：「人必有躬行之實，然後可以訓子孫」。〔註225〕

　　成祖時，溥以漢庶人（高煦）有代嫡意，切諫遭嫉〔註226〕，故受譖下獄。繫獄十年間，其家人供食，歲久數絕，糧食不能繼，又上命叵測，日與死爲鄰，愈勤志讀書不輟，同難者止之曰：「勢已如此，讀書何用？」答曰：「朝聞道，夕死可也。」五經諸子讀之數回，其不以貧賤患難介於中。已而得釋，至晚年遭遇爲閣老大儒，朝廷大制多出其手，實有賴於獄中之功。蓋天將降大任於是人，必先苦其心志而玉成之如此。〔註227〕

（二）謙恭小心

　　溥爲人甚爲謙卑恭敬，初鄉試爲首選，胡儼評其文曰：「初學當避三舍，老夫亦讓一頭地。」又以爲其他日若有成，必能持正言，而不致阿曲依違，人以儼爲知人。後儼爲祭酒，溥己在禁垣，位望益高，然仍終身執門生禮，

〔註222〕同註220。
〔註223〕清・查東山撰，《罪惟錄》傳20，頁15，總頁7201。
〔註224〕明・袁袠撰，《皇明獻實》（臺北：文海出版社，明人文集叢刊第1期，據明鈔本影印），卷9，頁269。
〔註225〕明・彭韶撰，〈楊溥傳〉，《國朝獻徵錄》，卷12，頁48～49，總頁408～409。
〔註226〕明・耿定向撰，《碩輔寶鑑》，卷11，頁1123。
〔註227〕明・彭韶撰，前引書，卷12，頁48～49，總頁48～49，總頁408；明・李賢撰，《古穰集》，卷28，頁7～8。

儼亦不辭，人兩高之〔註228〕。又溥本與檢討王振〔註229〕、修撰張益感情甚篤，每相見，輒取出所作請二位評之，有所改易，則樂而從之。〔註230〕

此外，溥待人處事甚為小心謹慎，尤其是在其出獄以後，既以「切諫」下獄，所以後來在朝，諸大臣每每論事，爭可否，溥往往捐棄己見而接納之〔註231〕。平居更是不敢稍為鬆懈，雖位顯但未嘗趾高氣揚，每入朝皆循牆而走〔註232〕，而雖延接下吏走卒，亦不敢慢。〔註233〕

（三）知人善薦

溥為內閣宰輔時，薦賢若渴，不次拔擢，明於觀人，善從「忽微」處見之〔註234〕。例如，其子自石首來京，述所過州縣迎送饋遺之勤，獨江陵縣令天臺范理不具禮，以此告之，溥因而奇之，嘉廉其能，即薦為德安知府，時范理為縣令才八月而已，尋又薦陞貴州布政使，所至多惠政，人或勸理當致書謝，范理曰：「市相為朝廷用人，非私理也，何謝？」竟不致一書，至溥卒則祭而哭之，以謝知己。〔註235〕

瑞昌令華容劉仁宅與高安令入觀，二人皆溥邑子，溥使僕瞷之，僕還曰：「高安令楚楚稱官也，瑞昌令藁席布被瓦盆煤灶，猶然窮人耳。」溥以仁宅清廉，薦為御史〔註236〕。後仁宅家居，溥展墓還里，過華容，私造仁宅，仁宅偶他往，妻適過鄰家磨麵去，仁宅子大夏引溥入內，徧視家中所有，床上薄席布被而已。喜曰：「操若是良御史哉。」不語姓名，去已，大夏白父，仁宅曰：「此必鄉楊少保也」。〔註237〕

溥為人縝密，故其觀人於「忽微」若此〔註238〕。史論云：「宰相以得士

〔註228〕同註227。
〔註229〕此人與宦官王振同姓同名，見明‧葉盛撰，《水東日記》，卷3，頁3。
〔註230〕同註229引書，卷3，頁3。
〔註231〕清‧張廷玉等纂，《明史》，卷148，列傳36，頁1827。
〔註232〕同註231。
〔註233〕同註227。
〔註234〕明‧何喬遠撰，《名山藏‧臣林記》，頁341。
〔註235〕明‧彭韶撰，前引書，卷12，頁49，總頁409；明‧李紹文撰，前引書，卷3，方正，頁9；明‧耿定向撰，《先進遺風》卷上，頁4。
〔註236〕明‧何喬遠撰，前引書，頁341；清‧查東山撰，《罪惟錄》傳20，頁15，總頁7201。
〔註237〕明‧耿定向撰，《先進遺風》卷上，頁4～5；清‧查東山撰，《罪惟錄》傳20，頁15，總頁7201。
〔註238〕明‧耿定向撰，《先進遺風》卷上，頁5。

為功，士以守己為正」〔註 239〕，溥之善於觀人、明於知人，善於薦賢，而當時廟堂上急於知人也如此，舉措如此，吏治蒸蒸、民生熙熙，乃有以也。
〔註240〕

〔註239〕明‧傅維麟撰，《明書》，卷120，〈范理傳〉，頁27。
〔註240〕同註238。

第三章 三楊與明初之內閣

　　明自太祖罷相，往後明代歷史不具存「宰相」名目。雖然如此，實際上，罷相後的六十餘年，宰相制度便改變形態復活，應時代需要而浮現的「內閣制度」。內閣制度與三楊關係密切，以三楊相繼入閣而使閣權由「備顧問」至擁有「宰相」實權。明初內閣如何形成、轉型，三楊的才具如何造成內閣地位之改變，本章擬針對此種發展，分節加以探討。

第一節　明初內閣之形成

　　內閣制度之成立，並未出自任何特別的設計，而是在廢相後由於客觀的形勢與條件的需要情況下，逐漸發展而成的。按說凡事躬親裁決，像明太祖那樣有獨裁慾之統治者，或可承擔得了，然後世的嗣君，生長於溫宮之中，無論體質或識見，皆非歷盡創業艱危的太祖之比，建文帝的仁弱不在話下，即使以剛狠陰鷙之成祖，亦由於學識、經驗之不足，一旦處理大政時就必須借重左右儒臣的謀議，「內閣」因此形成。

一、由翰林官發展而來

　　太祖於十三年正月罷相之後，經過數月的忙碌，終於感到「密勿論思，不可無人」〔註1〕，遂於九月詔立四輔官。時四輔官職權甚少，只有講論治道〔註2〕；凡郡縣所舉諸科賢才、令觀其能〔註3〕；及封駁刑法之權〔註4〕。地

〔註1〕　清・張廷玉等纂修，《明史》，卷137，〈安然傳〉，頁1728。
〔註2〕　《明太祖實錄》，卷134，洪武十三年冬十月戊午朔條，頁1，總頁2121。中載云：「敕四輔官王本等曰，（中略），古者三公四輔論道經邦理陰陽順四時，其或有乖戾則曰公輔失職，蓋人事有不齊則天應之有如此者，卿等尚當竭忠

位是「列公都督之次，秩正三品」〔註5〕，比明初之中書省左右丞相之正一品，則低二品。而身任四輔官者皆是一些年高的耆儒或元代的降臣（詳見表3-1）。四輔官既無行政大權，又乏練達人才，未能予皇帝多大幫助，於是太祖於十五年（1382）七月罷之。〔註6〕

表3-1：明代四輔官表

姓　名	職稱	出　身	何　時　入	何　時　去	兼職
王　本	春官	耆儒	洪武十三年九月	十五年七月論斬	太子賓客
杜　佑*	春官	耆儒	洪武十三年九月	十五年七月致仕	太子賓客
龔　敩	春官	耆儒	洪武十三年九月	十五年七月致仕	太子賓客
杜　斅	夏官	耆儒	洪武十三年九月	十四年正月致仕	太子賓客
趙民望	夏官	耆儒	洪武十三年九月	十四年正月致仕	太子賓客
吳　源	夏官	耆儒	洪武十三年九月	十四年正月致仕	太子賓客
安　然		元左丞來附	洪武十四年三月	十四年八月卒	
李　幹		元編修	洪武十四年九月	十五年七月降知府	
何顯周		耆儒	洪武十四年九月	十五年七月致仕	太子賓客

*：此杜佑據吳緝華先生考訂即李佑。吳緝華著，《明代四輔官考》，明代制度史論叢第二集上冊，頁69～77。
　（本圖表採自杜乃濟《明代內閣制度》，頁14～15）

　　四輔官之設立與廢止，其間為時甚短暫，成為明由中書省轉變到殿閣大學士制度中的過渡時期。四輔官既未能協助君主處理政務，君主又必需有人輔佐，由是乃不得不藉重當時翰林院之編檢等官，因此，杜乃濟乃認為：「明代內閣制度，即由翰林官發展而來」。〔註7〕

　　　　誠以勤厥職，庶幾感格天心茍在己之誠一有不至則不足以動人，況於動天乎，
　　　　可不慎歟。」
〔註3〕　《明太祖實錄》，卷135，洪武十四年正月乙巳條，頁2，總頁2140。中載云：
　　　　「命吏部，凡郡縣所舉諸科賢才，至京者，日引至端門廡下，令四輔官諫院
　　　　官與之論議，以觀其才能。」
〔註4〕　《明太祖實錄》，卷135，洪武十四年正月丙辰條，頁4，總頁2140。中載云：
　　　　「命刑官聽兩造之辭，果有罪驗，正以五刑。議定，然後入奏。既奏，錄其
　　　　所被之旨，送四輔官諫院官給事中覆奏無異，然後覆奏行之。有疑讞，則四
　　　　輔官封駁之，著為令。」
〔註5〕　明‧陳建撰，《皇明法傳錄》（明刊本，中研院史語所藏），卷7，頁15。
〔註6〕　清‧張廷玉等纂，《明史》，卷3，〈太祖本紀三〉，頁27。
〔註7〕　杜乃濟著，《明代內閣制度》（臺北：臺灣商務印書館，民國69年6月，第3
　　　　版），頁18。

　　明初之翰林院制度，明太祖於吳王元年（1367）五月乙亥時已設立，不過僅寓名以備顧問而已〔註8〕。官品是「學士正三品，侍講學士正四品，直學士正五品，修撰典簿正七品，編修正八品」〔註9〕，為正三品級衙門，較諸明初所設正一品之中書省及從一品的御史臺僅低二品。至洪武二年時略有更定，乃為「承旨正三品，學士從三品，侍講學士從四品，直學士正五品，典簿正七品，屬官待制從五品，修撰正六品，應奉正七品，編修正八品，典籍從八品」〔註10〕。如就其品秩與朝中之官階比較，從洪武九年（1376）之詔文可見出高下，如：「翰林院承旨、六部尚書、各衛指揮使、太常寺卿、各道按察使、應天府尹為正三品；翰林院學士、光祿司卿、各衛指揮同知為從三品，翰林院侍講學士、六部侍郎、國子祭酒、各府知府、各衛指揮僉事為正四品」〔註11〕。可知翰林院官員的品秩較之朝中他官並不算低。在職權上，初設時僅「備顧問」，此時已有「制誥文冊文翰」等權了。〔註12〕

　　罷相後，於洪武十四年（1381）翰林院亦改為正五品衙門〔註13〕，因太祖為施行專制政治，而降低其品秩和地位。再者，此時正當四輔官設置之時，表面上看來翰林官似乎被壓制，然考之當時翰林官之職權，則不然。據《明太祖實錄》洪武十四年十月癸丑條云：

　　　命法司論囚，擬律奏聞，從翰林院給事中及春坊正字司直郎會議平
　　　允，然後覆奏論決。〔註14〕

而知當時也有論決刑事、平駁諸司章奏之權，此亦為翰林官預政之始。而這一職權在無形中分擔了原來中書之職，所以譚希思在《明大政纂要》中提出：

　　　命翰林院平駁諸司奏啟，平允則列名封進，署曰某官某進，蓋隱然
　　　古中書之職。〔註15〕

由是翰林院之職權漸臻重要的層面。

〔註8〕　明·王世貞撰，《弇山堂別集》，卷46，頁1。

〔註9〕　《明太祖實錄》，卷23，吳元年五月己亥條，頁7～8，總頁338。

〔註10〕　《明太祖實錄》，卷38，洪武二年正月戊申，頁8，總頁769～770。

〔註11〕　《明太祖實錄》，卷109，洪武九年閏九月癸巳條，頁1，總頁1810。

〔註12〕　明·申時行等奉敕重修，《大明會典》（臺北：新文豐出版社影印本，民國65年7月初版），卷221，翰林院，頁1，總頁2937。

〔註13〕　同註12。

〔註14〕　《明太祖實錄》，卷139，洪武十四年十月癸丑條，頁5，總頁2194。

〔註15〕　清·趙翼撰，《二十二史箚記》（臺北：世界書局，民國69年2月，第8版），卷36，〈明祖重儒〉，頁529。

太祖「初不知書」，有感於治理國家須用儒生，乃置翰林院，處文學之士備顧問。雖設四輔官，卻仍用翰林官以擬詔敕、考駁章奏。可是四輔官罷後，可備諮詢顧問者，也只有翰林官了。況且當時之翰林院官，人數既多，品位又不高，必不致專權，此正合太祖的私心〔註16〕。後雖又有「殿閣大學士」之設，然其職權亦僅止於講論治道、備顧問而已，所以重要性遠低於翰林官，當時皆由翰林官進爲殿閣大學士，因此十八年（1385）以後，殿閣大學士之官俱闕，其職務自然爲翰林官所代替。及成祖奪位，初建內閣，也只好「皆以翰林官居之」〔註17〕，凡入直內閣者，除一方面參預機務，爲內閣官員，另一方面則署翰林事，由此而言，翰林院官預政之開始，已奠立了內閣制度的根基。

二、殿閣大學士先內閣而產生

內閣制度之根基，雖可推至十四年翰林官預政治，然當時尙無內閣之稱呼，於組織及職責亦無定規。到成祖即位，方以「授餐大內，常侍天子殿閣之下，避宰相之名，又名內閣」〔註18〕。而內閣中的殿閣大學士，則早於洪武十五年之前已設立。

內閣之設乃倣宋制，置華蓋殿、武英殿、文淵閣、東閣及文華殿諸大學士〔註19〕。當時入閣之人數，據吳緝華之綜合，前後共有六人，即劉仲質（邵質）、吳伯宗、宋訥、吳沉、全思誠、朱善。另外鮑恂、全詮、張長年亦被徵至，皆以年高固辭不就〔註20〕（詳見表 3-2）。而明初殿閣大學士的出身，除了劉仲質直接由禮部尙書入爲殿閣大學士，全思誠由耆儒入爲殿閣大學士外，其餘之吳伯宗、宋訥、吳沉、朱善四人，則是皆由翰林官入爲殿閣大學士。

關於職權及地位，洪武初設時，曾期許以「必欲近侍之有補，民同宋樂，文並歐蘇」〔註21〕，但鑑於胡惟庸禍國，而僅令「侍左右，備顧問，不得平

〔註16〕同註7。
〔註17〕明・王瓊撰，《雙溪雜記》（臺北：藝文印書館，《百部叢書集成》之六，今獻彙言，影印本），頁13。
〔註18〕清・張廷玉等纂，《明史》，卷72，志四十八，職官一，頁738。
〔註19〕清・王鴻緒撰，《明史稿》，志五十四，職官一，頁4，總頁209。
〔註20〕吳緝華著，〈明初殿閣大學士研究〉，《明代制度史論叢上冊》（臺北：臺灣學生書局，民國60年2月出版），頁104。
〔註21〕明・傅維鱗撰，《明書》，卷65，職官一，頁308。

章軍國事」〔註22〕品秩則據《明太祖實錄》云：「定華蓋殿、武英殿、文淵閣、東閣、文華殿五大學士，秩俱正五品」〔註23〕，是為正五品。由此而知，殿閣大學士雖由四輔官轉變而來，但品秩比起四輔官之正三品地位，則低了二品。由於不得領閣務，又不得平章軍國事，故依然沒有實權，只是從容備顧問而已。

表 3-2：明初殿閣大學士表

人　名	職　衛	入官年月	由何官進	去　何　職
劉仲質*	華蓋殿大學士	洪武十五年十一月	禮部尚書	十六年正月降試監察御史
吳伯宗	武英殿大學士	洪武十五年十一月	翰林院檢討	十六年十二月降翰林院檢討
宋　訥	文淵閣大學士	洪武十五年十一月	翰林院學士	十六年正月改國子祭酒
吳　沉	東閣大學士	洪武十五年十一月	翰林院典籍	十六年八月降翰林院侍書
全思誠**	文華殿大學士	洪武十五年十一月	耆儒	
鮑　恂	文華殿大學士	洪武十五年十一月	耆儒	辭不任
全　銓	文華殿大學士	洪武十五年十一月	耆儒	辭不任
張長年	文華殿大學士	洪武十五年十一月	耆儒	辭不任
朱　善	文淵閣大學士	洪武十八年三月	翰林院待詔	十八年九月以病卒

＊：即邵質。
＊＊：杜乃濟氏認為他辭不任，吳緝華氏則認為他未辭。杜乃濟著，《明代內閣制度》，頁19。
　　表中之「全思誠」條件下，註明是「辭不任」。而吳緝華著，《明初殿閣大學士研究》，
　　頁126～128中之考證結果是「全思誠為文華殿大學士，在十六年四月致仕」。
　　（本圖表採自杜乃濟《明代內閣制度》，頁19）

三、永樂年間內閣之設

內閣之設，實因成祖篡奪其姪的天下，由藩王躋身皇帝，由藩封之地北平踹到首都南京，其心態可想而知。一因對事不明瞭，二不得不對人懷疑，由是任用私人親信來佐理政治是很正常的。

洪武三十五年（建文四年，1402）七月，始開內閣於東角門，即文淵閣。命吏部及翰林院中之文學行誼材識之士以佐朝政。當時即得解縉、胡廣、楊榮、楊士奇、黃淮、金幼孜、胡儼共七人，入居閣中〔註24〕。七人入閣前之官，解縉、胡廣以正六品侍講，楊榮以從六品修撰，楊士奇、黃淮以正七

〔註22〕同註21。
〔註23〕《明太祖實錄》，卷172，洪武十八年三月丁丑條，頁3，總頁2628。
〔註24〕明‧王直撰，〈少師泰和楊公傳〉，《抑菴文集》，卷11，頁8。

品編修，金幼孜、胡儼以從七品檢討〔註25〕，以是閣臣最高官階為正六品，最低則為從七品。

當時之職務不但備顧問，並可參預機務，因篡奪後四方多事，此七人且夕侍成祖左右，除了承顧問外，並於百官奏事退之後，造宸密勿謀畫，往往至漏下數十刻才退〔註26〕。由是諸六部之大政，咸共平章，內閣之參預機務，即自此始。成祖對此七人倚重之深，可從下面一段記載中見出：永樂二年九月庚申，召士奇、榮等曰：「朕即位以來，爾七人朝夕相與共事，鮮離左右，朕嘉爾等恭慎不懈。然恒情保初易，保終難，朕故常存於心，爾等亦宜謹終於始，庶幾君臣保全之美」〔註27〕。同年十二月，御奉天殿，賜六部尚書侍郎金織文綺衣各一襲時，特賜士奇等七人衣與尚書同，且曰：「朕於卿等非偏厚，代言之司，機密所寓。況卿六人且夕在朕左右，勤勞勸益，不在尚書下，故於賚必求稱其事功，何拘品級」。〔註28〕

雖然如此，終永樂一朝之閣臣所進陞之最高地位者，不過是士奇於十五年二月進為正五品翰林學士〔註29〕，榮於十八年閏正月進為正五品文淵閣大學士，幼孜亦同時進為文淵閣大學士〔註30〕而已。此因「拘於官制，不可踰也」〔註31〕。平情而言，當時入閣者皆為編檢講讀之官，內閣既無單獨之辦公室，諸部的章奏，亦不先告知內閣〔註32〕。所以此時內閣雖已有「參預機務」之權，地位上則無法與尚書相比。當時皆云「入閣辦事」〔註33〕，或云「入直文淵閣」〔註34〕。入閣後，並非皆領大學士銜，而是「職銜必浻加方

〔註25〕 吳緝華著，〈明仁宣時內閣制度之變與宦官僭越相權之禍〉，《明代制度史論叢上冊》，頁183。

〔註26〕 明‧尹守衡撰，《明史竊》，卷66，頁1456。

〔註27〕 《明太祖實錄》，卷34，永樂二年九月庚申條，頁3，總頁602～603。

〔註28〕 《明太祖實錄》，卷37，永樂二年十二月申午條，頁3～4，總頁636～637。

〔註29〕 《明太祖實錄》，卷185，永樂十五年二月乙亥條，頁3，總頁1985。

〔註30〕 《明太祖實錄》，卷221，永樂十八年閏正月丙子條，頁1，總頁2189。

〔註31〕 同註17。

〔註32〕 清‧張廷玉等纂，《明史》，卷72，志四八，職官一，頁739。中載云：「成祖即位，（中略），然其時入內閣者，皆編檢講讀之官，不置官屬。不得專制諸司，諸司奏事，亦不得相關白。」

〔註33〕 明‧沈德府撰，《野獲編》（臺北：藝文印書館，《百部叢書集成》之二十四，學海類編第十七～八函，影印本），補遺，卷2，頁1。

〔註34〕 同註33；清‧鄭端撰，《政學錄》（臺北：藝文印書館，《百部叢書集成》之九十四，畿輔叢書第四十三函，據清光緒王灝輯刊本影印），卷1，頁1。

得至大學士」〔註35〕，此與太祖時入閣皆大學士者不同。且五品官既成定制，若遷秩，則例需改他官，而不復能入直。〔註36〕

第二節　明初內閣之轉變

內閣制度直至仁、宣之世方臻於完備，其中之轉變，無論於殿閣之設置、地位、或權力各方面皆有顯著之不同，以下即按此三方面，分別加以探討。

一、大學士分衙辦事

永樂時內閣僅指文淵閣而言，並無其他殿閣，至仁宗即位，乃將內閣分為文華、武英、華蓋、謹身諸殿閣，每殿皆置大學士。當時設置的情形乃：永樂二十二年八月，仁宗以榮、士奇等皆東宮舊臣，進榮為太常卿，幼孜為戶部侍郎兼文淵閣大學士如故；士奇為禮部侍郎兼華蓋殿大學士；黃淮為通政使兼武英殿，已而，復置謹身殿大學士，改榮為之。至洪熙元年三月以權謹為文華殿大學士〔註37〕。然權謹去後，即不復設文華殿。關於洪熙至正統時期之諸殿閣名稱，大學士員額及其官秩情形（詳見表3-3）。而其中之華蓋、謹身、文華三殿於仁宗、宣宗時已設，文淵閣、東閣則到英宗正統中始設。但是此些殿閣之大學士之員額則無定數，有時有些殿閣不設大學士，有時卻有些殿閣同時設有許多大學士。如宣德六年武英殿大學士金幼孜卒後，至正統三年楊溥任武英殿大學士止，前後七年之久，武英殿皆無設大學士。相反的，如宣德元年，華蓋殿、武英殿則各同時設兩名大學士。〔註38〕

二、內閣地位的提高

洪熙以來，內閣地位逐漸提高。尤其是仁宗即位後，榮、士奇、幼孜、淮四人之官銜已陞至太常寺卿及侍郎等三品官，雖然此時他們仍掌內閣事而不參預所陞職務，但是內閣打破太祖定制大學士為正五品之限，而帶三品官銜乃自此始。

〔註35〕清‧永瑢等纂修，《歷代職官表》（臺北：臺灣商務印書館，《國學基本叢書》，民國57年3月臺1版），頁89。

〔註36〕清‧趙翼撰，《陔餘叢考》（臺北：新文豐出版社，民國64年11月初版，影印本），卷26，頁10。

〔註37〕清‧張廷玉等纂，《明史》，卷8，本紀八，「仁宗」，頁72。

〔註38〕杜乃濟著，《明代內閣制度》附錄二，「內閣大學士年表」，頁206～316。

表 3-3：明洪熙正正統年間內閣機構組織表

殿　　名	大學士員額	官　　秩	備　　　　註
華蓋殿	無定額	正五品	
謹身殿	無定額	正五品	
文華殿	無定額	正五品	權謹去後即不復設文華殿
武英殿	無定額	正五品	
文淵閣	無定額	正五品	正統始設
東　　閣	無定額	正五品	正統始設

（本圖表採自杜乃濟《明代內閣制度》，頁 50）

　　如永樂二十二年九月以後，仁宗登位，士奇陞爲少保，兼職如故。榮則陞爲太子少傅兼謹身殿大學士〔註 39〕。十二月加榮爲工部尚書〔註 40〕。洪熙元年正月加黃淮爲少保，戶部尚書，仍兼武英殿大學士。加士奇爲兵部尚書〔註 41〕。至此，閣臣陞到從一品的三孤官，及正二品的尚書官階。從此，閣臣既因所陞之官爲尊，內閣大學士一職反成爲兼職。《大明會典》，卷 2，記云：

　　　　洪熙年初設文華殿大學士、武英殿大學士、文淵閣大學士。以上初
　　　　專設，後皆以師保、尚書等官兼任。〔註 42〕

所以有此變動，乃格於太祖不許立丞相而定大學士爲正五品所影響，故雖閣臣之官銜已至三孤及尚書等地位，然職權則仍在內閣，而不在所陞之職務中。不過，內閣大學士既以三孤及尚司日等地位高之官兼任，則此時內閣閣臣之地位，已非昔日所可同日而語了。

三、內閣職權的日增

　　內閣閣臣地位的提高，相對的，職權自然日益加重。成祖時內閣，已可參預機務，但在與閣臣不斷而議後，朝政仍是斷自宸衷，所以內閣的職權僅限於「秘書」性質，替皇帝「出主意」而已。

　　仁宗以後，內閣之職權日增，甚至到達「無異宋、遼、金、元三省長官，

〔註 39〕《明仁宗實錄》，卷 2 下，永樂二十二年九月丁酉條，頁 8～9，總頁 78～79。
〔註 40〕《明仁宗實錄》，卷 5 下，永樂二十二年十二月甲寅條，頁 6～7，總頁 185～
　　　　186。
〔註 41〕《明仁宗實錄》，卷 6 上，洪熙元年正月丁丑條，頁 4，總頁 202。
〔註 42〕明・申時行等奉敕重修，《大明會典》，卷 2，頁 2～3。總頁 631～634。

而六部皆稟受內閣風旨而後行」〔註43〕之地步。造致此種變化，乃因「條旨制度」的產生，面議的逐漸減少而至廢除。「條旨制度」可從仁宗即位時說起，時仁宗除了與閣臣面議之外，每當退朝還宮，遇有機務要計議，則必以親筆書榮等姓名，識以御寶，或用御押封出，使之規畫。而榮等條對，也用文淵閣印封入，由此，君臣往來之諭奏，外人皆不得與聞〔註44〕。不過這時候的批答尚皆出自御筆，仍未委以他人〔註45〕。但是，條對的結果，皇帝既可委政於內閣簽辦，久而久之，自然形成條旨制度。到了宣宗三年就定型了，如「始令內閣楊士奇輩及尚書兼詹事蹇義、夏原吉，於凡中外章奏，許用小票墨書貼各疏面以進，謂之條旨」〔註46〕。閣臣可條旨，貼於各疏面以進，無疑的又提高了內閣的職權，何良俊在《四友齋叢說》摘抄中有云：

> 然各衙門章奏，皆送閣下票旨，事權所在，其勢不得不重。後三楊
> 在閣既久，漸兼尚書，其後散官加至保傅，雖無宰相之名，而有宰
> 相之實矣。〔註47〕

而導致閣臣握有「宰相」之實權者，乃因宣宗「及遇大事大疑，猶命大臣面議，議既定，即傳旨處分，不待批答」〔註48〕。既有了「條旨」，且以內閣條旨，皆能稱上意，勿需皇帝再加更改，再者皇帝深居內宮，疏懶成性，見條旨而批答即可，造成不必和廷臣面議的開端。皇帝不親自和廷臣面議，自然會產生很多弊端，到後來有的皇帝竟然一、二十年不臨朝，由是乃造成宦官僭禍之患。

雖然宣宗時閣臣已握有「條旨」之權，但是當時參與其事的還有吏部尚書蹇義與戶部尚書夏原吉，所以不能說是內閣的專權，等到蹇、夏二人先後去位，三楊以老臣而日見信任，內閣地位方日漸穩固，職權亦日漸隆重而專寄。至英宗即位，內閣之職權又有了改變，即「票旨」之產生。據《春明夢餘錄》所載：

〔註43〕清高宗撰，《續通志》（臺北：新興書局，民國54年3月新1版，影印本），卷135，職官略六，頁4073。

〔註44〕明·黃佐撰，《翰林記》（臺北：藝文印書館，《百部叢書集成》之九十三，嶺南遺書第二函，據清道光伍崇曜校刊本影印），卷2，頁5。

〔註45〕同註44引書，卷2，頁9。

〔註46〕清高宗敕撰，《續通典》（臺北：新興書局，民國52年新1版），卷25，「職官」，頁1269。

〔註47〕明·何良俊撰，《四友齋叢說》，「摘抄」，卷174，頁18。

〔註48〕同註44。

> 宣德以後，三楊眷重，漸柄朝政。英宗以九歲登極，凡事啓太后，
>
> 太后避專，令內閣議行，此內閣票旨之始也。〔註49〕

「票旨」即是「票擬聖旨」，是較條旨更進一步的形式。自從宰相制度廢除後，諸司章奏直達御前，覽後批交各部辦理。宣德時，御覽以後的章奏則先發交內閣「條旨以對」，此已寓有承認內閣權力的意思在內。而票擬制度則是章奏經御覽後先發交內閣，由內閣用小紙條書寫應行批答的文字，粘於章奏上隨同封進，候皇帝硃批，然後再發各衙門遵行。此制度顯然是由「條旨」演變而來的，在宣宗時，內閣諸人的條對聖旨，內容皆斟酌妥善，允洽恰當，爲皇帝所信任。進爲「票旨」，內閣直接將應該批的文字擬妥呈進，使九歲的小皇帝照樣批發。此種在英宗朝創下的制度，後來被援爲成例，皇帝在未經內閣同意，大多不逕行更改「閣票」，由此，明顯的，另一種新的，不同的「宰相」制度已經出現。〔註50〕

第三節　三楊在閣時期與明初政治的發展（上）
——永、洪兩期

明代內閣制度，自三楊入閣輔政，即由「秘書」之地位，而達臻「丞相」實權，然此並非倖致的，而是三人同心輔政，造成國家的昇平所致。內閣制度之異動，直接的就造成六部權力的變化，所以探討三楊在閣時期所擁有的權限，及其實質表現，則可對明初政治權力之轉移尋出一條脈絡。以下兩節擬就此重點，試加探討。

一、永樂時期

明自太祖罷相後，雖「設五府、六部、都察院、通政司、大理寺等衙門，分理天下庶務」〔註51〕，然朝政之最後決定權仍「皆朝廷總之」〔註52〕。所以皇帝非虛位元首，而是過問政事之權威，當局既是如此，則朝廷中何者之權位增加，何者受重用，則決定於皇帝之信任與否。三楊獲成祖之寵，雖肇

〔註49〕清・孫承澤撰，《春明夢餘錄》，卷23，頁13，總頁249。

〔註50〕蘇同炳著，〈明代相權問題研究〉，《明史偶筆》，頁15。

〔註51〕清・谷應泰撰，《明史紀事本末》（臺北：三民書局，民國58年4月出版），卷13，頁128。

〔註52〕同註51。

端於「金門川之迎」（詳見第四章），而士奇、榮於入閣後之良好表現，才是繼續促成往後內閣地位提升之原因。

　　當時成祖所擢用之閣臣七人中，以榮最年少，且最機警，初入閣時，即因對「寧夏被圍」及「吉安鄉嘯聚」二事件（前第二章），反應警敏、判斷正確而獲得成祖的信任，當時以四方多事，榮又獨具警敏的才能，遂於武功方面多所獻替，三次出使甘肅經略，五次扈從成祖北征，於敵情之諳練，對軍隊之進退每皆稱旨。由是成祖對其寵眷益隆。而士奇則以文學學養、善應對，獲成祖器重。

　　成祖以馬上得天下，於敬天致誠之理多所不通。士奇則於國體、制度之通達，使之獲益不少。例如：

（一）朝賀之罷

　　永樂十二年正旦正食，是否應該罷朝賀。士奇對曰：「日食天變之大者，前代元正日食多不受朝，宋仁宗時元正日食，富弼謝罷宴樂，宰相呂夷簡不從。弼曰萬一契丹行之，為中國羞，後有自契丹回者，具言是日罷宴，仁宗深悔，今免其賀誠當」〔註53〕。以史為鑑，成祖乃從之，因而免於天象示警而失國體。

（二）謁陵之位

　　十四年周王橚、楚王楨來朝，按例次日謁孝陵。成祖命東宮、皇太孫及小皇孫陪謁，且以謁陵展敬之位當如何徵詢諸臣。士奇對曰：「周、楚二王屬尊，當列稍前兩傍，東宮殿下列稍後居中，皇太孫殿下亦居中列於東宮殿下之後，諸皇孫同班而分列兩傍」〔註54〕。由是乃不致貽笑諸藩王。

（三）懲下之法

　　於臣下處罰之法亦諸多徵詢。以饒州士人朱季友所著書中有詆毀宋理學之濂、洛、關、閩諸學說，成祖覽之怒曰：「此儒之賊也。」並以之示士奇等，士奇曰：「當燼毀所著書，庶幾不誤後人。」成祖從之，乃遣人押季友還州，會見布政司、府州縣官及其鄉士人，明諭其罪，笞以示罰，悉索其所著書焚

〔註53〕明・楊士奇撰，〈聖諭錄上〉，《東里別集》，卷2，頁7～8；清・張廷玉等纂，《明史》，卷148，列傳36，頁1822。

〔註54〕明・楊士奇撰，〈聖諭錄上〉，《東里別集》，卷2，頁7～8；明・傅維鱗撰，《明書》，卷120，頁9。

之。〔註55〕

　　除「備顧問」之外，因皇帝之信任，故於言論或奏疏亦頗受重視。如榮曾於永樂三年正月至九月間，多次被召以評議諸司事宜，奏對皆稱旨〔註56〕。十七年十二月，榮進言十事，指斥五府、六部、三法司之積弊，成祖覽而喜之，乃密與榮曰：「實切時病，但汝爲心腹之臣，若進此言，恐群臣益相猜疑，不若使愼密御史言之。」於是使御史鄧眞入奏，眾皆免冠請罪，下詔諸司即日悛改，怙終者不赦，而凡所改皆益國利民之事〔註57〕。二十年，成祖降敕訪求民隱，遂首陳利國便民十餘事，皆獲嘉納，並命悉入詔條頒行之。〔註58〕

　　士奇與榮有良好的表現，然儘管皇帝之寵任再深，比之當時六部中之夏原吉和吏部尚書蹇義之受親任則稍遜之。蹇夏曾於永樂九年，以九載考滿，賜宴文華殿爲最高之榮譽。尤其是夏原吉歷次扈從車駕北行，兼行在九卿事，寵任之事，一時無出其右者，所以《國朝列卿紀》，卷32，云：

> 明興設立六部，雖沿唐、宋之舊，而戶部尤爲國家命脈所係，故永樂以來，雖選儒臣預參機務，而軍國大計屬戶部尚書夏原吉之規度宏遠矣。〔註59〕

由此看來，永樂一朝，內閣之職權雖已漸尊崇，然猶不足以與六部相比矣。

二、洪熙時期

　　洪熙時期，內閣制度有了突破，大學士之官階雖仍爲正五品，但是閣臣士奇、榮等已兼帶官職至太常寺卿及侍郎等之三品官。所以致此者，乃士奇、榮皆仁宗爲太子時之東宮舊輔，再者，仁宗勤於求治，而士奇、榮等多所獻替，對洪熙郅治之促成致力甚多。當時不僅備顧問，且已參預司法權、諫諍權，於皇帝措施失當時，隨時予以糾正，一反以往只是等待皇帝來徵詢，而是主動的、積極地參預朝政。茲將當時內閣之職權分別論之：

〔註55〕明・楊士奇撰，〈聖諭錄上〉，《東里別集》，卷2，頁3；明・王直撰，〈少師泰和楊公傳〉，《抑菴文集》，卷11，頁9。

〔註56〕明・江鐵撰，〈楊公行實〉，《文敏集》附錄，頁4；清・張廷玉等纂，《明史》，卷148，列傳36，頁1825。

〔註57〕明・江鐵撰，〈楊公行實〉，《文敏集》附錄，頁13。

〔註58〕同註57，頁14～15。

〔註59〕明・雷禮纂輯，《國朝列卿記》，卷32，頁1，總頁2028。

（一）司法權

仁宗以愛人為德，於審讞之政甚為謹慎。為不使無辜者含冤，遂命五府、六郡、通政司六科，同三法司於承天門會審，且特召士奇、榮、幼孜諭之曰：「自今凡決審重囚，卿三人往同審，有冤抑者，雖細故必以聞」〔註60〕，閣臣士奇等自是參予審決之權。

（二）諫諍權

仁宗望治如渴，數勉諸大臣直言，特賜士奇、榮、蹇義、金幼孜等人「繩愆糾繆」銀庫各一枚，並諭之曰：「凡政事有闕，或群臣言之而朕未從，或卿等言之朕有不從，悉用此印密疏以聞」〔註61〕。後又恐諸臣言之不盡，或因所言不見聽而絕口，遂再取諸臣之誥詞親增二語云：「勿謂崇高而難入，勿以有所從違而或怠。」且曰：「此朕實心，卿等勉之」。〔註62〕

（三）用人權

「仁宗與士奇論科舉之弊，一日，士奇對以科舉須兼取南北之士。北人學問或不及南人，但北人多長才大器者，不若南人多浮，若南取六十，北取四十，則南北人才皆入用矣。當時以會試多錄取南人，北人氣沮，無再進取之心，造成怠惰不振之風，若此，則北士將因得進，而感發興起。仁宗從之，議定未行，至宣宗嗣位始奏行。〔註63〕

仁宗如此惓惓於求治、求言，而諸大臣中以士奇進言最勤，間或仁宗初不能從，然仍固執其見，頻頻進說，每至仁宗從之始罷。其所進言涉及諸端如下：

（一）請減稅收

永樂二十二年八月十七日，士奇聞析薪司奏准循歲例賦北京山東棗八十萬為宮禁香炭之用。入奏曰：「今聞析薪司傳旨賦棗八十萬，難道不會過多？雖是歲例，然詔書所減除者不也皆是歲例。」仁宗即命減除四十萬。〔註64〕

〔註60〕《明宗實錄》，卷3下，永樂二十二年十月丁巳條，頁3，總頁115～116。

〔註61〕《明宗實錄》，卷2下，永樂二十二年九月戊戌條，頁9，總頁80。

〔註62〕《明宗實錄》，卷4下，永樂二十二年十一月丁亥條，頁3～4，總頁148～149。

〔註63〕明・楊士奇撰，〈聖諭錄中〉，《東里別集》，卷2，頁30；明・王直撰，〈少師泰和楊公傳〉，《抑菴文集》，卷11，頁20。

〔註64〕明・楊士奇撰，〈聖諭錄中〉，《東里別集》，卷2，頁17；明・王直撰，〈少師泰和楊公傳〉，《抑菴文集》，卷11，頁14。

（二）請守孝制

同年九月癸未成祖崩後易月制滿，禮部尚書呂震請釋縗易吉服，奏已，徧語群臣明旦易服，士奇以為不可，震忿曰：「朝廷事爾每執異。」尚書蹇義講兼取二說，明旦君臣皆素衣冠、黑角帶，遂偕六部都察院具奏，報可。明旦，仁宗素冠麻衣麻絰出視朝，大臣中惟士奇、張輔如上服。朝退，召蹇義、夏原吉及士奇等諭曰：「梓宮在殯，吾豈忍易，後聞士奇有言，始知震妄，士奇所執是」。〔註65〕

（三）昭信示天下

永樂中御史李祥、舒仲成嘗奉敕理木植稅課之幣而忤意，後犯罪者皆獲免。及仁宗嗣位，尚書蹇義因奏仲成他事，仁宗憶及此事，即命都察院捕治仲成，士奇進疏曰：「向來小人得罪者多，陛下皆已宥之，今又追理前事，即詔書不信。」仁宗聞而罷之，且諭士奇曰：「卿導朕以仁，助朕以德，有卿盡心如此，朕復何憂」。〔註66〕

（四）請納直言

大理少卿戈謙數言事，仁宗厭其繁瑣，尚書呂震、吳中等人交奏其賣直沽名。仁宗召士奇等語以謙之逾分，士奇曰：「謙雖有不諳大體者，然其感陛下超擢之恩，欲圖報效，主聖則臣直，惟陛下容之，不然進言者將懼。」仁宗雖不罪謙，但數形於詞氣，士奇又進曰：「陛下頒詔求言，言不當者不罪，今戈謙之事，朝臣皆以言為戒，而朝廷受不容直言之謗。」遂免謙朝參，自是一月餘，朝臣言事者三。召士奇曰：「自免戈謙朝，言者不至。」對曰：「惟在上寬容以來之。」遂命戈謙如舊朝參，且令百官言事，勿以謙為戒，因諭士奇曰：「朕有過不難於改，雖一時不能容，然終悔，爾知朕心，勿吝於言也」〔註67〕。又有虞謙者，亦以上封事時直言過激，被降為大理少卿。士奇言於上：「謙歷事三朝皆居通顯，頗得大臣體者，且今所犯小過。」仁宗悔，

〔註65〕 明・楊士奇撰，〈聖諭錄中〉，《東里別集》，卷2，頁 17～18；明・王直撰，〈少師泰和楊公傳〉，《抑菴文集》，卷 11，頁 15；清・張廷玉等纂，《明史》，卷 148，列傳 36，頁 1822。

〔註66〕 《明仁宗實錄卷》四下，永樂二十二年十一月乙亥條，頁 6～7，總頁 154～155；明・楊士奇撰，〈聖諭錄中〉，《東里別集》，卷2，頁 24～25。

〔註67〕 明・楊士奇撰，〈聖諭錄中〉，《東里別集》，卷2，頁 27～28；明・王直撰，〈少師泰和楊公傳〉，《抑菴文集》，卷 11，頁 19～20；清・張廷玉等纂，《明史》，卷 148，列傳 36，頁 1823。

乃復其職。〔註68〕

（五）罷朝樂

以仁宗即位將於歲正改元，因梓宮在殯，命呂震新正朝儀不用樂，而震建議仍用之。士奇等進言不可，不決；士奇、黃淮復進言，至夜漏下時刻未得旨，不退，遂有旨命禮部設樂不作。後乃召士奇等曰：「為君以受直言為賢，為臣以能直言為賢，昨日朝會賴汝等盡心，遂免此悔」。〔註69〕

（六）止散馬

兵部尚書李慶言於上，請以朝覲官領太僕餘馬，歲課其息，有虧罰與民同。士奇執不可，慶忿不納。仁宗同意士奇之言，然遲遲不出敕令，士奇催促數次後，方曰：「內批豈真忘之，念爾孤立，慮為眾所傷，故不欲因汝言而罷此令，今有名矣。」乃出示一章陝西按察使陳智言畜馬風憲受制，曰：「爾據此草敕止散馬。」士奇叩首曰：「陛下知臣，臣不孤矣」。〔註70〕

（七）守禮制

仁宗有旨贈徐善述、鄒濟、王汝玉官，賜之謚，命禮部建基祠，歲四祭，士奇進言曰：「禮貴得中，朝廷惟宗廟以四時享，社稷、孔子皆春秋之祭而已，濟等雖有舊勞，不得過社稷、孔子而與宗廟相等。」仁宗乃召改春秋祭。〔註71〕

士奇既忠勤於事主，仁宗亦念其匡輔之力，乃賜其刻有「楊貞一印」之璽書一枚，以獎其輔佐之功，仁宗之知士奇、重士奇可見。

洪熙朝中最受仁宗親任之大臣，據《明仁宗實錄》，卷 4 下所誌：「一日上御西角門，謂士奇、榮、幼孜曰：『卿三人及蹇、夏二尚書，皆先帝親任舊臣，朕方倚以自輔』」〔註72〕。其中士奇與蹇義曾為東宮舊輔更受寵信。蹇義

〔註68〕明·楊士奇撰，〈聖諭錄中〉，《東里別集》，卷2，頁19～20；明·鄧球撰，《皇明泳化類編》，人物，卷50，頁3，總頁③529；清·張廷玉等纂，《明史》，卷148，列傳36，頁1823。

〔註69〕《明仁宗實錄》，卷6上，洪熙元年正月壬申條，頁1，總頁195～196；明·楊士奇撰，〈聖諭錄中〉，《東里別集》，卷2，頁23；明·王直撰，〈少師泰和楊公傳〉，《抑菴文集》，卷11，頁17。

〔註70〕明·楊士奇撰，〈聖諭錄中〉，《東里別集》，卷2，頁21～23；明·王直撰，〈少師泰和楊公傳〉，《抑菴文集》，卷11，頁16～17。

〔註71〕明·楊士奇撰，〈聖諭錄中〉，《東里別集》，卷2，頁28～29；明·何喬遠撰，《名山藏·臣林記》，頁3403～3404。

〔註72〕同註62。

所獲寵任不下於士奇，亦得仁宗所賜「蹇忠貞印」一枚，俾藏於家，傳之後世，以使知其君臣共濟艱難，相與有成也〔註73〕。在同賜「繩愆糾繆」章之廷臣中，除士奇外，皆使仁宗頗爲失望，因言：「朕與諸卿相與出自誠心，然而蹇、夏、榮皆無一言，豈朝政果皆無闕，生民果皆安乎？」再召蹇義表心意曰：「爾與士奇吾監國舊輔，原吉賢良，皆吾所倚任，各與圖書自吾本心」〔註74〕。蹇、夏當時既無突出的表現，而士奇又勤政敢言，遂受仁宗之專任，由是內閣之權至此已凌駕六部。

第四節　三楊在閣時期與明初政治的發展（下）
——宣、正兩期

一、宣德時期

　　宣宗即位，初擢內閣臣共七人，乃陳山、張瑛、黃淮、金幼孜、士奇、榮、溥。其後，陳山、張瑛以東宮舊恩入閣，不稱職乃出爲他官；黃淮以老致仕，幼孜卒，閣中僅剩士奇、榮、溥三人〔註75〕，自此始得共掌閣事，宣宗委以國政，三人亦盡心輔之，乃有所謂宣德治世出現。

（一）用人方面

　　閣臣於用人有相當大的建議力量，大臣有因閣臣之糾劾而遷職者。如：帝召楊士奇、楊榮至文華門，諭曰：「祖宗時，朝臣謹飭，年來貪濁成風，何也？」士奇對曰：「永樂末已有之，今爲甚耳！」榮曰：「永樂時，無踰方賓！」帝曰：「今日誰最甚者？」榮曰：「劉觀！」遂出觀巡視河道〔註76〕。又一日，御門遙見陳山趨朝，問士奇曰：「山何如人？」對曰：「山雖侍陛下久，然其人寡學多欲，而昧大體！」上曰：「然趙王事幾爲所誤！」至是命山較閣務〔註77〕。內閣大臣有薦舉之建議權，如：宣德三年，上述劉觀被黜，士奇、榮薦顧佐，公廉有威，爲京尹，政清弊革，帝喜之，立擢右都御史，

〔註73〕清・張廷玉等纂，《明史》，卷149，列傳37，〈蹇義傳〉，頁1831。
〔註74〕明・楊士奇撰，〈聖諭錄中〉，《東里別集》，卷2，頁26～27；明・王直撰，〈少師泰和楊公傳〉，《抑菴文集》，卷11，頁19。
〔註75〕清・徐乾學撰，《明史列傳》，卷25，頁1016。
〔註76〕明・楊士奇撰，〈聖諭錄下〉，《東里別集》，卷2，頁36～37。
〔註77〕同註76，頁37～38。

賜敕獎勉，命察諸御史不稱者黜之〔註78〕。又閣臣有反對任用之建議，宣德三年十月，蹇義既輟吏部事，宣宗欲以郭璡代之，士奇反對曰：「璡，厚重勤敏，然寡學術，不足當之，宜慎擇大臣，通經術知今者。」宣宗乃止〔註79〕。由是可見原屬於束部詮選之權，已逐漸移歸內閣。

（二）政令方面

皇帝欲出政令，先與閣臣商量之情形。如宣德五年，宣宗欲下一寬恤之令，召士奇商量之，宣宗首言應免災傷稅糧，及民間畜產虧額者，士奇以爲應更爲擴大，乃提出：「一請蠲逋負薪芻錢；二請減官田額，罷徵求，三請平冤獄，四請汰工役。」宣宗聞而稱善，即書敕，明旦行之，民大悅〔註80〕。又七年，宣宗欲再下寬恤之令，召士奇詢問之，士奇以前之官田減租額一事至今未行，另當寬恤者尚有，乃「一請撫逃民；二請減課稅；三請察貪吏；四請方面及郡守令官京三品以上及布政按察薦；五請慎擇官吏；六請選用軍中文學才行卓然出眾者；七請令極刑家子孫亦得進用」。〔註81〕

宣宗勤於求治，推心委任三楊，而三楊竭立以報受知之恩，由是閣權乃漸而高升。不過當時受重用者，三楊之外，另有夏原吉、蹇義。宣德三年十月，宣宗賜敕義、士奇、榮、原吉諸人之諭中可見：

> 卿等祗事祖宗多歷年所，忠謨讜議，積效勤誠，朕嗣統以來，尤資贊輔，夙夜在念，圖善始終，蓋以卿春秋高，尚典繁劇，優老待賢，禮非攸當，況師保之重，寅亮爲職，不煩庶政，乃副倚毗，可輟所務，朝夕在朕左右，相與討論至理，共寧邦家，職名俸祿，悉如舊卿，其專精神，審思慮益，致嘉猷用稱，朕眷注老成之意，欽哉。〔註82〕

宣宗既以「古者師保之職，論道經邦，寅亮燮理，不煩有以司之政」〔註83〕。且又鑑於士奇等四人，「春秋高」兼有司之務，非所以禮之，由是命四人各辭所司務，以便能專於左右備問。

但就實際而言，此時蹇、夏之地位，已非三楊，尤其是士奇、榮之敵。

〔註78〕清・張廷玉等纂，《明史》，卷158，列傳46，〈顧佐傳〉，頁1910～1911。
〔註79〕清・張廷玉等纂，《明史》，卷157，列傳45，〈郭璡傳〉，頁1902。
〔註80〕明・楊士奇撰，〈聖諭錄下〉，《東里別集》，卷2，頁39～41；明・王直撰，〈少師泰和楊公傳〉，《抑菴文集》，卷11，頁23。
〔註81〕明・楊士奇撰，〈聖諭錄下〉，《東里別集》，卷2，頁44～48。
〔註82〕《明宣宗實錄》，卷47，宣德三年十月乙酉條，頁8～9，總頁1154～1155。
〔註83〕同註82。

而宣德三年之詔更是為貶蹇、夏，信用士奇、榮而發，因為「輟所司務」對蹇、夏而言是輟吏、戶二部尚書，削其實權；對士奇、榮而言是輟翰林院事，是位尊而不理煩務〔註84〕。從此以後，閣臣之權勢乃更加確立，而直到宣德末年，蹇義、夏原吉先後去位，三楊以老臣益見信任，內閣地位益臻穩固。

二、正統時期

英宗以九歲幼齡即位，宣宗遺詔，舉凡國家大事，皆請太皇太后，然太皇太后不願壞祖宗家法，朝政委諸三楊，有事皆遣中使詣閣諮議，然後裁決，由是創下票旨制度，此後援為成例。票旨制度既成，則內閣地位、職權乃達於最頂峰。

除票擬之外，在用人行政方面，內閣亦有攘奪吏部權力的情勢。洪武、永樂年間，方面官及府州縣正官皆由吏部選除。宣宗時，命士奇與溥等議之，士奇等乃上疏以宣德七年以前藩憲二司及府州縣正官多不得其人，百姓受害，由是宣宗乃令在京三品以上官各舉所知，此薦舉在當時以為美事。但天下要職吏部既不得除，遂奔競之風大作，由是行之既久，公道者少，時人即有「拜官公朝，受恩私室之譏」〔註85〕。至英宗時，士奇等又上疏以七年以後，雖多得人，間有二、三非才，蓋舉主審察不至，或徇私，所司不行糾舉以致如此。所以日後若所舉之人有犯贓，必須明正舉主之罪，則人知警畏不敢濫舉，官必得人。此疏既上，英宗果詔如士奇之議〔註86〕。吏部選擇之權被奪，其實名為薦舉，但出面薦舉的人何嘗不是內閣大學士所授意的？更何況否決之權，乃操於內閣的票擬聖旨，所以薦舉者，實乃內閣從中主持，時即有所謂「政歸內閣」〔註87〕之後說。所以論者又云：「當時此皆出自三楊之

〔註84〕 蔡泰彬著，《夏原吉研究》（中國文化大學史學研究所，碩士論文，民國70年6月），頁168～169。

〔註85〕 明·王圻撰，《稗史彙編》（臺北：新興書局，據明萬曆庚戌年刻本影印），卷83，頁11～13，總頁1227～1228。

〔註86〕 明·楊士奇撰，〈奏對錄〉，《東里別集》，卷3，頁17～20；明·王直撰，〈少師泰和楊公傳〉，《抑菴文集》，卷11，頁29。

〔註87〕 清·張廷玉等纂，《明史》，卷157，列傳45，〈郭璉傳〉，頁1902。
「璉雖長六卿，然望輕，又政歸內閣。自布政使至知府以上薦舉，要職選擇，皆不關吏部。正統初，左通政陳恭言，古者擇任庶官。悉由選部職，任專而事體一，今令朝臣各舉所知，恐開私謁之門，長奔競之風，乞杜絕。」
蘇同炳著，〈明代相權問題研究〉，《明史偶筆》，頁17，即據前引文，而有「明宣德、正統用人權乃由內閣操縱」之說。

門，操去取之權，所幸其尚無私，天下方面亦頗得人」。〔註88〕

　　內閣制度發展至此時，已是形同「宰輔」之地位。三楊從成祖朝以來，優異的表現而獲列朝皇帝的信任，尤其是從宣德年間。但是英宗寵信宦官王振後，大權為王振所攬，如風行草偃，內閣諸臣之地位一落千丈，內閣的發展又轉入了另一個新的階段。

〔註88〕同註85。

第四章　三楊與四朝皇帝

　　在君主專制的時代，爲人臣者能否發揮長才，貢獻智慧，造福萬民，則端賴皇帝信任與重用。三楊之能久任朝廷，且如前章所敘促成內閣地位職權之提升，乃因獲得當時皇帝之信賴，其爲何獲寵任若此？然三人之寵遇並非相同，此則視其個人才能之表現、時代之需要，以及與皇帝私人關係，而互有起伏。以下則擬以三楊與四朝皇帝之關係，分節探討。

第一節　三楊與成祖

　　成祖以「靖難」奪位，三楊等因叩馬迎謁於金川門而獲寵，從此展開其政治生涯。不可否認的，成祖雄才大略，長於軍事，武功事業的開展與其生命相終始。三楊中，榮性警敏，熟諳軍務、詳於夷情之才幹，因而成祖五次北征，皆扈從左右，至於政策之籌畫、邊事之經略皆能稱旨。

一、金川門之迎謁

　　金川門之迎謁，爲三楊獲寵之始，三楊等之迎謁，後世史家有不同的評斷，有以之不能自靖，比諸「唐代的魏徵」〔註1〕，或譏之「大節已虧」。〔註2〕

　　燕王起兵於建文四年，但此危機卻早在洪武二十五年即已種下，時太子朱標病故，太祖立朱標子允炆爲皇太孫，時諸王預叔父之尊多不遜，諸皇叔中尤以燕王朱棣勢力最強，隱然爲首領之姿態。允炆（惠帝）即位前，即曾

〔註1〕　〈跋夏忠靖遺事〉，《忠靖集》附錄（臺北：臺灣商務印書館，四庫珍本四集），頁50。
〔註2〕　明·王圻撰，《稗史彙編》，卷89，頁28，總頁1335。

以叔父各擁重兵如何制之與黃子澄等討論,子澄以漢「七國之亂」爲鑒示意。因此,即位後,爲防諸王,於是採子澄之建議,而決意「削藩」〔註3〕,此舉引起諸王不滿,燕王舉兵反。

靖難之師固然起於削藩,而削藩之舉實因建文帝之英斷不足,任用非人,尤未能以古爲鑒。然卻不能即用爲聲罪致討之根據,直謂成祖應有討罪之權,而建文應有服罪之分也〔註4〕。燕王之決策用兵,早從僧道衍之慫恿始,即使無削藩之舉,遲早必有謀逆之叛〔註5〕。故燕王之靖難,建文削奪親藩之罪只是一種藉口,而篡奪帝位乃不爭之事實。

成祖奪位既成,建文下落不明,時諸臣或自殺,或爲成祖殺害者不可勝數;而蹇義、夏原吉及三楊諸人獨以迎謁而受重用,或有謂惟蹇、夏迎謁,餘乃以召命至〔註6〕。甚且自比於魏徵,《通紀》剖析甚當,評之曰:

> 夫唐室之興由太宗化家爲國,而宮臣魏徵等皆出唐高祖之親擢,建成未登大位統天下,故魏徵再事秦不自作焉;今建文嗣統五年,蹇、夏二公當時執政大臣,出於建文所親擢,視魏徵之於建成不類況。
>
> 〔註7〕

當時士奇也曾想殉節,曾與周是修、胡廣、金幼孜、黃淮、胡儼、解縉等相約同赴死,結果只有周是修一人自經殉難。後解縉爲之誌,士奇爲之傳。而背信之舉,士奇非但未嘗羞愧於心,反謂是修之子曰:「當時吾亦死,誰與爾父作傳。」簡直無恥!無怪乎識者譏之曰:「諸公不死建文之難,與唐之王珪、魏徵無異,後雖有功何足贖哉」。〔註8〕

雖然,「大節有虧」至此,然並非大惡不可赦,故孟森曾謂:

> 成祖既以篡得位,既得位矣,明之臣子,究以其爲太祖之子,攘奪乃帝王家事,未必於建文遜位之後,定欲爲建文報讎,非討而誅之不可。〔註9〕

另外,黎傑亦謂:

〔註3〕 清・張廷玉等纂,〈黃子澄傳〉,《明史》,卷140,列傳29,頁1761~1762。
〔註4〕 孟森著,〈萬季野明史稿辨誤〉,《明史編纂考》(臺北:臺灣學生書局,《明史論叢》之一,民國57年1月初版),頁330。
〔註5〕 孟森著,《明代史》(臺北:華世出版社,民國66年9月二印),頁93。
〔註6〕 同註2引書,卷89,頁28~29,總頁1335。
〔註7〕 明・凌迪知撰,《國朝名世類苑》,卷46,頁21~22。此引通紀之載云。
〔註8〕 明・李賢撰,《古穰集》,卷30,頁2。
〔註9〕 孟森著,《明代史》,頁101。

他們（指殉難者）只是忠於一家一人，原無足取，然而這種不屈不
辱、臨難不苟免的中國「士人精神，有足令人欽佩的」。〔註10〕
當時三楊之職份，榮、溥為編修，士奇為吳王審理副，政治生命可說剛起步，
歷任數朝之表現，嚴格而言，對整個大局未嘗不是朝廷之福。

二、武功開展的時代

　　成祖雄才大略，永樂朝中於武功方面有轟轟烈烈的表現，曾出兵平定交
阯，使脫離中國四百年之土地得復入中國之版圖。為防備蒙古入侵，遷都北
平，並五次出塞親征，使中國北陲得以稍安。在對外武功時代，楊榮特受任
用，成祖一朝，曾三次奉命經略甘肅、五次扈從北征。

　　永樂五年五月庚申，榮奉命往甘肅規畫軍務，所過覽山川形勢，察軍民
休戚，閱城堡虛實。七月，回京奏對武英殿稱旨，成祖大悅，時值盛暑，命
取瓜親剖賜榮〔註11〕。自是以榮熟於邊事，凡有事皆遣榮往。

　　七年正月，榮以丁憂（母喪）理當去職守制，帝以將幸北京特留扈從。
七月，以韃靼脫脫不花王等各率部落來歸，命榮往甘肅，與甘肅總兵何福經
畫，還奏稱旨，賜以米鈔〔註12〕。九月，復命持節詣亦集乃，封何福為寧遠
侯，途中經寧夏，與寧陽伯陳懋規畫邊務數款，悉中機宜。十一月還京，陳
述邊境便宜十事，悉見嘉納。〔註13〕

　　十年十一月，甘肅守將西寧侯宋琥奏言：「叛寇婁達哀等逃居赤斤蒙古
衛，將為邊患。」遂敕陝西守將李彬率師勦之，並命榮往與彬商議進兵方略
〔註14〕。十二月，榮還奏言：「出嘉裕關，千里險絕，乏水草，餉道弗能通，
又沍寒，士馬貧瘠，不足以勤大師，命罷征亡，彼小醜，當自來歸。」帝從
之，而未幾叛者復歸，果如榮算。〔註15〕

〔註10〕黎傑著，《明史》（臺北：九思出版社，民國67年9月10日臺1版），頁56。
〔註11〕明・江鐵撰，〈楊公行實〉，《文敏集》附錄，頁5；清・張廷玉等纂，《明史》，卷148，列傳36，頁1825。
〔註12〕《明太宗實錄》，卷94，永樂七年七月丁亥條，頁3，總頁1248；明・江鐵撰，前引書，附錄，頁6～7。
〔註13〕明・江鐵撰，前引書，附錄，頁6～7；清・張廷玉等纂，《明史》，卷148，列傳36，頁1825。
〔註14〕《明太宗實錄》，卷134，永樂十年十一月壬午條，頁1，總頁1635；明・江鐵撰，前引書，附錄，頁11。
〔註15〕明・江鐵撰，前引書，附錄，頁11；清・張廷玉等纂，《明史》，卷148，列傳36，頁1825；明・傅維麟撰，《明書》，卷120，頁20。

而五次從征漠北之情況大致如下：

（一）從征韃靼

明太祖時，元裔據有漠北，洪武末年，鬼力赤篡元自立，稱韃靼可汗。成祖時，阿魯臺殺鬼力赤，立元順帝後裔本雅失里爲汗，自爲太師，成祖遣使招諭，爲其所殺，命淇國公邱福往討，全軍覆沒，成祖乃決定親征。

永樂八年二月以皇長孫監國，命榮、金幼孜、胡廣等扈從，率五十萬大軍出征。至野狐嶺，命榮等各於馬上賦平胡詩，榮有「聖主尊君四海安，天教戎虜自相殘」之句，未幾，有報言本雅失里與阿魯臺相攻；皆竄走，成祖以其能料敵情而嘉勉之。至臚朐河（現今克魯倫河，成祖改爲飲馬河），稍逼賊境，乃親選勇士三百人專令護衛，以榮領之，扈駕渡河，遇虜逐大勦平之〔註16〕。榮曾與諸將論兵曰：

> 取勝之道，必先謀策，而後濟之以法；法由策用，策因法生。寡勝
> 眾，弱勝強，以有定策也。兵不得已而用，眾命與國事所繫，可不
> 愼與？古司馬法，冬夏不興師，仁哉。〔註17〕

知兵若此，聞者皆歎服稱善。班師時，軍中乏食，榮進言，乃召即日乏食者赴軍中，以御前所儲散給，並下令凡軍中糧多者許假貸回京，備酬其值，由是獲全者眾。〔註18〕

（二）從征瓦剌

瓦剌爲元遺臣猛可帖木兒據貝加爾湖（今西伯利亞境內）西面之一部，猛可死後，其眾分爲三部，而以居漠西及天山北路一帶之瑪哈木爲最強。恃兵力而輕視明廷，曾擁眾飲馬河，聲言襲擊阿魯臺，實則準備大舉侵明。成祖據報，乃決定親征，以除此邊陲之威脅。

永樂十二年三月，榮、廣、幼孜再扈從北征，皇太孫侍行。成祖謂榮曰：「朕長孫聰明英銳，勇智過人，今令從，俾知用兵之法。且使躬歷行陣知將士勞苦，然文事武備不可偏廢，營中稍閒，爾等即以經史講說，庶知古今成敗得失之跡，可以鑒戒也」〔註19〕。成祖對皇太孫寄望甚深。榮允文允武，

〔註16〕 明・江鐵撰，前引書，附錄，頁 7～9；清・張廷玉等纂，《明史》，卷 148，列傳 36，頁 1825。

〔註17〕 明・耿定向撰，《碩輔寶鑑》，卷 11，頁 1093。

〔註18〕 同註16。

〔註19〕 《明太宗實錄》，卷 149，永樂十二年三月庚寅條，頁 3，總頁 1739；明・江鐵撰，前引書，附錄，頁 11。

於是每遇駐營，伺間進講，皇太孫甚嘉重之。四月丁未次駐蹕興和，以尚寶司乏人，命榮兼掌其事。時凡出號令與宣傳之事、敕旨旗牌等，如無榮奏允不敢發。乙卯，師至大石鎮，召榮問足食足兵之策，榮曰：「宜擇將帥力屯田。將得人，則軍士弗擾，軍士既安則耕不違食」〔註20〕。成祖是其言。六月，至雙泉海發蒼崖峽，大勦虜寇於急蘭土刺河，賜名殺胡鎮，榮言：「軍士久勞，請釋虜罪。」遂班師。〔註21〕

（三）從征阿魯臺

阿魯臺日益猖獗，於永樂十九年大舉入寇興和（今察哈爾張北），成祖決意親征。二十年，復命榮等扈駕，時軍中命公侯大臣議務密令，榮皆參決而無不稱旨，特召榮於御幄中同公侯大臣坐飲，凡有賜賚，榮與之俱；而特賜榮者，公侯或不與俱，而諸扈從文臣亦皆弗與〔註22〕。此戰因阿魯臺自懼北走而停戰。八月還京。閏十二月復詔西征，時有以士馬糧餉為艱，而以「建文間江西垛集民兵與餽運丁夫十餘萬可徵用」之奏章，成祖以其示榮，榮對曰：「此兵夫皆有詔令復業，今復徵之是失信也。」成祖笑語曰：「卿言正合朕意。」遂寢其事。〔註23〕

（四）再從征阿魯臺

永樂二十一年秋，阿魯臺復南犯，成祖時已年老多病，仍決意親征，榮等復扈從，駐蹕萬全，一切軍務悉命榮掌之，自晝至夜，三番兩次地宣召，且每以楊學士稱之而不名。時聞阿魯臺已為瓦剌所破，乃命寧陽侯陳懋為前鋒，至宿鬼山（在興和北）搜索，十月，至天成，陳懋奏番王也先土干來歸，成祖大喜，封其為忠勇王，賜姓名金忠，並命榮詣大同議納降之禮，榮回營奏對稱旨。〔註24〕

（五）三從征阿魯臺

永樂二十二年四月，阿魯臺復侵略邊境，成祖決意再親征，榮等復扈

〔註20〕明・江鐵撰，前引書，附錄，頁11；明・傅維麟撰，《明書》，卷120，頁20；明・耿定向撰，《碩輔寶鑑》，卷11，頁1096。

〔註21〕明・耿定向撰，《碩輔寶鑑》，卷11，頁1096。

〔註22〕明・江鐵撰，前引書，附錄，頁15。

〔註23〕明・江鐵撰，前引書，附錄，頁16；清・張廷玉等纂，《明史》，卷148，列傳36，頁1825。

〔註24〕同註22，頁16。

從。成祖老病力衰，頗有厭戰之意，於五月至開平時，召榮、幼孜至幄中諭曰：「朕昨夕夢有若世所畫神人者告朕曰：『上帝好生如是者』再，此何祥也？豈天屬意此寇部屬乎？」榮等曰：「陛下好生惡殺，格於皇天，此舉固在除暴安民；然火炎崑崗，玉石俱焚，伏惟留意」〔註25〕。因此，成祖乃決心停戰。遂敕中官伯力哥及所獲胡寇齊往虜，並諭其部落，冀其來歸〔註26〕。至長樂，並曰：「今朕至長樂思與天下同樂，何時而庶幾也。」榮等對曰：「有志事竟成，陛下聖志如此，天下必助順矣」。〔註27〕

六月，大軍近答蘭木兒河（外蒙庫庫諸爾海，在和林東北），命寧遠侯陳懋、忠勇王金忠率師前進，至答蘭木兒河，一無所見。復命張輔、陳懋往索亦無所獲，時張輔奏請給一月糧，以深入搜虜。時成祖身心俱疲，曰：「今出塞已久，人馬俱勞，虜地早寒，一旦有風雪之變，歸途尚遠不可不慮。」至翠雲屯，又曰：「古王者制夷狄之患，驅之而已，不窮追也。吾寧失有罪，不欲重勞將士」〔註28〕。遂命班師，師至榆木川（今察哈爾多倫縣西北），病作，竟至不起。

三、皇儲教育之獻替

成祖既長年出征於外，乃以皇太子監國。皇儲為國家之根本，其教育之良否，關係著朝廷之前途。成祖於太子、太孫之教育極為重視，以期使其於異日能成為守成令主。永樂二年二月既立高熾（即仁宗）為皇太子後，乃選蹇義、解縉、榮、士奇、溥等十數人輔導東宮。當時以「文華寶鑑」教育太子，教其如何修己治人；又有「聖學心法」，為帝王道德之要；以及「儲君昭鑑錄」，乃太祖博採傳中的格言所成，又加入「聖謨大訓」，做為子孫萬世法典。〔註29〕

時東宮輔導皆日分直進講經史，成祖於講官講授之內容極為留心，凡入

〔註25〕 明・楊榮撰，〈北征記〉，《紀錄彙編》，卷34（臺北：藝文印書館，據紀錄彙編本影印），頁3～4；《明太宗實錄》，卷271，永樂二十二年五月甲申條，頁1，總頁2452。

〔註26〕 同註25。

〔註27〕 明・楊榮撰，〈北征記〉，《紀錄彙編》，卷34，頁5；《明太宗實錄》，卷271，永樂二十二年五月壬辰條，頁1，總頁2454。

〔註28〕 明・楊榮撰，〈北征記〉，《紀錄彙編》，卷34，頁6～8；《明太宗實錄》，卷271，永樂二十二年六月戊午條至甲子條，頁1～2，總頁2462～2464。

〔註29〕 明・鄧球撰，《皇明泳化類編》，皇儲，卷16，頁1～2，總頁①471-3。

講者皆先具經義，交閣臣閱正再呈帝覽，後始進講。成祖亦時時與講官討論，士奇既具文學才識，故多責成委任。某日，士奇進呈東宮講義，成祖覽之稱善，諭曰：「先儒謂堯典克明峻德一章，一部大學皆具。爾等於講說道理處，必舉前古為證，庶幾明白易入。帝王之學貴切己實用，一切浮泛無益之語勿用」〔註30〕。並勉曰：「爾等盡心輔之」。〔註31〕

七年，敕皇太子監國，復命蹇義、黃淮、金忠、士奇四人輔導監國。諭之曰：「東宮性仁厚，識見端正，朕時甚喜其學問有進，爾等盡心輔之。」〔註32〕又敕曰：「夫國之儲嗣天下大本，朕簡爾等輔導，期有裨益，使天下之人仰望風采，如一賞一罰皆出公告，庶足服人，苟有不當，為天下所議，爾等夙夜盡心以副朕懷」。〔註33〕

太子之外，太孫之教育亦甚受重視。五年皇長孫（即宣宗）出閣就學。六年命丘福、蹇義、金忠、胡廣、黃淮、榮、士奇、金幼孜等兼輔導皇長孫〔註34〕。九年，太子命榮侍諸皇孫讀書，諭諸皇孫曰：「此皇祖近臣，汝輩當禮教。」榮講授有程度，諸皇孫多所進益，皇太子召榮獎諭曰：「他日學成，即汝訓迪之功也。」榮每進講罷，必從容以正心務德，親賢去邪，尚儉戒逸之言進，深見嘉納，或訪以政務，兩坊僚屬亦莫不推服。〔註35〕

十一年，成祖再幸北京，皇太孫隨從，仍以皇太子監國。命蹇義、士奇、黃淮、溥等輔導〔註36〕。十二年成祖親征瓦剌，皇太孫從行，令榮等暇時進講經史。十四年十二月，歷代名臣奏議成，成祖命刊賜皇太子、太孫，且諭士奇曰：「致治之道，千古揆，君能納善，臣能盡忠，天下未有不治，朕觀是書，見當時人君之量，人臣之道，為君者以前日之事為今事，為臣者以古人之心為己心，天下國家之福也」〔註37〕。皇儲教育乃國家前途之寄託，成祖

〔註30〕 明·楊士奇撰，〈聖諭錄上〉，《東里別集》，卷2，頁2～3；明·耿定向撰，《碩輔寶鑑》，卷11，頁1051～1052。
〔註31〕 同註29，頁2，總頁①474。
〔註32〕 《明太宗實錄》，卷88，永樂七年二月戊寅條，頁4～5，總頁1168～1169。
〔註33〕 《明太宗實錄》，卷91，永樂七年閏四月戊申條，頁1，總頁1193～1194。
〔註34〕 明·鄧球撰，《皇明泳化類編》，皇儲，卷16，頁2～3，總頁①474-6；清·谷應泰撰，《明史紀事本末》，卷26，頁277。
〔註35〕 明·江鐵撰，前引書，附錄，頁10；明·耿定向撰，《碩輔寶鑑》，卷11，頁1094；清·查東山撰，《罪惟錄》傳20，頁11，總頁7199。
〔註36〕 明·鄧球撰，《皇明泳化類編》，皇儲，卷16，頁5，總頁①479；清·谷應泰撰，《明史紀事本末》，卷26，頁279。
〔註37〕 《明太宗實錄》，卷183，永樂十四年十二月壬申條，頁2，總頁1792。

之能後繼有人，三楊輔導之功不可沒矣。

四、君臣相知

　　綜觀成祖一朝，三楊中以楊榮獲寵最深，此因成祖以武功自雄，榮之長才適得有所展示，而數度的從征，更使成祖對其產生深厚的感情，因之所獲信任與榮寵，也可說是時勢所造成的。下列諸事更可見受榮寵之一斑。時成祖常與諸大臣謀，未決，以至發怒，榮到，成祖輒為之霽威，事亦隨決〔註38〕。又榮得寒疾不能上朝，成祖聞之，亟命中官偕御醫視之，並賜藥物且命御醫通夕守視，時時奏報，至痊癒乃已。及榮入謝，仍令休息旬餘乃出〔註39〕。帝君之寵任益隆，榮個性夙剛直，往往詞色嚴厲於眾中，由是遭諸大臣妒，於永樂十六年五月中，以北京國子監乏師，諸大臣乃藉事推薦榮為祭酒，心實欲疏之，成祖曰：「吾固知其可，汝但求可以代之者。」群意乃銷〔註40〕。十七年，榮進言十書，其中有指斥五府等之積弊，成祖恐為群臣所猜疑，乃使御史鄧真入奏。成祖視榮至親若此，並以知心相待，以榮日侍左右，竭效心力，時密加賞賚，而他人弗與焉。〔註41〕

　　士奇則以文學學養，以及善應對，舉止恭慎，籌天下事，輒微中，深獲成祖器重。曾諭士奇曰：「朕知爾文學親擢置此，爾但盡心勿自疑畏。」故士奇感成祖之知遇，忠勤不懈，早夜孜孜以修其職〔註42〕。永樂六年冬，成祖將巡狩北京，命士奇草擬詔書，呈上覽，成祖喜曰：「簡當更勿改易，將擇日書之。」頒下後，又曰：「試與諸尚書觀之。」皆稱善，唯兵部尚書劉雋以其中之「飲食供應一切自備」中之「自」應改為「有」字，眾皆以為不足易，然士奇獨以聞，請易之。黃淮並於成祖前執不足易，士奇曰：「於國家大體當用雋言。」成祖曰：「從汝！從汝！」並諭胡廣曰：「士奇能服善難得。」自後益屬意於士奇〔註43〕。士奇之表現在文治上，於國體、制度、皇儲教育等方面為成祖所借重。所以後來，士奇雖曾坐輔東宮闕，二度下獄，然皆尋釋

〔註38〕 清‧張廷玉等纂，《明史》，卷148，列傳36，頁1825。
〔註39〕 明‧江鐵撰，前引書，附錄，頁4；明‧傅維麟撰，《明書》，卷120，頁18。
〔註40〕 明‧江鐵撰，前引書，附錄，頁12～13；明‧傅維麟撰，《明書》，卷120，頁20。
〔註41〕 同註22，頁14～15。
〔註42〕 明‧王直撰，〈少師泰和楊公傳〉，《抑菴文集》，卷11，頁8。
〔註43〕 明‧楊士奇撰，〈聖諭錄上〉，《東里別集》，卷2，頁6；明‧王直撰，〈少師泰和楊公傳〉，《抑菴文集》，卷11，頁6。

之，無甚大礙。溥則任東宮屬，於成祖朝廷無甚表現，且因受譖下獄十年。故成祖一朝，榮受寵最深，士奇次之，溥則居末。

第二節　三楊與仁宗

　　前章敘及洪熙以後，內閣地位職權不斷提升，因仁宗對三楊倚任甚深所致。仁宗即位甫一年崩，永樂朝，常以皇太子監國裁決庶政，時三楊任東宮輔導，於教育太子甚盡心。尤以力保太子，三楊居功甚大。即位後，洪熙治世之成，亦三楊輔佐之力，所以仁宗朝雖甚短暫，然與三楊之關係，卻頗深刻。三楊獲寵於仁宗，亦非偶然（以下敘述，仁宗為太子時以高熾稱，即位後以仁宗稱）。

一、力保皇儲

　　成祖初舉兵時，以漢王從戰有大功，曾許以事成立為太子。奪位既成，議建儲時，雖有一班武臣主立漢王高煦，金忠卻以為不可，成祖猶豫乃召解縉，縉主立嫡立長，且曰好聖孫（指宣宗），遂決定冊立仁宗高熾為皇太子。高熾秉性仁弱，高煦乃聯合成祖所寵之另一子趙王，時而媒孽高熾，成祖頗為心動。

　　永樂九年，成祖還南京，召士奇問高熾之行為如何？士奇以孝敬對，並舉例曰：「凡事於宗廟之祭品、祭器皆親閱，去年將享祭時，忽患頭風病，御醫言不可蒞祭，左右請遣人代，殿下則堅持親祭，祭畢，汗濕徧體，竟不藥而疾自癒。而每次尚膳進御用物，皆一一閱過，然後緘識遣行，不輕信任下人。且自車駕北征，恒切懷憂，不遑寧居，日中昃始食，有敕使至報平安，始能安。」成祖頗不以為然而曰：「此亦子道之當然。」士奇辯曰：「古聖賢亦皆盡其當然者。」成祖又曰：「聞輔臣中獨爾能持直道不見忤否？」對曰：「臣性愚戇，殿下恒見容納，然殿下天資甚高，非眾人所能及，或有過未嘗不知，知之未嘗不悔而速改之，且殿下最用心處在以愛人為本，將來宗廟社稷之寄，必不負陛下付託」〔註44〕。成祖聞而悅之。十一年十二月，士奇獨於武英門進呈敕稿畢，成祖又問曰：「吾聞諸留守官內汝與黃淮遇事肯言，然

〔註44〕明・楊士奇撰，〈聖諭錄上〉，《東里別集》，卷2，頁6～14；明・王直撰，〈少師泰和楊公傳〉，《抑菴文集》，卷11，頁11～12；清・張廷玉等纂，《明史》，卷148，列傳36，頁1822。

聞東宮有從有不從。」士奇對曰:「殿下推誠待下,遇臣等有言必自斟酌,如言當理無不聽納,如未當亦不曲從」〔註45〕。士奇一而再地爲高熾力言,成祖猜疑之心始稍釋而曰:「如此甚好。」

十二年,成祖再次北征,仍以皇太子監國,蹇義、黃淮、士奇、溥等輔導如故。時漢、趙二王譖高熾益急,成祖又其爲所煽動,南歸時,高熾所遣使迎接稍遲,又奏書失敬,高煦乃散佈蜚言來中傷高熾,成祖遂逮黃淮、楊溥等按問,士奇後至,曰:「太子孝敬如初,凡所稽違,皆臣等輔導失職所致,非皇太子之罪。」成祖以之爲忠特宥,然諸臣皆以爲不當獨宥,遂下錦衣衛獄,尋釋之。成祖又密令兵部尙書金忠調查高熾罪狀,金忠則以全家百口來保,高熾由是得免。然黃淮、楊溥等雖免於被誅,卻繫獄至仁宗踐祚始得釋〔註46〕。二十年,士奇又坐輔導有闕,繫錦衣衛,幸亦旬日而釋。

成祖晚年曾再一度欲立趙王爲儲,諭意於榮,榮即對以趙府面鼻側不宜正位,遂宣趙府熟識,頃之,意頓罷〔註47〕。至二十二年七月,成祖正於北征歸途,丁亥,至翠微岡,諭榮等曰:「東宮歷涉年久,政務已熟,還京後,軍國事悉付之,朕惟憂游暮年,享安和之福矣。」榮對曰:「殿下孝友仁厚,天下屬心,允稱皇上之付託。」上喜之。次日,以旋師,遣禮部尙書呂震齎書諭皇太子並詔告天下〔註48〕。此距成祖之崩僅二日。高熾二十幾年來遭蜚言中傷,屢遭易儲之危,至此,成祖始將國政託付,士奇、榮、溥等人多年之努力,甚且以家口生命力保儲力,居功厥偉。

二、談學論道

高熾好學深思,頗重士奇之學識。爲太子受教育時,遇有疑問,必請教至明白乃止。有佳文必收藏之,時取而閱讀。後任監國視朝,暇時亦專意文事,未嘗一日稍怠。

〔註45〕明·楊士奇撰,〈聖諭錄上〉,《東里別集》,卷2,頁8;明·何喬遠撰,《名山藏·臣林記》,頁3397。

〔註46〕明·鄧球撰,《皇明泳化類編》,人物,卷50,頁2,總頁③528;明·尹守衡撰,《明史竊》,卷66,三楊列傳44,頁1456～1457;清·張廷玉等纂,《明史》,卷148,列傳36,頁1822、1826。

〔註47〕明·尹直撰,《謇齋瑣綴錄》,《歷代小史》,卷93,頁12～13;明·耿定向撰,《碩輔寶鑑》,卷11,頁1103。

〔註48〕明·楊榮撰,《北征記》,《紀錄彙編》,卷79,頁9;明·耿定向撰,《碩輔寶鑑》,卷11,頁1101～1102。

　　翰林侍讀學士王逵講乾九四爻，當時舉儲貳爲說。高熾疑其含譏，召問士奇。士奇曰：「講臣非正道不陳，此出宋儒胡瑗之說。」又舉程子之言云：「凡封中六爻，人人有用，聖賢有聖賢用，眾人有眾人用；君有君用，臣有臣用，無所不通。」再舉王召素對宋太祖之言以對，太子悅。後遇有疑慮處，必召士奇等人相與辨析，暢而後已。〔註49〕

　　高熾喜讀易，嘗命士奇纂六十四卦、三百八十四爻、朱氏李義要旨爲一編，賜名《周易直指》。士奇進曰：「周易固爲卜筮作，然文王周孔彖象十翼之辭，凡修辭治平爲君爲臣之道悉具，請編輯以進用備覽閱。」從之，踰年書成，賜名《周易大義》。此外，又有徐好古作《尙書直指》，金幼孜作《春秋直指》，諭於齋閣、書殿、寢室各置書，備觀覽〔註50〕。其好學若此之甚。

　　易之外，亦愛讀詩。贊善王汝玉每日於文華後殿道說賦詩之法，一日，與士奇論古人主爲詩之高下優劣，士奇乃趁機進言：「帝王之學所重者不在作詩，如太祖皇帝聖學之大者在尙書註諸書，作詩特其餘事。於今殿下之學當致力於重且大者，其餘可姑緩。又問以世之儒者作詩否？對曰：「雖鮮不作詩，然儒之品有高下，高者道德之儒，若記誦詞章者謂之俗儒，爲人主尤當致辨於此」〔註51〕。士奇以談詩之餘，規勸爲人君當致力於治國之道，而勿專意舞文弄墨，因事開導，大抵如是者。

　　成祖北有白鵲之瑞，例有表賀。以士奇病，命庶子贊善撰稿。稿成呈高熾覽，悅，命蹇義以示士奇。士奇改一對云：「望金門而送喜，馴彤陛以有儀。」增一對云：「與鳳同類蹌蹌於帝舜之廷，如玉其輝鶬鶬在文王之宥。」蹇義呈高熾覽，喜之，適內廚進膳，命以賜士奇，諭曰：「其勉進藥食早出，非但倚卿文學，久不聞直諒之言，慮有過不知，急得相見也」〔註52〕。其嗜學若此。

　　高熾愛歐陽修之文雍容醇厚，近三代之文風，有生不同時之歎。且愛其諫疏明白切直，數舉以勵群臣。命士奇及贊善陳濟校讎歐文，正其誤，補其闕，成 153 卷，刻以傳，廷臣之知文者各賜一部，時獲賜者不過三、四人。

〔註49〕明・楊士奇撰，〈聖諭錄中〉，《東里別集》，卷2，頁 11～12；明・陳賞撰，〈東里先生小傳〉，《國朝獻徵錄》，卷 16，頁 40，總頁 404。明・張岱撰，《明紀史闕》，頁 104～105。

〔註50〕明・楊士奇撰，〈聖諭錄中〉，《東里別集》，卷2，頁 13～15，明・王直撰，〈少師泰和楊公傳〉，《抑菴文集》，卷 11，頁 11。

〔註51〕同註 50。

〔註52〕明・楊士奇撰，〈聖諭錄中〉，《東里別集》，卷2，頁 14。

且論士奇曰：「為文不本正道，斯無用之文，為臣不能正言，斯不忠之臣，歐
陽修無忝廬陵有君子，士奇勉之。」士奇叩首受教〔註53〕。高熾文事之餘，
求治之心可見。

又高熾因覽文章正宗，論士奇曰：「真德秀學識甚正。」士奇對曰：「其
乃道學之儒，志識端正，所著大學衍義一書，有益學者及朝廷。為君、為臣
皆不可不知，不觀此書則為治皆苟且而已。」即召翰林典籍取閱，喜曰：「此
為治之條例，鑒戒不可無。」自閱外，並命翻刊以賜諸子，且論士奇：「果
然為臣所當知。」遂賜士奇一部〔註54〕，其汲汲於治道若此。

高熾之好學善道，與士奇之博學廣識相互應合，於談學之間相知，論道
之際相交，而汲取君臣治道之理於文章玩味之中，故高熾委寄甚深，士奇亦
忠心輔政。

三、忠誠相待

仁宗仁明，以誠待下，且善於知人，臣下既受知遇，則忠勤事上，由是
君誠臣忠，而有洪熙治世。三楊中，以士奇獲仁宗之寵任最深。士奇為東宮
舊輔，曾力保儲位，致力於太子教育。永樂七年，以皇太子監國。士奇、蹇
義等人專職輔導。義於事多疑少斷，士奇則以為：「思多則惑，惟當據理而行。」
太子聞而笑曰：「此須兼具智仁勇，自今擇事，議當理者從之。」士奇以斷事
之法輔導，糾其「仁弱」之本性。當時的輔臣中，士奇誠篤，進言初或有疑，
終必見用，由是少闕失，而使上下相安。〔註55〕

仁宗待士奇亦厚，曾以士奇宅陋，欲更之。士奇雖辭謝，仍賜宅於東華
門外。新繕治之樓居十楹，後知此宅乃拆衛卒五家而建成，此五家今則併於
旁五家，乃歎曰：「豈當以一人故而令十家無所容。」固辭曰：「臣所願殿下
得四海心，豈當以臣失十家心，且臣受此，將必有臣倖求宅者。」聽之，使
復舊〔註56〕。又成祖崩時，遣太孫出迎梓宮，一時浮議籍籍，士奇請以東宮
圖書付太孫，以止浮議。太子從之，乃曰：「自今朝廷事仗蹇與汝，汝二人吾
當重用。」士奇曰：「殿下嗣位，事當盡公，此收拾天下人心之機，恩之所及

〔註53〕同註52，頁12～13。
〔註54〕同註52，頁12；明・耿定向撰，《碩輔寶鑑》，卷11，頁1059。
〔註55〕明・王直撰，〈少師泰和楊公傳〉，《抑菴文集》，卷11，頁10～11；明・耿定
　　　　向撰，《碩輔寶鑑》，卷11，頁1054～1055。
〔註56〕明・楊士奇撰，〈賜居錄〉，《東里續集》，卷48，頁9～10。

必先扈從征行之臣，不應先及臣兩人」〔註57〕。士奇一心以帝位之穩固、天下之安定、四海之歸心為先，而不以自己之位遇為念。

仁宗即位，勤於求治，並勉大臣直言，特賜士奇等四人「繩愆糾繆」銀章各一枚。然其後卻獨士奇如旨，餘皆無言。士奇所進言之事甚多，言之甚初，忠勤事主。仁宗念其匡輔之力，更賜刻有「楊貞一印」之璽書一枚，敕文對倚界之深溢於言表，其文曰：

> 朕膺監國之命，而卿侍左右，同心同德，徇國忘身，屢歷艱虞，曾不易志，及朕即位以來，嘉謨嘉猷，入告於內，期予於治，以惠黎元，正固無二，（中略），惟朕子孫亦由是知卿弼朕之功，以保全爾子孫與國咸休永世無斁。〔註58〕

士奇之外，仁宗於溥亦有一份特殊的感情。溥曾任東宮官屬，侍高熾監國於南京，一日，高熾閱《漢書》，問漢廷尉張釋之之賢，溥對曰：「釋之誠不易得，然世豈無其人，但無文帝寬厚仁恕之君用之爾，釋之固難得，文帝尤難得也。」退采文帝有關治道者，編為事類以進，高熾嘉納之〔註59〕。後溥受譖下獄十年，仁宗即位，始釋之。溥出獄哭，伏地不能，仁宗亦哭，擢為翰林學士。洪熙元年，建弘文閣，命溥掌閣事，親授閣印曰：「朕用卿等於左右，非止助益學問，亦欲廣知民事，卿等有所建白，即用封識以進。」又以密疏言事，褒答曰：「覽卿所奏為國家計，誠合朕心，但望始終如一，知無不言，贊朕政治以承天休，感卿忠懇，特用酬報賜寶鈔綵幣，卿其領之。」尋陞太常寺卿兼學士〔註60〕。仁宗因其蒙冤，特予重用。

榮與仁宗之間，以榮皆扈從成祖於外，相處機會較少，感情亦較淡。但成祖驟崩時，幸賴榮之鎮定處理，避免變亂之橫生，甚為得宜。榮既至北京，致成祖之遺命，退而復以軍中所宜施行者陳之。條理明暢，前後層次不亂，

〔註57〕明・楊士奇撰，〈聖諭錄中〉，《東里別集》，卷2，頁16～17；明・王直撰，〈少師泰和楊公傳〉，《抑菴文集》，卷11，頁14；明・張岱撰，《明紀史闕》，頁88～89。

〔註58〕《明仁宗實錄》，卷9下，洪熙元年四月甲寅條，頁3，總頁294；明・王直撰〈少師泰和楊公傳〉，《抑菴文集》，卷11，頁20。

〔註59〕明・彭韶撰，〈楊溥傳〉，《國朝獻徵錄》，卷12，頁48，總頁408；清・張廷玉等纂，《明史》，卷148，列傳36，頁1826。

〔註60〕明・耿定向撰，《碩輔寶鑑》，卷11，頁1119～1120；明・傅維麟撰，《明書》，卷120，頁25；清・張廷玉等纂，《明史》，卷148，列傳36，頁1826。

不免嘉歎之，優賜，並召蹇義謂曰：「卿其識之，他日吾將大用焉。」翊旦，復命榮與義等議即位事宜，榮首條民間不便二十餘事上進，皆嘉納，命入詔條中。〔註61〕

第三節　三楊與宣宗

仁宗崩，瞻基即位，改元宣德，是爲宣宗。在位十年，吏治修明、百姓樂業，上承洪熙之治平，下開正統初年的富盛。除宣宗本身之求治外，能推心委任三楊，而三楊同心夾輔，君臣相配合而達致。發生在宣德朝中的幾件大事，如胡后之廢，漢、趙不軌，交阯之棄等，三楊皆參議其中，可管窺其等之才能與識見的一斑。

一、推心委任

宣宗即位，初擢閣臣七人，後皆以事去，惟士奇、榮、溥三人始終見用，三楊自此開始並立共掌閣事。宣宗以國政相委，曾至文淵閣，諭三楊曰：「朕聞有道之君，願治之主，崇禮儒臣，講求治道，卿等職專祕閣，朕躬此冀有所聞，稍暇當復至，卿等必有所陳論也」〔註62〕。又曾御文華殿，諭曰：「朕念祖宗積德累善，篤生太祖繼天立極，創業垂統，太宗迅掃姦回再安宗社，皇考仁宗恢弘治化，增高累厚以固鴻業，朕承天位夙夜不忘記，曰：『先祖有美而不知不明，知而不傳不仁』，是用撰述成詩揭之座上，朝夕覽觀勉圖繼述，庶幾永保天命，今以刻本賜卿，當亦思祖宗開創之難，守成不易，盡心輔朕，國家安，卿等亦有榮焉」〔註63〕。可見宣宗求治之誠，推心委任之誠若是。

然三楊於宗朝所受寵任亦不盡相同。大抵上，宣德五年以前，榮最受專任。此可遠推至宣宗仍爲皇太孫之時期，受皇儲教育時，榮曾任輔導，受到禮敬。成祖北征，軍事旁午之際，也予皇太孫許多指導。仁宗崩時，中外洶洶，榮奉皇太后懿旨南馳以迎宣宗，至德州謁見，進言曰：「中外臣民翹首以候。」遂兼程以進，既至人心始大定。即位，益推心委任。〔註64〕

〔註61〕明・江鐵撰，前引書，附錄，頁18；明・耿定向撰，《碩輔寶鑑》，卷11，頁1102～1103。

〔註62〕《明宣宗實錄》，卷59，宣德四年十月庚辰條，頁3，總頁1400。

〔註63〕《明宣宗實錄》，卷84，宣德六年十一月辛酉條，頁7，總頁1942；明・傅維麟撰，《明書》，卷120，頁25～26。

〔註64〕明・江鐵撰，前引書，附錄，頁22；明・傅維麟撰，《明書》，卷120，頁22。

　　榮受宣宗寵任之具體事實，乃宣德二年，以鍍金銀刻圖書五顆賜榮，並敕曰：

> 古君臣同心同德，兩無嫌疑，所以明良相遇，千載一時，卿祇事我皇祖皇考，忠誠一致；及今事朕，知無不言，言無不當。特賜卿鍍金銀刻圖書五顆，曰方直剛正，曰忠孝流芳，著卿實也，曰關西後裔，曰建安楊榮，曰楊氏勉仁，著卿族系名字，表而敬之也，卿體朕意，永永無斁。〔註65〕

然宣德五年以後情況稍變，因六月，榮以「賄馬」案，使聖寵稍弛，時宣宗於文華殿，召士奇曰：「榮家蓄馬甚富，初聞之張瑛未信，公察之皆得之。邊將與榮交通甚密，豈可任於親密之地。」對曰：「榮與諸將交，蓋因永樂中屢從北征，太宗皇帝命掌兵馬之數，以此於諸將熟稔。今內閣諸臣知邊將之強弱，遠近險易，惟榮一人，臣等不及。方今用人之際，榮未可輒他用，且其在密地，凡事皆稟上旨，又有臣等同議，豈榮所得獨專。」宣宗曰：「朕初嗣位，惟信榮言而不聽蹇夏，士奇不得在此久矣，今士奇乃力佑榮乎。」對曰：「願陛下容榮，使之改過。」宣宗意乃解，然自是不專任榮矣。〔註66〕

　　宣德初年，士奇於國之大政，並非凡事可參預，因反對「誅趙王」，受楊榮之排擠，故宣宗亦排斥之。後來宣宗追悔，聽其言赦趙王，士奇才漸受親信。以下面之事，更可見出宣宗之漸重士奇。五年三月，宣宗奉皇太后謁陵畢，召士奇、榮、幼孜、溥及蹇義於行殿，傳太后命慰勞之。後語士奇曰：「太后為朕言，先帝時惟汝等持正言，不避忤意，而先帝雖數不樂汝，然終從汝以不敗事。嘗有一二事之失，先帝甚悔不從汝言，太后又謂朕，凡正直之言，爾不可以為忤而不從。」士奇答以：「太后之盛德，仁宗皇帝之盛德也，願陛下常奉聖訓」。〔註67〕

　　榮既因「賄馬」案而寵任漸疏，宣宗寵任士奇，至微服夜訪，六年七月中，某日微行至士奇宅，士奇驚懼而叩首曰：「陛下奈何以宗廟社稷之身自輕。」宣宗曰：「朕思與卿一談，故來。」隔日，遣太監范弘問曰：「車馬幸臨何不謝？」對曰：「至尊夜出，愚臣迨今中惴慄未已，豈敢言謝。」又數日，遣弘問士奇曰：「天下平靜，上微行何不可？」對曰：「陛下尊居九重，幽隱豈能

〔註65〕明・蘇鎰撰，《太師楊文公敏年譜》，卷3，頁10～11。

〔註66〕明・楊士奇撰，〈聖諭錄下〉，《東里別集》，卷2，頁42。

〔註67〕同註66，頁41。

徧洽，萬一有冤夫怨卒窺間竊發，誠不可無慮。」後旬餘，錦衣衛果獲盜如士奇言，宣宗嘆曰：「愛朕莫若卿，朕自今不復微行矣」。〔註68〕

溥之入朝歷經波折，仁宗擢用，然至宣宗時才正式參掌閣事，「三楊」之名亦自此始，溥之受帝君之寵信，不及士奇與榮，然宣宗亦常以求治讜論相詢。如四年正月，某日御齋宮，召溥諭曰：「朕常念創業之難，守成之不易，自古國家禍亂每生於不虞，朕未嘗不以為憂。」溥對曰：「聖人治不忘亂，安不忘危，今聖心如此，足以膺天眷福蒼生也。」宣宗曰：「為君不求資於臣，為臣不克輔其君，欲求善治未之有也。比來人臣多進諛詞，朕殊厭之，卿宜輔朕於善道。」溥曰：「臣荷至恩敢忘報稱。」宣宗曰：「直言無隱即為報多矣。」溥曰：「自古直言非難，受直言為難，陛下樂聞讜論，臣敢不竭愚衷」。〔註69〕

二、漢趙不軌

宣宗即位時，漢王對帝位有覬覦之心。成祖時，為奪嫡，漢王常蜚言中傷東宮，成祖知其兄弟難於相容，永樂二年封高煦為漢王，封於雲南，高燧為趙王，封於彰德，誰知高煦不肯就封。永樂十三年改封青州，又不欲行。十四年，成祖在北京聞高煦有異心，遄返南京，召士奇問之，士奇曰：「臣未知其實，然漢王不肯就雲南，復不行青州，今知朝廷將徙北京，惟欲留守南京，天下人疑其心，豈待事有實跡哉？惟陛下早善處置使有定所，用全父子之恩，以貽永世之利。」數日後，果得高煦私造兵器、皮船，教習水戰及潛乘輿服物，挾私擊死無罪官氏，並縱護衛官軍在京城內外劫掠，悉有實蹟。大怒，褫其冠帶繫之西華門內，高燧叩頭懇為救解，乃免。成祖曰：「若此所為，將來必不靜。朕今削兩護衛，處之山東樂安州，蓋去北京甚邇，即其作禍，可朝發而夕擒也」〔註70〕。高煦之不馴已極，然成祖礙於父子之情，士奇等又礙於君臣之義，父子之親，情、法無可兼顧，主法傷其父子，重情則姑息，故迄未有適當的建議。

成祖崩，漢王密遣數十人潛伺京師，期中央有變。仁宗即位，對之倍加

〔註68〕同註66，頁43；明‧耿定向撰，《碩輔寶鑑》，卷11，頁1069。

〔註69〕《明宣宗實錄》，卷50，宣德四年正月己巳條，頁5，總頁1207；明‧耿定向撰，《碩輔寶鑑》，卷11，頁1121。

〔註70〕明‧楊士奇撰，〈聖諭錄上〉，《東里別集》，卷2，頁10～11；明‧王直撰，〈少師泰和楊公傳〉，《抑菴文集》，卷11，頁20。

歲祿，賜賚萬計，漢王與子不合，互相讒搆，未得其機。仁宗崩，太子自南京北上奔喪，漢王陰謀以伏兵劫於中途，未果。宣宗立，待之更渥，凡有所請，多曲徇其意，雖然如此，漢王於宣德元年八月辛未終告叛變，皇太后召榮等定計，宣宗欲遣陽武侯薛祿帶兵征討，勞力言不可，即時提醒宣宗曰：「皇上獨不見李景隆事乎？」夏原吉亦謂：「往事可鑑，不可失也。且兵貴神速，宜卷甲韜戈以往，一鼓而平之，所謂先人有奪人之心也，若命將出師，恐不降。」榮力主親征，皇太后及宣宗俱難之，榮曰：「彼謂陛下新主必不自行故敢爾，若出其不意而以天威臨之，事無不濟，臣請先行。」皇太后覺有理，始鼓勵宣宗接納榮之計。榮即起行，晝夜疾馳，至即合圍，督軍士築土山，山成而大駕至。眾呼萬歲，聲震城中，漢王知不敵，遂開門出降。宣宗乃召誅王斌等同謀者，廢漢王為庶人，囚禁京師〔註71〕。榮果不愧是熟諳軍務者，以其明智之判斷與果決，終於輔助帝君把為患多年的高煦之禍清理。

　　既平漢王之叛，班師回京，六部遣尚書陳山迎駕，山言於上：「宜乘勝執趙王，則朝廷永安矣。」召榮、蹇義、夏原吉諭其意，蹇、夏不敢有異議，榮言：「請先遣敕趙，詰其與高煦連謀之罪，而六師掩至可擒也。」從之。及令士奇草敕，士奇甚覺不妥曰：「事須有實，且敕旨以何為辭？」榮曰：「令錦衣衛責所係漢府人狀云與趙連謀，何患無辭！」士奇以錦衣衛責狀無以服人心。往見蹇、夏二人，並曰：「為今之計，朝廷重尊屬，厚待之，有疑則嚴防之，亦必無虞，於國體亦正矣。」二人曰：「公言固當然，上特信榮言，不係吾二人可否也。」士奇乃退語榮曰：「太宗皇帝惟三子，今上親叔二人，一人有罪者不可恕，無罪者當加厚之，庶幾仰慰皇祖在天之靈。」榮曰：「汝不革敕，我當以聞。」時惟溥與士奇意合，欲入見請止兵，榮知乃先入見，溥、士奇踵後至，不得入。已而召蹇、夏入，二人以士奇言言之，宣宗雖不懌，亦不復言，遂移兵還京。〔註72〕

　　自是在回京途中凡有顧問，惟召榮及蹇、夏，而不召士奇及溥。至良鄉，二人始得見，然意猶未平，忽厲聲曰：「好機會不得乘。」至京以後，方大悔。時言者猶喋喋請盡削護衛，且請召趙王，拘之京師，然宣宗不聽，且以後不再提及趙王事。某日，以此諭士奇，士奇曰：「今日宗室惟趙王於陛下最親，

〔註71〕明‧耿定向撰，《碩輔寶鑑》，卷11，頁1107；清‧徐乾學等纂，《明史列傳》25，頁1029。
〔註72〕同註66，頁31～33。

當思保全，毋惑眾言。」宣宗曰：「吾今惟一叔，奈何不愛，然當思保全之道。吾今將封群言，俾都御史劉觀及公侯中選一人齎以示之，使自處。」對曰：「必不得已！則於皇親中擇一人與趙王心相孚者偕觀行，庶幾有所開導。」又曰：「庶平侯袁容至親且善開諭，更得璽書親諭之尤善。」遂遣遠容及劉觀為使，趙王得璽書及言者所上章曰：「吾生矣！」即日獻護衛，上表謝恩而言者頓息。此後宣宗待趙王日益親厚，踰數月，召士奇諭曰：「吾待趙叔不失親親之禮，爾有力焉，自今毋以見忤為嫌」。〔註73〕

　　宣宗對於二位叔王的處置，漢王之輕佻，趙王之無辜，谷應泰評之曰：

> 煦之謀非有湘東刻檀之狡也，煦之才非有曹植自試之敏也。地不過樂安，煦非有吳楚七國之強也，（中略），以宣宗初御，輕其年少，陳兵踞坐，聲罪朝廷，所幸神機內斷，親督六師，煦不先爭濟南，轉躕河北而困守孤城，束身就縛，豈非外多誇詐，內實怯懦，宣宗料敵真神算也。至若陳山迎駕，請襲趙藩，楊榮希旨贊決大計，賴士奇一言，克保親親，獻還護衛耳。〔註74〕

討漢王之罪役不逾時，兵不血刃，而高煦就縛，宣宗之親征，決策者為榮，明敏善斷，果非虛言，士奇保全趙藩，俾不失親親之禮，亦《四友齋叢說》稱述士奇此舉曰：「文貞不肯移兵征趙府，乃卓然可稱者也」。〔註75〕

三、交阯之棄

　　宣宗之「交阯之棄」，無疑隳成祖已成之功。當時對這問題的處置有兩種主張，蹇義、夏原吉主不棄，喜邊功者和之；士奇、榮主棄之，喜安定者稱之。

　　棄交阯之議雖行於宣德二年十月，但早在宣宗即位初年，安南黎利繼續叛亂，遣征彝將軍陳智往討，已萌廢棄之意。宣宗曾召士奇、榮曰：「朕有一言，懷之久矣，獨與卿二人說，未可輕泄也。昔皇考因交阯擒叛賊至，曾與朕言欲立陳後，使一方安靜。朕今思之，若陳氏果有後，選一人立之，使共藩臣之職，以寧其民，中國亦省兵戍之勞。然論者將謂朕委棄祖宗之業，實繼續興與滅為皇祖之志。」士奇、榮對曰：「太宗皇帝聖志惓惓於興滅繼絕，此中外共聞知。」宣宗曰：「卿二人識朕意勿言，三、二年內朕必行之」。〔註76〕

〔註73〕同註72。
〔註74〕清・谷應泰等纂。《明史紀事本末》，卷28，頁291。
〔註75〕明・何良俊撰，《四友齋叢說》，卷7，頁3。
〔註76〕《明宣宗實錄》，卷11，洪熙元十一月乙卯條，頁11，總頁315～316。

　　此後又與諸大臣討論過數回，宣德元年三月明軍敗績，宣宗謂蹇義、原吉、士奇、榮曰：「朕欲如洪武中使自為一國，歲奉賞貢，以全一方民命，卿等以為何如？」義、原吉反對曰：「太宗皇帝平定南方，勞費多矣，二十年之功棄於一旦，臣等以為非是。」士奇、榮則對曰：「此地漢、唐以來雖為郡縣，叛服不常。漢元帝時，珠崖反，發兵擊之，賈捐之議罷珠崖郡，前史稱之。何與此豺豕較得失？」上頷之。〔註77〕

　　二年元月，又召士奇、榮於文華殿諭曰：「前論交阯事，蹇義、原吉拘牽常見，從所言，恐勞費未已，朕觀春秋之世，夏徵舒弒陳靈公，楚子討之，殺徵舒，乃封陳。太宗皇帝初得黎賊，定交阯，即欲立陳後。朕今欲成先志，卿等再思，果以為何如？」士奇、榮對曰：「此盛德事，惟陛下斷自聖志。」宣宗曰：「朕志已定，無復疑者」。〔註78〕

　　二年九月，明師再敗。王通私與黎利盟，十月，黎利遣人進前安南陳王三世嫡孫暠表，乞立為陳氏後，宣宗明知有詐，然欲藉此息兵，召諸大臣議。張輔反對曰：「不可從，將士勞苦數年而得之；且此黎利之譎，當發兵誅此賊。」輔退，召蹇義、原吉詢之，對曰：「與之無名，徒示弱天下。」二人退，召榮、士奇，以三人所對曰：「今與爾兩人決之。」榮曰：「永樂中費數萬人命得此，今勞者未息，困者未蘇，發兵之說必不可從，不若因其請而與之，可旋禍為福。」士奇亦對曰：「十數年來兵民困於交阯之役極矣，太宗皇帝之初心乃求之不得而郡縣其地，今行祖宗初心保祖宗赤子，此陛下盛德，何謂無名，漢棄珠崖，前史為榮，何謂示弱，仁宗皇帝亦曾數數追憾此事，願陛下今日明決」〔註79〕。宣宗在士奇、榮支持下，終棄交阯，封陳暠為安南王。

　　兵戎糾纏多時的交阯問題，終於決定廢棄。脫離中國版圖，變為藩國。明之於交阯，成祖曾派張輔率兵平定不臣之賊王，郡縣其地，然二十年來，明廷不知殖民之義，管理之官吏祇是妄作威福，魚肉士人，使其漸感亡國之苦，陰存恢復之志。宦官常擾此地，太監馬騏更以採辦為名，大索境內珍寶，民情更加騷動，雖有張輔四次的往討，但張輔一去，叛變又起，孟森所論，以宦官為弊端，文曰：

〔註77〕同註74引書，卷22，頁253。
〔註78〕《明宣宗實錄》，卷24，宣德二年六月癸卯條，頁4～5，總頁634～635。
〔註79〕明・楊士奇撰，〈聖諭錄下〉，《東里別集》，卷2，頁33～35；明・王直撰，〈少師泰和楊公傳〉，《抑菴文集》，卷11，頁22～33。

> 其病根是成祖以來，皆愛用宦官，（中略），任一太監馬騏括取財物
> 以失民心，（中略），是宣宗時之棄安南，不過完成其事實耳！永樂
> 中已棄之，洪熙時又重棄之，故不必執安南以言安南，但言三朝之
> 縱容宦寺，即知棄不棄無可爭論。其地愈遠，朝廷愈欲用奄人爲耳
> 目，不棄亦徒損將士，麋國帑，疲中國以召禍而已。〔註80〕

交阯之叛服不常，根源於明代宦禍猖獗，谷應泰更能洞見其弊，殆不全因宦寺，評之曰：

> 所可異者，太祖使沐英取雲南，即留英世鎮滇中，成祖使張輔取交
> 阯，不以輔留鎮彼國，二十年後，並召還黃福，禍發於中官，亂成
> 於庸帥，勃貂多魚，特微漏師，短轅牝犢，必敗乃公，三百年來，
> 終淪王化，夫亦廟算有遺策，而春秋多責備也。〔註81〕

宣宗厭戰已久，欲息兵安民，故雖有大臣反對之議，仍堅持「廢棄」主張，士奇、榮之附和，多少給予「鼓勵作用」，谷應泰評楊榮與士奇，並不以其決議爲然，如：

> 自古儒生，狃安憚勞，摭經誤國。二楊太平宰輔，黼黻承明，恒若
> 有餘，決機危疑，必形不足。〔註82〕

交阯廢棄之得失說法各異，棄之則歲省軍費鉅萬，予民休息，充裕國力；但此舉使中國兵威少詘，諸遠夷朝貢多不至〔註83〕，且使漢人於南洋之經營缺少一前站。〔註84〕

四、廢胡后之舉

宣宗朝另一大事即廢「胡后」。當時眾臣意見有二，榮、蹇義贊成，但士奇、原吉反對。

宣宗皇后胡氏，無子，又多病。寵妃孫氏，則陰取宮人子爲己子，宣宗以皇長子生，大喜寵幸孫貴妃有加〔註85〕。宣德三年二月，立祁鎮爲皇太子〔註86〕後，欲廢胡后，立孫貴妃爲皇后，就此大事，曾召張輔、蹇義、原吉、

〔註80〕孟森著，《明代史》，頁125。
〔註81〕同註77，頁263。
〔註82〕同註81。
〔註83〕清·徐乾學等纂，《明史列傳》25，頁1012～1013。
〔註84〕黎傑著，《明史》，頁72。
〔註85〕清·夏燮撰，《明通鑑》（臺北：世界書局，民國51年11月初版），卷19，紀19，宣宗宣德二年乙未條，頁821。
〔註86〕同前引書，卷20，紀20，宣宗宣德三年二戊午條，頁824。

士奇、榮諭之曰：「朕年三十未有子，今幸貴妃生子，母以子貴，古亦有之，但中宮宜如何處置？」並舉中宮過失數事。榮首先贊同曰：「舉此廢之可也。」蹇義亦贊同，並舉「宋仁宗降郭后爲仙妃」之例。然而輔、原吉、士奇皆默然，宣宗追問其由，士奇乃曰：「中宮母儀天下，群臣，子也，子豈敢議廢母！」輔、原吉則依回其間，而曰：「此大事，容臣等評議以聞。」既退，榮、義即語原吉、士奇曰：「上有志久矣，非臣下所能止。」原吉曰：「但當議置中宮。」士奇意亦動，然曰：「今日所聞中宮過失，皆非當廢之罪。」議乃未決〔註87〕。

翌晨，宣宗召士奇，榮至西角門，問昨日之議云何，榮乃自懷中出一紙，上列中宮過失二十事進，所言皆誣詆，而曰：「以此即可廢也。」宣宗方覽二三事，即遽艴然變色曰：「彼曷嘗有此，宮廟無神靈乎！」士奇對曰：「漢光武廢后詔書曰：『異常之事，非國休福。』宋仁宗廢后，後來甚悔，願陛下慎之。」宣宗聞後，不懌而罷。〔註88〕

異日，又召問，士奇曰：「皇太后必有主張。」宣宗曰：「與爾等語，太后意也。」一日，獨召士奇至文華殿，屏左右，諭之曰：「若何處置爲當。」士奇因問中宮與貴妃感情如何，宣宗對以甚和睦、相親愛，且言中宮今病踰月矣，貴妃日往視，慰藉甚勤。士奇曰：「然則乘今有疾而導之辭讓，則進退以禮，而恩眷不衰。」宣宗頷之。數日後，復召士奇：「爾前說甚善，中宮果欣然辭，貴妃堅不受，太后亦尙未聽辭，然中宮辭甚力。」士奇曰：「若此，則陛下待兩宮當均一。」胡后上表辭位，退居長安宮，賜號靜慈仙師，貴妃遂得立。〔註89〕

廢胡后之事件，自始即出自宣宗所欲，榮一味附和人主之意，幸未冒然行之，否則內宮之怨不已，士奇的導引，選擇適當時機爲之，無廢之行有廢之實，果然高明。

第四節　三楊與英宗

宣宗在位十年而崩，子祁鎮繼，改元正統，是爲英宗。年方九歲，太皇

〔註87〕清・谷應泰撰，《明史紀事本末》，卷28，〈仁宣致治〉，頁300～301；清・夏燮撰，《明通鑑》，卷20，紀20，宣宗宣德三年三月癸未條，頁825。
〔註88〕同註87。
〔註89〕同註87。

太后委政三楊，而三楊和衷共濟、同心輔政，因之造成繼仁宣後另一番昇平之景象，所以後人把三楊輔政傳為美談。然王振專權亦自此始，本章將研討英宗即位之初，太皇太后之委任，三楊盡心輔佐，於國政措施多所貢獻之處。

一、幼主嗣位

宗宣崩，英宗才九歲，太后謂「國有長君，社稷之福」，取襄府金符入內，欲召襄王而立，然格於士奇、榮之議而止〔註90〕。時內庭浮議籍籍。士奇、榮及英國公張輔請見皇太子於文華殿，叩首呼萬歲，群臣亦隨呼萬歲，浮議遂息〔註91〕。英宗即位，太皇太后垂簾聽政，然其推心委任士奇、榮、溥三人，三人亦頗自信，侃侃行意〔註92〕。士奇等首擬初即位事宜上奏，請練士卒、嚴邊防、蠲租稅，慎刑罰等，皆允行。三人又請開經筵慎擇講官，詔可。且命精選儒臣充講官，並降敕勉諭，正統元年三月甲戌，英宗御文華殿開講，榮講堯典「克明俊德」章，其敷析明暢、音吐鴻亮，文武大臣之在廷者，莫不竦然傾聽，聖心大悅〔註93〕。一日，太后坐便殿，英穿西面立太后旁，召三楊及英國公張輔、尚書胡濙諭曰：「卿等老臣，嗣君幼沖，幸同心共安社稷。」復召溥前曰：「先帝每念卿忠，屢形愁歎，不謂今日復得見卿。」溥伏地位，左右皆悲愴，此因溥於仁宗為太子監國時曾下獄，仁宗每於宮中言及東宮時事，泫然泣下，故太后言及此。復太后又顧英宗曰：「此五臣三朝簡任，俾輔後人，皇帝萬機與五臣共計」〔註94〕。正統初年，在三楊盡心輔佐之下，天下清平，朝中幾無失政，由是中外臣民翕然稱述三楊。

二、陳疏進策

士奇、榮、溥既受委任，陳疏進策，屢有獻替，於正統初期之朝政貢獻良多：

〔註90〕明・鄧球撰，《皇明泳化類編》，皇后，卷19，頁1，總頁①515。

〔註91〕明・耿定向撰，《碩輔寶鑑》，卷11，頁1071；明・鄧球撰，《皇明泳化類編》，人物，卷50，頁9，總頁③542；清・張廷玉等纂，《明史》，卷113，列傳1，后妃1，頁1472。

〔註92〕清・張廷玉等纂，《明史》，卷148，列傳36，頁1824。

〔註93〕明・江鐵撰，前引書，附錄，頁29；明・耿定向撰，《碩輔寶鑑》，卷11，頁1111。

〔註94〕明・耿定向撰，《碩輔寶鑑》，卷11，頁1123～1124；明・傅維麟撰，《明書》，卷120，頁26。

（一）論即位事宜

以英宗初位，中外軍民其心未一，若朝廷處置得宜，可有備無患，乃將應行事宜具條聞於上。請整肅軍政、飭邊防，以奠定百姓。以南京根本之地，有襄城伯李隆守備，當令尚書黃福參贊軍務，有事同議而行，庶幾無闕。以湖廣等地去年旱災民艱，慮有嘯聚爲非者，宜委文武大臣各一人往鎮，事定而歸。慮瓦剌來犯，宜將西番貢馬給邊軍騎操。以行事校尉多在外爲非，宜減其數，並令錦衣衛約束之。以文職處麋俸祿者多，宜通行考察，廉能者存，貪懦者黜〔註95〕。太后喜，納之，悉行。

（二）請開經筵

以皇上肇登，需致力聖學，自古聖賢之君未有不由講學而能政治者，請早開經筵，以進聖賢，所奏在愼擇儒臣及左右恃御之臣，學術不正，立心行已僻者宜屏遠，使不得上惑聰明，此實宗社生民之福。英宗與太皇太后皆嘉納，乃諭三楊同知經筵事，以擇講官爲務。〔註96〕

（三）論兵備

衛所制有成例，以北人往南方補伍，南人往北方補伍，水土不服，多致死。而建議應以南北各就近衛服役，使下人不困，並使兵備有實。疏上，英宗命公侯大臣議行之，天下稱便。〔註97〕

（四）論荒政

以拯救災荒之制，於太祖時曾有，歷歲既久，姦弊日滋，建議令戶部遣京官廉幹者往督有司，凡豐稔州縣各出庫物，平糶儲以備荒，陂塘閘壩皆令修復，有災處候稔歲而後行。風憲官巡歷各務稽考，有欺弊怠廢者奏罪之。巡歷所至不復問理，聽其堂上官糾治，使官有實積，荒歲人民不至狼狽，耕農無旱潦之虞，仁政所施無切於此。英宗納之，命戶部亟行之。〔註98〕

〔註95〕《明英宗實錄》，卷1，宣德十年正月庚子條，頁16～17，總頁32～33；明·楊士奇撰，〈奏對錄〉，「論初即位事宜」，《東里別集》，卷3，頁1～4。

〔註96〕《明英宗實錄》，卷14，正統元年二月丙辰條，頁8，總頁262；明·楊士奇撰，〈奏對錄〉，「請開經筵」，《東里別集》，卷3，頁5～7。

〔註97〕明·楊士奇撰，〈奏對錄〉，《東里別集》，卷3，頁11～12；明·王直撰〈少師泰和楊公傳〉，《抑菴文集》，卷11，頁26～27。

〔註98〕明·楊士奇撰，〈奏對錄〉，「論荒政」，《東里別集》，卷3，頁14～17；明·楊溥撰，〈預備倉奏〉，《名臣經濟錄》，卷12，頁23～28。

（五）論恤刑

以四方雨澤不足，可能刑獄或未清，乞令三法司精選其屬清廉仁厚、公正無私者數人，敕其分行天下審囚錄犯，親詣州縣召集里老親鄰，審問實情具奏處置，不令有冤者，庶幾可回天意。奏上，英宗從之。〔註99〕

但三楊輔英宗之政，僅限於正統初年，皇帝受太皇太后之懿旨及公議要重用三楊，其實英宗私人所信任者爲王振，在太皇太后崩逝後，三楊驟失後臺，便非王振之對手，政權爲王振所擅，遂有宦官弄權之弊害。

〔註99〕明・楊士奇撰，〈奏對錄〉，《東里別集》，卷3，頁22～24；明・王直撰〈少師泰和楊公傳〉，《抑菴文集》，卷11，頁29～30。

第五章　三楊與宦官權勢的消長

　　英宗以幼沖即位，在張太皇太后之識大體、賢明的作風，凡事詢諸三楊，輔佐少主之下，吏治蒸蒸日上，一派昇平景象隱然可見，史家以三楊輔政蔚為美談。然而際此太平盛世之後卻隱藏了王振專權之危機，尤其是正統七年太皇太后死後，無人監管，王振便逐漸擅權跋扈，三楊雖均屬高位，竟弗能制。乃致有「土木之變」，洵至天啓年間魏忠賢之禍。論者或以三楊下世，振始弄權，而謂若三人在，當不及此。或以為三人依違中旨，內閣失柄，而釀成振禍。三楊究對王振之弄權，是否該負姑息養奸之責？抑或他們在當時之客觀情況下無可奈何？本章擬針對這種發展產生的事實加以探討。

第一節　論宦官的權勢

一、受抑時期

　　宦官亂政為中國歷代政治弊端的犖犖者，明代亦不能例外，黃宗羲甚且剴切的說明：「閹宦之禍，未若有明之為烈也」〔註1〕。宦禍雖始於英宗，不過君王之寵信宦官則可推溯至成祖，他的奪國與篡位得力於宦官甚大，即帝位後遂多委任〔註2〕。而證之史實，則洪武朝時已經有開始任用宦官之情形，但是其中仍有差異，不能合為一談。

　　太祖雖行伍出身，但對歷代興亡的癥結非常在意，更何況他一開始就有

〔註1〕　清·黃宗羲撰，《明夷待訪錄》（臺北：世界書局出版，民國63年三版），頁43。
〔註2〕　清·張廷玉等纂，《明史》，卷340，列傳192，〈宦官傳序〉，頁3405。

家天下、子孫世代爲皇帝的想法。宦官亂政，史鑑昭然，對宦官之禍防備最嚴，曾經屢下禁令，平日亟亟爲治，對有關宦寺，便多所評論。如洪武元年三月丙辰日曾對侍臣提到，以爲宦官在人主之側，日見親信，然僅可使之供灑掃、傳命令，不可使之預政典兵。漢唐之禍雖曰宦官之罪，亦人主寵愛所使然。若使宦者不得典兵預政，雖欲爲亂其可得乎〔註3〕？對於宦患之因，人主也脫不了關係，可謂知之甚明。洪武二年八月己巳日，命吏部定內侍諸司官制時，曾經下諭指示重點，以爲周禮所記之宦官初未及百人，後世則逾數千，遂爲大患。今所用不過備使令，非別有委任，可斟酌其宜，但毋令過多。〔註4〕

至於制馭之道，也提到即是「常戒敕，使之畏法，不可使之有功，有功則驕恣，畏法則檢束，檢束則自不敢爲非」〔註5〕。四年閏三月乙丑日，命吏部定內官監等官品秩時，指出漢代宦寺得勢的原因，在於「自鄧太后以女主稱制不接公卿，乃以閹人爲常侍小黃門通命，自是權傾人主」，且如狐鼠般惡劣，故不可疏於防範〔註6〕。並於五年六月丙子日定宦官禁令〔註7〕，制立惹事時懲罰之法。六年十月壬辰日，復設置內正司，專門負責糾察內官失儀及不法者〔註8〕。曾有一老內侍，事太祖甚久，因微言及政事即受斥，且終其身不召〔註9〕。十七年七月戊戌日，敕內官毋預外事，凡諸司毋與內官監文移往

<hr>

〔註3〕 《明太祖實錄》，卷31，洪武元年三月丙辰條，頁9，總頁552～553。中載云：「吾見史傳所書，漢、唐末也皆爲宦官敗蠹不可拯救，未嘗不爲之惋歎。此輩在人主之側，日見親信，（中略），可使之供灑掃、給使令傳命令而已，豈宜預政典兵。漢唐之禍雖曰宦官之罪，亦人主寵愛之使然。向使宦者不得典兵預政，雖欲爲亂其可得乎？」

〔註4〕 同註3引書，卷44，洪武二年八月乙巳條，頁3，總頁861。中載云：「朕觀周禮所記未及百人，後世至諭數千，卒爲大患；今雖未能復古，亦當爲防微之計。古時此輩所治止於酒漿、醢醯、司服、守祧數事，今朕亦不過以備使令，非別有委任，可斟酌其宜毋令過多。」

〔註5〕 同註4。

〔註6〕 同註3引書，卷63，洪武四年閏三月乙丑條，頁2，總頁1206；《明太祖寶訓》，卷1，頁33，總頁66。中載云：古之宦豎在宮禁不過司晨昏供役使而已，自鄧太后以女主稱制不接公卿，乃以閹人爲常侍小黃門通命，自此以來權傾人主；及其爲患有如城狐社鼠不可去。朕謂此輩但當服事宮禁，豈可假以權勢縱其狂亂，吾所以防之極嚴，但犯法者必斥去之不令在左右，戒履霜堅冰之意也。

〔註7〕 同註3引書，卷74，洪武五年六月丙子條，頁1，總頁1355。

〔註8〕 同註3引書，卷85，洪武六年十月壬辰條，頁7，總頁1520。

〔註9〕 同註3引書，卷112，洪武十年五月丙午條，頁4～5，總頁1859～1860。

來〔註10〕。太祖於宦官之防範，言之切，行之嚴，然洪武朝之宦官果真就誠如其所言僅供灑掃給使命而已，檢之實錄以探其究竟，即可知之。

探討宦官於奉派、出使、監軍諸權之賦予，其實早於太祖當政時已經開始（詳見表5-1）。然《明史·宦官傳》序文，及職官志皆云：「明世宦官出使、專征諸大權，皆自永樂間始」〔註11〕，顯然有誤。談遷於太祖對宦寺既禁之，又使喚之於外，評其舉措為：

> 高皇帝嚴宦寺之戒，亦嘗遣使于外，又祖訓略不之及，何也？得無狃其積輕，謂後之人必世世遵此，更不足慮耶。〔註12〕

龍文彬亦有見於此，且以為宦寺之制乃太祖自己破壞，評之曰：

> 太祖馭內侍甚嚴，而奉使觀兵，早開其隙，是自禁之而自紊之，又何怪後人之變本加厲耶。〔註13〕

既加委任，自然有機會干政，一旦干政，便易於弄權。不過，干政必得通文墨，但是《明史·職官志》記載甚清楚，云：「內官毋許識字」〔註14〕，太祖主要是從壞的方面著眼，恐其通文墨而曉古今，則要其智巧以事主。而並未瞭解到通文墨亦可知大體，忠君愛國。凡事均有兩面，於此可見太祖的主觀成份太強烈，由此看出其禁宦患的心意是肯定的，可是如清代的楊椿等人，則以為太祖並未有不許宦官識字之禁〔註15〕。檢之實錄，未見有此條例的記載，而且在洪武朝宦官的職掌中有不少是關於「文事」的，如：洪武六年八月癸酉立紀事司秩正七品，以宦者張翊為紀事司正〔註16〕。十七年四月癸未，更定官品，其中有典簿一人，官階正九品，所掌文籍以通書算小內使為之〔註17〕。

〔註10〕同註7引書，卷162，洪武十七年七月戊戌條，頁1，總頁2523。中載太祖謂侍臣之文曰：「為政必先謹內外之防，絕黨比之私，庶得朝廷清明，紀綱振肅。前代人君不鑒於此，縱宦寺與外臣交通，覘視動靜，夤緣為奸，假竊威權，以亂國家，其為害非細故也。間有奮發，欲去之者，勢不得行，反受其禍，延及善類，漢、唐之事，深可歎也。夫仁者治于未亂，知者見于未形，朕為此戒，所以戒未然耳。」

〔註11〕清·張廷玉等纂修，《明史》，卷340，列傳192，宦官一，頁3405；及卷74，志五十，職官三，頁782。

〔註12〕明·談遷撰，《國榷》，卷4，洪武四年乙丑條，頁443。

〔註13〕清·龍文彬撰，《明會要》，卷39，職官十一，頁699。

〔註14〕清·張廷玉等纂，《明史》，卷74，志五十，職官三，頁782。

〔註15〕清·楊椿撰，〈惠帝論〉，《孟鄰堂文集》。明史彙證引文，《明史》，卷74，附錄，頁790～791。

〔註16〕《明太祖實錄》，卷84，洪武六年八月癸酉條，頁2，總頁1495。

〔註17〕同註16引書，卷161，洪武十七年四月癸未條，頁7，總頁2501～2502。

表 5-1：洪武年間宦官出使表

時　　間	受派宦官姓名	事　　　　由	備　　註
元年八月甲午	未　詳	往放元宮人	《明太祖實錄》，卷34，頁13，總頁623
二年四月乙丑	未　詳	送高麗流寓還其國，以璽書賜其王	同上，卷41，頁1，總頁815
四年九月丙辰	未　詳	往諭妃家，行納徵發冊禮	同上，卷68，頁1，總頁1272
七年九月丁丑	咸禮衷不花帖木兒	送崇禮侯買的里八剌回蒙古	同上，卷93，頁2，總頁1621
八年五月戊戌	趙　成	往河州市馬	同上，卷100，頁1，總頁1694
十年三月甲申	未　詳	戶部奏天下稅課司局征商不如額者一百七十八處，宜遣中官、國子生及部委官各一人往覈其實，上爲定額，從之	同上，卷111，頁6，總頁1848
十一年十月戊申	吳　誠	以三苗亂，敕總兵官指揮楊仲名討之，命詣軍觀其之兵	同上，卷120，頁1，總頁1949
十一年十月乙丑	未　詳	送還元平章完者不花	同上，卷120，頁5，總頁1958
十一年十一月庚午	呂　玉	再命詣楊仲名軍中觀兵	同上，卷121，頁1，總頁1959
十四年十一月辛未	未　詳	賚敕諭烏蒙烏撒諸酋，冀其來朝入貢	同上，卷140，頁7，總頁2213
十六年正月丁未	梁　民	齎符賜三鍍金銀印予中山王察度	同上，卷151，頁1，總頁2376
十九年九月癸未	未　詳	齎磁器往賜眞臘等國	同上，卷179，頁5，總頁2711
二十一年四月壬子	未　詳	遣行人董詔往諭城國王阿答阿者，諭中言及前曾遣內使去此國	同上，卷190，頁1，總頁2864
二十二年四月甲寅	未　詳	詔故元諸王來降者得居耽羅國，遣中使往諭其國，爲造盧舍處之	同上，卷196，頁2，總頁2943
二十五年二月辛未	未　詳	上敕中軍都督府臣曰：「近內臣自河南還……」	同上，卷216，頁3，總頁3182
二十八年十二月戊午	趙　達朱　福	使暹羅斛國	同上，卷243，頁4，總頁3534

此中之紀事司者乃是負責記載朝廷之事情及言論者。內官又監掌文籍，楊椿於其《惠帝論》中乃有「如此又豈有不許識字之禁」〔註18〕之論。明史彙證

〔註18〕同註15。

亦同意之，並舉祖訓錄中所記載「紀錄聖旨」一事證之，其由宦官中之紀事奉御官於洪武朝中已負責紀錄聖旨，而此紀事一官，乃始於吳元年九月，而洪武二十八年所定之祖訓中，東宮內官亦有紀事奉御之官〔註19〕。由此衡諸《明史・職官志》所言「內官毋許識字」，則頗值商榷，難道成祖三修實錄，涉及宦寺者概加刪除，而以致偏缺失宦官之記錄？此亦甚有可能。

　　查對其他有關資料，劉若愚所著之《酌中志》，自序文中云：「迨宣廟老爺建內書堂，則內官不許識字之禁不得不開」〔註20〕。顧炎武《日知錄》中宦官條亦云：「我太祖深懲前代宦官之弊，命內官不許識字」〔註21〕。《明政統宗》亦云：「旋令內臣不許讀書識字」〔註22〕。比對正反兩面的歧異？見之《明通鑑》的記錄，對「毋得識字」有較詳細的解釋，即「識字」與「明義」有別，如：

> 初，洪武間，太祖嚴禁宦官毋得識字，後設內官，監典簿，掌文籍，
> 以通書算小內史為之。又設尚寶監，掌御寶圖書，皆僅識字，不明
> 其義。及永樂時，始節聽選教官入內教習之。〔註23〕

陸容亦於《椒園雜記》中提及：

> 洪武中內官僅能識字，不知義理，永樂中始令吏部聽選教官入內教
> 書。〔註24〕

由於太祖接受歷史的教訓，絕對防範，受使喚則可，干政則不准，此《明史・職官志》所記：「洪武十七年，鑄鐵牌，文曰：『內臣不得干預政事，犯者斬』。置宮門中；又敕諸司毋得與內官監文移往來」〔註25〕。此記載不見於實錄，而於此事，《明史彙證》中有云，文曰：

> 時內官監令正六品，品帙較他監為高，又掌文籍題本，懼其與外臣
> 交通，故禁外官與其文移往來也。且實錄未載鐵牌事，史志言此，

〔註19〕張其昀監修，包遵彭主纂，《明史彙證》，《明史》，卷74附錄，頁791。
〔註20〕明・劉若愚撰，《酌中志自序》。（臺北：藝文印書館，百部叢書集成，據道光潘仕成輯刊海山仙館叢刊本影印），頁1。
〔註21〕明・顧炎武撰，黃汝成（清）集釋，《日知錄集釋》（臺北：世界書局，民國69年7月，第5版），卷9，頁224。
〔註22〕明・涂山編，《明政統宗》，（臺北市成文出版社，據明萬曆四十三年刻本影印，民國58年出版），卷3，頁39。
〔註23〕清・夏燮撰，《明通鑑》，卷19，紀十九，宣德元年條，頁803。
〔註24〕明・陸容撰，《椒園雜記》，卷4，頁5。
〔註25〕清・張廷玉等纂修，《明史》，卷74，志五十，職官三，頁782。

> 當本諸野史。實錄僅言敕內官毋預外事，非不許其預政務，只是禁
> 其與外官交通耳。〔註26〕

太祖鑄鐵牌懸掛之事，王世貞《弇山堂別集》中官考亦無提及。而有提及者除明史職官志之外，《明史紀事本末》〔註27〕、《明史竊》〔註28〕皆有記載。鐵碑既「高三尺，又置宮門內，宣德時尚存，而至正統七年太皇太后崩後，方為振所盜毀」〔註29〕，以此推知，修纂太祖實錄之時，此碑尚在，而之所以闕者，可能亦於三錄時所刪除。

由於資料的缺失，不免對太祖禁宦官干預政事之令欠明。然當時宦官已有干預政事之情況卻是不容否認的，實證可由占城國入貢事見之。事乃洪武十三年九月，占城國入貢，中書省不以時奏，內臣出外見之，言於上，帝切責丞相〔註30〕，而右丞相汪廣洋因此於是多十二月貶南海，至太平賜死，復遣使斬之。十三年正月，左丞相胡惟庸族誅，丞相之官自是不後設，雖汪、胡始禍，不止於此，而丞相死生廢置，內官亦得以一言啟之〔註31〕。而洪武二十四年十月乙丑江西建昌府南豐縣典史馮堅言九事，中之六即是請減省宦官以防內權〔註32〕，由此更可知洪武朝宦官干政之情況了。

就上述而知，太祖的確有意防止宦官竊權，然仍不免對之親信而加以委任，足見在專制帝王時代，宦官於宮中日侍皇帝左右，皇帝不免日久生感情。此及洪武十三年罷相後，全國沈重的政務集中在皇帝一身，成為定制，無論當皇帝的人怎樣的敏捷果斷，或精力過人，但是全國的政務要面面照顧周到，誠然不易達致，外官既無法充分信任，則日侍左右的宦官自然日受重視，這就是為何太祖雖處心積慮於宦官之防，仍不免讓內官出使、專征之原因了。

皇太孫建文帝嗣位，《明史》〈宦官傳記〉之「御內臣益嚴，詔出外稍不法，許有司械聞」〔註33〕。然《明史彙證》引清楊椿《孟鄰堂文集》〈惠帝論〉則與之所論有別，其認為建文帝亦信任宦官，該文記云：

〔註26〕同註19，頁785。
〔註27〕明·谷應泰撰，《明史記事本末》，卷29，〈王振用事〉，頁314。
〔註28〕明·尹守衡撰，《明史竊》，卷3，「宦官」，頁2，總頁582。
〔註29〕清·夏燮撰，《明通鑑》，卷23，紀23，正統七年，頁935。
〔註30〕《明太祖實錄》，卷126，洪武十二年九月戊午條，頁4，總頁2016。
〔註31〕同註19，頁790。
〔註32〕同註30引書，卷149，洪武十五年十月丙戌條，頁2，總頁2349。
〔註33〕清·張廷玉等纂，《明史》，卷304，列傳192，「宦官一」，頁3405。

蓋嘗怪明惠帝寬仁慈恕，勤政愛民，夙夜孳孳，求治如不及，乃以君伐臣，以順討逆，不三載而廟社忽諸，及讀太宗實錄，言帝倚言閹豎，與決大事，進退大臣，參掌兵馬，又未嘗不心疑之，今帝事見於太宗實錄者觀之，而知其說非無自也。〔註34〕

今求之《明太宗實錄》，以見建文帝任用宦官之情況，如建文元年七月癸酉，燕王將反，帝遣內官逮其同謀，逮者未獲，而布政使張昺，都指揮使謝貴，反為燕王所戮〔註35〕。二年四月丙申朔，命中官齎璽書賜李景隆〔註36〕。三年正月，先是盛庸敗燕王於東昌，橫南北諸將水陸邀其歸路，燕王幾不得脫，至此時，以監軍內侍長壽於深州真定被執乃免〔註37〕。四年四月，以靈璧之敗，內官被獲者亦有四人〔註38〕。同年六月，時燕王以入金川門，群臣皆散，剩內侍數人於建文君之側〔註39〕。據此，可證建文帝亦親信宦官，尤有進者，洪武時宦官雖有監軍之實，但卻未有監軍之名，至此宦官監軍已為名實相符。〔註40〕

《惠帝論》洵且認為建文帝之失敗，主要是因其任用宦官，以及馭宦官之不得法，持論甚確，其文曰：

靖難師以宦侍始，以宦侍終，宦侍者，燕王功臣，惠帝之逆賊矣。或曰，惠帝留心載籍，歷代宦官之禍，豈不知之，胡乃至於此？曰，此開國始謀未善，惠帝仍之未改耳。至太祖不罹內官之禍，惠帝受之何也？曰，太祖用法嚴，且出之以斷，故不敢甚肆。惠帝御之以寬，斯禍結不可解矣！且其朝夕密邇於帝側也。帝有舉動，皆得窺之，帝有謀議，皆得聞之。帝既寬之於平日，忽欲嚴之於一時，有不怨且懟者乎？燕王戔戔焉，誘之以巧言，結之以美利，有不傾心委輸者乎？則其為帝患，蓋不止於監軍、鎮守，乃促燕王南下而已。〔註41〕

〔註34〕張其昀監修，包遵彭主編，《明史彙證》，《明史》，卷304，附錄，頁3417。
〔註35〕《明太宗實錄》，卷2，建文元年七月癸酉條，頁1～2，總頁14～15。
〔註36〕同註35引書，卷6，建文二年四月丙申條，頁4，總頁61。
〔註37〕同註35引書，卷7，建文三年正月乙丑條，頁5，總頁77。
〔註38〕同註35引書，卷9上，建文四年四月辛巳條，頁7，總頁119。
〔註39〕同註35引書，卷9下，建文四年六月乙丑條，頁3，總頁130。
〔註40〕巨煥武撰，《明代宦官禍國之研究》（政治大學政治研究所碩士論文，民國51年），頁261。
〔註41〕同註34。

二、始漸時期

　　成祖奪國及篡位得助於宦官實多，故即帝位後，遂多所委任。《明史‧宦官傳》誤以明代宦官出使、專征等諸大權，皆自永樂始，前已論及，不過有一點可確定的，即是永樂時期宦官所擁有的權與勢均較前兩期爲大。就明實錄所記述的，永樂一朝的宦官被派任最多的是出使，即今所謂的外交特使權（詳見表 5-2）。

表 5-2：永樂年間宦官出使表

時　　間	受派宦官姓名	事　　　　由	備　　　註
元年十二月庚午	楊　宣	遣之等敕諭麓川、車里、八百、老撾；右剌詔闖，特令多烏孟定養木邦等處土官	《明太宗實錄》，卷22，頁5，總頁414
元年九月己亥	李　興	遣之等賫敕勞暹羅國王	同上，卷23，頁5，總頁426
元年十月丁巳	尹　慶	遣之等賫詔往諭滿剌加、柯枝諸國	同上，卷24，頁5，總頁440
二年二月庚寅	楊眞童	遣之等往孟定、木邦二府，領賜土官刀名扛等綵幣	同上，卷28，頁4，總頁510
三年六月己卯	鄭　和	遣之等賫敕往諭西洋諸國，並賜諸國王金織文綺綵絹各有差	同上，卷43，頁2，總頁684
四年十二月戊子	侯　顯	先遣之等往烏思藏微哈立麻，此時已入境，駙馬都尉沐昕迎之	同上，卷62，頁1，總頁890
五年四月丁酉	把　秦 李　達	遣之等賫璽書予脫亦不花等	同上，卷66，頁3，總頁729
七年六月丙辰	雲　仙	遣之等賫敕往賜麓川、緬甸，嘉其來貢	同上，卷93，頁5，總頁1235
八年九月癸酉	馬　彬	送占城國王遣來貢之使回，並賫敕賞賜	同上，卷108，頁1，總頁1396
八年九月乙卯	張　謙	使渤泥國還	同上，卷108，頁2，總頁1398
十年七月戊申	吳　賓	遣之等賫敕往賜爪哇國西王	同上，卷130，頁3，總頁1612
十年九月丁酉	甘　泉	以滿剌加國王辭賜鈔，遣之往賜	同上，卷132，頁2，總頁1625
十一年二月己未	侯　顯	賫敕賜八剌國王	同上，卷137，頁3，總頁1665～1666
	未　詳	以烏思藏來貢，遣之往賫敕並賜之	

十二年正月己卯	楊三保	賚敕往諭烏思藏等地	同上，卷147，頁1，總頁1725
十五年六月己亥	張　謙	遣之等賚敕往金鄉勞使西洋諸國	同上，卷190，頁2，總頁2013
十六年五月庚戌	楊　忠	遣之等使亦力把里賜其王	同上，卷200，頁1，總頁2081
二十年十二月己亥	雲　仙	以川宣慰使思任發遣使奉表貢方物，謝興兵侵南旬州之罪，遣之等賚敕戒之並賜之	同上，卷254上，頁1，總頁2360
二十一年四月己巳	戴　興	以烏思藏等之使臣辭還，遣之等賚敕與俱往賜	同上，卷258，頁1，總頁2377

　　此外，宦官還擁有監察各地課徵不足、刺探臣民隱事、往賜大臣、祭祀、護送等權力，甚至一些臨時事件的發生，宦官也可全權處理。以下則分別述之：

1. **課徵不足**：如永樂永元二月以各處銀場坑歲辦科徵不實，分遣監察御史及中官覈之。〔註42〕

2. **刺探臣民**：如十四年七月，以谷王穗謀不軌遣中官察其所為〔註43〕。又十六年十二月，西安中護衛百戶張誠、小旗孫成告安定王尚炌反謀，並上其招募軍士文書，命內官朱興持往示尚炌，且召入朝面誥之。〔註44〕

3. **往賜大臣**：如洪武三十五年九月，遣中官陳福童賜左軍都督僉事徐凱鈔二千錠〔註45〕。又永樂三年三月，蒲城郡主卒訃聞，上輟視朝一日，遣中官賜給明器儀仗以葬，主秦愍王長女嫁儀賓吳倫云。〔註46〕

4. **祭祀**：如永樂元年六月，遣內官祭中霤，自是為定制。〔註47〕

5. **護送**：如永樂十二年正月正覺大乘法王昆澤思巴陛辭賜，命中官護送。〔註48〕

6. **臨時事件**：如成祖於永樂二十二年六月崩於榆木川，太監馬雲等以六師在遠外，秘不發喪，而楊榮、御馬監少監海壽奉遺命馳訃皇太子。〔註49〕

〔註42〕《明太宗實錄》，卷17，永樂元年二月丁丑條，頁8，總頁316。
〔註43〕同註42引書，卷178，永樂十四年七月辛亥條，頁4，總頁1944。
〔註44〕同註42引書，卷207，永樂十六年十二月壬午條，頁1，總頁2114。
〔註45〕同註42引書，卷12下，洪武三十五年九月壬寅條，頁6，總頁221。
〔註46〕同註42引書，卷21，永樂元年六月戊辰條，頁12，總頁401。
〔註47〕同註42引書，卷40，永樂三年三月己亥條，頁1，總頁661。
〔註48〕同註42引書，卷147，永樂十二年正月壬子條，頁1，總頁1725～1726。
〔註49〕同註42引書，卷273，永樂二十二年七月辛卯條、壬辰條，頁2，總頁2469。

　　綜合所論列，永樂時期宦官所擁之權勢向非前兩朝所及。此外，論及成祖設東廠，為明代宦官為禍最烈者，且制定下惡例，為後代帝君援引。按東廠設置之由始於太祖錦衣衛之獄，不過太祖於洪武二十年將之撤廢，而成祖登位後又恢復〔註50〕。此乃因其在位後專倚宦官，際北京初建之秋，銳意防奸，於是廣布錦衣官校以專司緝訪。但又慮外官瞻徇，在東安門北設東廠，以內監掌之。從此以後中官益專橫，不可復制。〔註51〕

　　「東廠」，可說是一個以宦官為領導的特務機關，直接受皇帝指揮，所以除皇帝以外，任何人都在他的偵察範圍之中，由於事關機密，責任重大，所以皇帝派去主持的宦官都是親信的心腹，而他們偵察訪緝的範圍，上自官府，下至民間，緝訪的情況是這樣的：

> 每月旦，廠役數百人製籤庭中，分瞰官府，其視中府諸處會審大獄；
> 北鎮撫司考訊重犯者曰聽記。他官府及各城門訪緝曰坐記。某官行
> 某事，某城門得某奸，胥吏疏白，坐記者上之廠，曰打事件。〔註52〕

所謂「打事件」，倘使需要奏呈皇帝，則極其簡便，無須經過任何手續，甚至半夜時分東華門關了，也可以從門縫裏塞進。裏面人接著也不得遲延，立刻呈繳皇帝，所以外邊無論什麼大、小事、皇帝皆可以知道，職是之故，有時候宮裏面竟拿民間米鹽瑣碎之事，當作開玩笑的資料〔註53〕。在如此嚴密的緝訪之外，加上東廠施刑慘酷，當時之忠良義事冤死於此者不計其數，故明代宦官之弄權，成祖實不能咎其責。

　　雖然如此，但是大體而言，永樂一朝宦官之囂張放肆尚未太甚，乃因成祖約束甚嚴。如永樂五年四月甲午，內使林清洩邊備而敕寧夏總官左都督何福曰：

> 爾等邊境軍務宜一切謹密，使人不得窺測，庶無敗事，此內使林清
> 以他事至邊，清無知，擅率兵馬之數，爾緘不密而遽與之，以此勸
> 之，邊備虛實鮮不泄漏，自今慎之、慎之，凡官官內使往來，無敕
> 旨者皆勿聽信。〔註54〕

又永樂五年六月庚子，諭都察院臣曰：

〔註50〕清・張廷玉等纂，《明史》，卷95，志71，刑法三，頁993。
〔註51〕清・夏燮撰，《明通鑑》，卷17，紀17，永樂十八年條，頁741。
〔註52〕同註50，頁994。
〔註53〕同註50，頁994～995。
〔註54〕《明太宗實錄》，卷66，永樂五年夏四月甲午條，頁2，總頁927。

自昔閹宦弄權，假朝廷號令擅調軍馬，私役人民，以逞威福，生事
造釁傾覆宗社者多矣，我太祖皇帝鑑前代之失，立綱紀明號令，調
發軍馬必御寶文書。朕即位以來一遵舊制愛恤軍民，首詔天下一民
一軍不許擅差，復命所司嚴切禁約。〔註55〕

又七年十二月戊申，城門郎因事忤內使，故挾私誣搆，皇太子曰：

城門郎無罪，內使小人縱私，上周朝廷，下誣無罪之人，豈可復用。
命下錦衣衛治之，仍命司禮監榜示，今後內官、內使有言事不實，
及挾私枉人者悉寘重典。〔註56〕

就此約束數例證，永樂一朝之宦官尚不至大事竊權，尤其兵馬大事，容不得
他們擅自使令。

三、任用時期

仁宗宣宗時，宦官被委派的職權甚多，外交方面，臚列如下。

仁宗時：

1. 永樂二十二年十一月甲戌，遣中官別里哥、指揮趙回來的等賚敕和寧王
阿魯台，宥其前過，令通使往來如故。〔註57〕
2. 洪熙元年二月辛丑朔，遣中官柴齎敕往琉球國。〔註58〕

宣宗時：

1. 洪熙元年十二月乙亥，命內官張福往賜哈密忠順王。〔註59〕
2. 宣德二年四月辛酉，遣太監侯顧賚敕往諭烏思藏等地。〔註60〕
3. 同年十月丙子，遣內官李信、林春齎敕哈密忠順王。〔註61〕
4. 三年六月辛丑，遣內官洪仔生、徐亮等齎敕孟璉及八百大甸、木邦等
處。〔註62〕
5. 同年十二月庚寅，遣內官柴山等齎敕使琉球。〔註63〕

〔註55〕同註54引書，卷68，永樂五年元月庚子條，頁9〜10，總頁960〜961。
〔註56〕同註54引書，卷99，永樂七年十二月戊申條，頁1，總頁1296。
〔註57〕《明仁宗實錄》，卷4上，永樂二十二年十一月甲戌條，頁3，總頁133。
〔註58〕同註57引書，卷7上，洪熙元年二月辛丑朔條，頁1，總頁228。
〔註59〕《明仁宗實錄》，卷12，洪熙元年十二月乙亥條，頁4，總頁325。
〔註60〕同註59引書，卷27，宣德二年四月辛酉條，頁2，總頁702。
〔註61〕同註59引書，卷32，宣德二年十月丙子條，頁6，總頁826。
〔註62〕同註59引書，卷44，宣德三年六月辛丑條，頁5，總頁1085〜1086。
〔註63〕同註59引書，卷49，宣德三年十二月庚寅條，頁3，總頁1184。

6. 七年正月丁卯，遣中官李貴等使西域哈烈等國。〔註 64〕

7. 同年丙戌，以日本未來貢，命內官柴山賚敕往琉球國，命其王遣人齎往日本諭之。〔註 65〕

8. 八年九月辛巳，遣內官僊等齎敕往木邦等處賜土官宣慰使。〔註 66〕

9. 同月壬午遣中官昌盛齎敕及綵幣賜朝鮮國王。〔註 67〕

軍事上，亦臚列如下：

1. 宣德元年三月交阯總兵官榮昌伯陳智、都督方政討叛寇黎利至龍州，以政勇智怯素不相能，而內官山壽又擁兵不救遂敗。〔註 68〕

2. 同年八月以漢王叛，遣指揮黃讓，內官譚順、內使陳錦往淮安同總兵官平江伯陳瑄鎮守，並敕其須同心戮力固守城池。〔註 69〕

3. 五年九月宣宗車駕巡郊，命豐城侯李賢等太監劉順、提督大營官軍，嚴肅守衛，謹慎關防，一應軍務共同計議而行。〔註 70〕

4. 八年四月曾以盜賊縱橫，而命都察院副都御史賈諒、錦衣衛指揮僉事王裕同內官與安往會四川三司調軍捕之。〔註 71〕

5. 九年八月以阿魯台已死，其故所立阿台為王者欲依涼州境外避匿，恐其無所歸或生盜心，敕甘肅總兵官都督劉廣及太監王安，要其整兵慎防之。〔註 72〕

至於宦官之恣虐人民，擾亂地方之事，亦是時時可聞：

1. 洪熙元年九月有守城門內使私役門飼鵝，鵝被盜，卒貧不能償，日考掠不已。宣宗聞而曰：「門卒專職關防，豈當為人飼鵝，且內使敢毒人於國門之內，是不知有朝近法度，亟罪之」。〔註 73〕

2. 宣德二年十二月，內官張善伏誅，善往饒州監造磁器，貪黷酷虐，下人不堪，所造之御用器多以分饋其同列，事聞，上命斬於都市梟首以

〔註 64〕同註 59 引書，卷 86，宣德七年正月丁卯條，頁 1，總頁 1980。
〔註 65〕同註 59 引書，卷 86，宣德七年正月丙戌條，頁 7，總頁 1991。
〔註 66〕同註 59 引書，卷 106，宣德八年九月辛巳條，頁 1，總頁 2357。
〔註 67〕同註 59 引書，卷 106，宣德八年九月壬午條，頁 1，總頁 2357。
〔註 68〕同註 59 引書，卷 19，宣德元年三月己亥條，頁 3，總頁 396。
〔註 69〕同註 59 引書，卷 20，宣德元年八月乙丑條，頁 5，總頁 525。
〔註 70〕同註 59 引書，卷 70，宣德五年九月乙卯條，頁 8，總頁 1650。
〔註 71〕同註 59 引書，卷 101，宣德八年四月丙午條，頁 9，總頁 2274。
〔註 72〕同註 59 引書，卷 112，宣德九年八月庚午條，頁 7，總頁 2524。
〔註 73〕同註 59 引書，卷 9，洪熙元年九月丁酉條，頁 4，總頁 232。

徇。〔註74〕

3. 四年七月，內官王冠以此敕大同總兵官武安侯等警備，並戒飭各處內官不許擅自輕出，然時內官在邊者挾勢恣肆，非總兵所能制。〔註75〕

4. 五年二月，聞中官督江西泰和縣採寒水石者虐民特甚，宣宗命亟召還，歲令民自採納。〔註76〕

5. 同年五月，行在兵部言近差內外官出外，于經過站驛挾勢索取飲食等物非法考掠，請令風憲官體訪犯者具奏罪之。〔註77〕

6. 六年十月以中官唐受因公差南京時，縱恣貪酷，民不勝其害，宣宗命錦衣衛捕之並梟首示眾。〔註78〕

7. 六年十二月以太監袁琦恃恩縱肆欺罔，假公務為名，擅差內官內使阮巨隊等人往諸處凌虐官吏軍民，逼取金銀等物動累萬計，致吏民含冤無訴歸怨朝廷，雖方面風憲之官皆畏憚之，宣宗處其死。〔註79〕

類此等等，皆可見出宦官權勢之盛，為患之烈。

宦官作威作福之際，往往有不肖的地方與其勾結以姦利，如宣德元年十月，監琉璃廠內使以鈔令督工指揮買馬，指揮因斂工匠鈔萬貫入己。事覺，宣宗以內使買馬必虧價，故指揮假託科斂，然工匠何從得鈔？近時多逃者皆科斂逼之也，罪之源實內使，因而杖一百，罰其種蔬終身，指揮等治如律，鈔悉給還工匠〔註80〕。另亦有叛逆宗室與之勾結事件，即宣德二年十一月，司禮監侯泰有罪下獄，事緣乃是，初，山東官民奏高煦反，命泰齎書諭之，且察其所為，泰還力言高煦無反狀。宣宗已疑泰，高煦既就執，亦置泰不問，泰後奉命於直隸選駙馬，擅作威福凌虐職官，杖義勇前衛經歷董純至死，又受罪人贓賄，事覺。宣宗因記憶前事，諭都御史劉觀曰：「渠嘗力言高煦不反，幾誤大事者，今所犯猶末事，此人更不可用，亦不可貸，遂下獄」〔註81〕。

〔註74〕同註59引書，卷34，宣德二年十二月癸亥條，頁4，總頁863。
〔註75〕同註59引書，卷56，宣德四年七月丁卯條，頁7～8，總頁1340～1341。
〔註76〕同註59引書，卷63，宣德五年二月丁亥條，頁5，總頁1484。
〔註77〕同註59引書，卷66，宣德五年五月戊午條，頁8，總頁1563。
〔註78〕同註59引書，卷84，宣德六年十月辛卯條，頁15，總頁1957。
〔註79〕同註59引書，卷85，宣德六年十一月乙未條、丙申條，頁2～3，總頁1962～1963。
〔註80〕同註59引書，卷22，宣德元年十月戊辰條，頁3，總頁576。
〔註81〕同註59引書，卷32，宣德二年十一月甲辰條，頁10，總頁853。

又有假傳詔令之事，宣德元年七月有命六科給事中，凡內官內使傳旨諸司皆須覆奏，再得旨而後可行之令，因常有關防欺蔽詐偽之事。〔註82〕

宦官僭越丞相實權專政始自宣宗朝，肇端於宣宗設置內書堂，使內寺有機會接受有系統的教育。宣德年間內書堂設立以後，朝廷派有碩學之士來教導，即宣德元年，翰林院修撰劉翀專授小內使讀書〔註83〕，四年命內閣大學士陳山專授其讀書〔註84〕。此後，皆以編檢等官來專門教導〔註85〕。宦官入內書堂讀書既成定制，知書識字使之對政事的瞭解能力自然提高，加上此時之內閣已以條旨進天下章奏，皇帝以條旨硃批而不必與大臣面議，則閣臣與皇帝之間的條旨和批答傳遞，卻少不了宦官，司禮監中的秉筆隨堂太監，即專掌章奏文書照閣票批硃的實權，由此一遞一傳之間，即有參預朝政之機會。宦官既通文墨，洞曉古今，有參預批硃之權，因此宦官權勢的氣燄乃更形升高。

第二節　三楊對宦官姑息的研討

宦官勢燄甚盛，三楊亦不得不依違其間。三楊的姑息，對宦官不加以抑制，是不為，或不能，本節將試加探討。無可諱言的，三楊為當時朝廷之砥柱，未能力挽狂瀾、堅持立場，致使明代宦患轉熾，責任無可旁貸。

一、三楊有所不為

宣宗時，訥諫求言甚切，三楊亦屢有進言，於內書堂之設，似未見三楊有任何勸阻之言論，顧炎武曾論及此曰：

以宣廟之訥諫求言，而廷臣未有論及此者，馴致秉筆之奄其尊侔於
內閣，而大權旁落不可復收，得非內書堂階之屬乎。〔註86〕

此外，三楊也無諫求宣宗面議朝政，而閣臣把中外章奏俱用條旨貼各疏面以進。這種作法，固然提高了內閣職權，但是內閣條旨送達皇帝批答後交給內閣之前，中間的穿針引線工作卻少不了宦官，使宦官有僭越武相實權之機，論者以三楊既未能「防微杜漸」，春秋責備賢者，三楊不能辭助長宦官亂政之

〔註82〕同註59引書，卷19，宣德元年七月戊戌條，頁3，總頁498～499。
〔註83〕同註59引書，卷19，宣德元年七月甲午條，頁1～2，總頁494～495。
〔註84〕同註59引書，卷59，宣德四年十月庚辰條，頁7，總頁1407。
〔註85〕清‧孫承澤撰，《春明夢餘錄》，卷6，頁59，總頁568。
〔註86〕明‧顧炎武撰，清‧黃汝成集釋，《日知錄集釋》，卷9，「宦官」，頁224。

咎〔註87〕，此乃姑息之一端。

宣宗崩，英宗以幼沖即位，年幼無知，敬畏宦官王振，或有謂當時「太皇太后賢明，委政三楊，而王振心有所忌憚未敢逞」〔註88〕。然檢之史實，則並不然，因為王振擅權早在三楊輔政時即已開始。宣德十年九月，時輔臣方議開經筵，而王振導英宗閱武將臺，此臺設在朝陽門外近郊，且集京營及諸衛武職試騎射，擇其優者。時有一紀廣者，嘗以衛卒守居庸得事王振，大見親暱，遂奏廣第一，超擢都督僉事，自此其招權納賂，諸大臣自士奇以下，皆依違莫能制〔註89〕。王振擅權已然如此，不過太皇太后對王振毫不假借。如太后嘗遣振至內閣問事，楊士奇擬議未下，「振輒置可否，士奇慍，三日不出，太后聞之怒，立鞭振，仍令詣士奇謝罪，且曰：『再爾，必殺無赦』」〔註90〕。正統二年時，一日御便殿，召張輔及三楊等人至，並宣王振，振至俯伏，太皇太后顏色頓異曰：「汝侍皇帝起居多不律，今當賜汝死。」女官遂加刃振頸，英宗跪為之請，諸大臣皆跪，太皇太后曰：「皇年少，豈知此輩自古誤人家國家矣，我能聽皇帝及諸大臣留振，此後不得令干國事也」。〔註91〕

三楊及諸大臣為王振請命，難道不知宦官誤國嗎？其實不然，士奇於英宗剛登位時，曾與榮、溥請「開經筵疏」中提到：

自古聖賢之君，左右使令必用正人，今皇上富於春秋，凡起居出入一應隨侍，及使用之人皆宜選擇行己端莊、立心正直者，（中略），

〔註87〕吳緝華著，〈明仁宣時內閣制度之變與宦官僭越相權之禍〉，《明代制度史論叢上冊》，頁195～196。

〔註88〕清・張廷玉等纂，《明史》，卷304，列傳192，〈王振傳〉，頁3407。

〔註89〕清・夏燮撰，《新校明通鑑》，卷21，紀21，宣德十年九月條，頁886。

〔註90〕明・許浩撰，《兩湖塵談錄》，《歷代小史》，卷95，頁5；清・夏燮撰，《新校明通鑑》，卷22，紀22，正統二年正月條，頁900。

〔註91〕清・夏燮撰，《新校明通鑑》，卷22，紀22，正統二年正月條，頁900～901。通鑑考異云：「此事明史三楊及宦官傳皆不載，《皇朝通紀》、《紀事本末》及《明書》載之。據弇州考誤言：『出自何文簡餘冬敍錄，而楊文敏行狀及楊文貞三朝聖錄皆不及，以召對言，則似影響宣宗時事，若果有誅王振之語，則文敏行實與聖諭錄何故佚之？史于太后之聖政，王振之蠹國，娓娓言之，此又何所諱而不書？意者何文簡驟聞前輩之言，喜而筆之，不自知其誤也。』予謂文敏行狀及文貞三朝聖諭錄，皆因王振諱也。楊榮之卒在正統五年，正王振用事之時，宜行狀不書。士奇以正統九年卒，三朝聖諭錄，據其自序成于正統七年壬戌，是年，太皇太后崩，振勢益盛，太作威福，廷臣人人慴恐，士奇雖老耄之年，豈不慮異日子孫之禍？太后賜王振之死，即有其事，亦必不敢入錄中，弇州之說，毋乃知其一而不知其二也！三編采入此條，系之是年正月，今從之。」

> 如或其人舉動輕佻，語言褻慢、立心行己不正者，皆宜早去之，若
> 不早去，隨侍既久，情意相洽，不覺其非，言聽計從，後來欲去，
> 其勢難矣。〔註92〕

由此可見三楊早有鑑於宦官之禍端，與皇帝親近機會多於大臣。然而，太皇
太后賜王振死時，三楊卻與年幼無知的英宗一起下跪求情，使王振得免身首
之戮，嚴令不得干與國事，仍侍英宗左右。三楊有不可言狀之苦衷，亦私心
作崇，明通鑑引御批三編，描述之曰：

> 誠孝太后既對諸臣數責王振，且以刃加振頸，不得謂必無必殺之
> 心；使五臣能因勢而贊成之，則去大憝易如反掌，乃五臣不但不願
> 言其惡，且爲之長跪致請，轉若重爲申救者。良由諸臣阿順幼主，
> 爲身後計，故爾隱忍保全，致貽奸惡之禍，而不得諉之誠孝太后之
> 優柔寡斷矣。且如太后于兄昹、昇，皆禁其不得干以國事，可謂深
> 知大體，而三楊則於昹、力請加委任，私意揣摩若此，又奚有於王
> 振乎。〔註93〕

史論正統初年之天下得以休息乃張太后之力，評之爲「女中堯舜」。時有詔凡
事白於太后然後行，太后然後命付閣下議決。且數日，太后必遣中官入閣問
連日曾有何事來商榷，即以帖開某日中官某以幾事未議如何施行。太后以所
白驗之，王振或自斷不付閣下議者，即召振責之〔註94〕。此外，太后凡事信
任三楊，如果三楊贊成殺王振，則明代王振之宦患亦可免除，然三楊爲了「阿
順幼主，爲身後計」，一念之間致成姑息之又一端。

　　王振干政之野心並未因太皇太后赦免而從此收斂，而實際上乃是以另外
一種方式進行，且處心積慮要排斥三楊，或挑撥其間。始正統四年十月，福
建按察僉事廖莫杖死驛丞。驛丞乃楊溥之鄉里，而僉事卻是士奇之鄉里。溥
怨謨，要其償命，士奇則欲擬其因公殺人。溥與士奇爲此爭議不決，乃請裁
於太后。王振乘機進言曰：「溥與驛丞，士奇與僉事各同鄉，皆涉私。償命太
重，因公過輕，宜對品降僉事爲府同知。」太后居然聽之，王振之言既見售
於太皇太后，此後，王振漸摭內閣之過，而裁決之權一歸於王振〔註95〕。不

〔註92〕明·楊士奇撰，〈請開經筵〉，《東里別集》，卷3，頁6。
〔註93〕清·夏燮撰，《明通鑑》，卷22，紀22，正統二年正月，頁901。
〔註94〕明·李賢撰，《古穰集》，卷28，頁5～6。
〔註95〕明·尹直撰，《謇齋瑣綴錄》，《歷代小史》，卷93，頁9；明·尹守衡撰，《明
　　　　史竊》，卷66，〈三楊列傳〉44，頁4，總頁1462。

惟寧是，王振甚至語士奇、榮曰：「朝廷事賴三位老先生，然三公亦高年倦勤矣，後當如何？」士奇曰：「老臣當盡瘁報國，死而後已。」榮曰：「先生安得為此言，吾輩衰殘無以效力，當擇後生可任者報聖恩耳。」振喜而退。士奇咎榮失言，榮曰：「彼厭吾輩矣，一旦內中出片紙，令某人入閣，且奈何？及此時進一二賢者，同心協力，尚可為也。」士奇以為然，翌日即薦曹鼐、苗衷、陳循、高穀等以進，振以然用之〔註96〕。鄧球以振之動機乃在援黨在內閣為自地也〔註97〕。如所週知，士奇、榮都是四朝元老，資歷顯赫，然王振竟然敢當面表示要他們「倦勤」，其囂張可見一斑。

反過來說，三楊對王振之態度，亦可見出三楊之失策。當時之大臣中，有魏驥者，正統初任吏部侍郎，時王振怙寵而驕，每出則雖部堂尊官亦需斂輿迴避。一日，魏驥與王振相遇於崇文門，而不迴避。王振因此向皇帝譖告，人人為之心危。一日，英宗在便殿召驥問訊，驥慷慨直言，曰：「臣不材備位六卿，臣不足惜，朝廷名器可惜耳。」帝乃慰之曰：「爾所言者是，好官！好官」〔註98〕。又有王直者，正統時任尚書，王振雖跋扈，但是王直遇王振時未嘗少降詞色，同坐時，王振欲據尊席，直便曰：「公職太監四品官，吾二品也」。岸然凝坐，振無如之何〔註99〕。魏驥與王直以節操為重，而置官祿得失於度外。所以敢與振周旋，即邪不勝正之謂也。三楊則不然，亦難辭有所不為之譏也。

二、三楊有所不能

三楊貴為大臣未能防微杜漸，除上述「不為」之過之外，亦有其「不能」之處，關鍵在於王振與英宗之間情感的深厚，其次則司禮監權勢太盛，使三楊有「無可奈何」之嘆。

王振者，是宦官中最狡點之一，《明史・宦官傳》以其為「蔚州人，少選入內書堂，侍英宗東宮為局郎」〔註100〕。然於此明人嚴從簡之《殊域周咨錄》記載較詳：

〔註96〕明・祝允明撰，《野記》，《歷代小史》，卷79，頁33；明・李紹文撰，《皇明也說新語》，卷3，識鑒，頁31上。

〔註97〕明・鄧球輯，《皇明泳化類編》，內侍，卷123，頁4，總頁⑦584。

〔註98〕明・許浩撰，《兩湖塵談錄》，《歷代小史》，卷98，頁6。

〔註99〕明・李紹文撰，《皇明世說新語》，卷3，方正，頁6。

〔註100〕清・張廷玉等纂，《明史》，卷304，列傳192，〈王振傳〉，頁3407。

王振，山西大同人，永樂末詔許學官考滿乏功績者，審有子嗣，願自淨身，令入宮中訓身官輩，時有十餘人，後獨王振官至太監，世莫知其由教職也。〔註101〕

孟森以爲對王振以教職充當太監，顯然高出一般太監之上，考證之如下：

惟《周咨錄》乃明言其淨身始入，而王振即其中之一。是以英宗稱以先生，當由宦官宮妾，習稱以素。（中略），而正統初所教之小內使尚未深通文墨，獨王振爲已讀書而後爲奄者，故得獨出其所長，以弄沖主於股掌之上也。〔註102〕

對此論點，巨煥武於其《明代宦官禍國之研究》中則以爲：

《周咨錄》所云，王振曾爲教職一事，在無反證之前，奕不得謂其爲必無者，既使有之，「宦官宮妾，習稱有素」，呼之曰先生，此人情之常，然天子竟亦呼之曰先生，豈非氣燄之所顯現歟。〔註103〕

出身教職者，於知識學問自當高於一般尚未通文墨的小內使，加以侍英宗於東宮，因「機慧狡譎」得英宗之寵幸，所以其間感情非泛常可比。英宗即位時年方九歲，是非善惡尚未能分辨，未能親閱章奏，故於王振多所依賴，王振得掌司禮監，遂擅作威福。〔註104〕

上述言及正統初年唯太后能制王振，然卻未損其用事發生，故孟森說：

自英宗踐阼，王振實早已挾帝用事，非特士奇莫能糾正，即太皇后亦未嘗不牽率其間。〔註105〕

求諸史實，如正統元年二月，太皇太后以士奇等請，始開經筵，《明通鑑》則記云：「時振方用事，考功郎中李茂弘，謂今之月講，不過虛應故事，粉飾太平，而君臣之情不通，睽隔蒙蔽，此可憂也，即日抗章致仕去」〔註106〕。至於士奇、溥爭論廖謨事，太后從振言，已見前述。太皇太后張氏薨之後，干政更見頻繁。遂跋扈不可制，凡巴結諂媚者則擢升，不逢迎者，則深銜且欲

〔註101〕明・嚴從簡，《殊域周咨錄》（台灣，華文書局印行，中華文史叢者之十三，影印本），卷17，「韃靼」，頁16，總頁7。

〔註102〕孟森著，《明代史》，頁134。

〔註103〕巨煥武撰，《明代宦官禍國之研究》（國立政治大學，政治研究所碩士論文，民國51年），頁9～10。

〔註104〕明・鄧球輯，《皇明泳化類編》，內侍，卷123，頁4，總頁⑦583；清・谷應泰撰，《明史紀事本末》，卷29，「王振用事」，頁312。

〔註105〕同註102，頁135。

〔註106〕清・夏燮撰，《明通鑑》，卷22，紀22，正統元年三月條，頁889。

去之，如六年四月，振矯旨以工部郎中王佑爲工部右侍郎。王佑以善伺候振顏色之諂媚而超擢〔註107〕。五月，兵科給事中王永和劾掌錦衣衛事指揮馬順怙寵驕恣，欺罔不法。順爲王振之黨，振不報〔註108〕。八月以士奇薦，召薛瑄爲大理寺少卿，瑄至京朝見不謁振。振令李賢問之，瑄曰：「拜爵公朝，謝恩私室，吾不爲也。」又一日，會議東閣，公卿見振皆拜，唯瑄獨立不拜，振知其爲瑄也，先揖之，且告罪，然自是益深銜之〔註109〕。又預王庭宴一事更可見振之聲勢，按故事，宦者雖寵，不得預王庭宴，六年十月三殿工成，宴百官。英宗使人視王先生何爲，振方大怒曰：「周公輔成王，我獨不可一坐乎。」使人上聞，英宗爲之憮然。於是命東華開中門，聽振出入，振至問故，曰：「詔命公由中出入。」振曰：「豈可乎？」振至門外，百官皆候拜，振始悅〔註110〕。英宗自損帝威，開中門而亂制儀，振雖可惡，其實英宗養癰自斃，權威何能自貶。

明代宦官之跋扈，敢於弄權，除了上述諸多因素，尚有未能忽視者，即太祖罷相後所形成的不健全之制度。雖無宰相其人，但是漸有類似宰相之權力擁有者。本文第三章討論的「內閣制度」，他是「無宰相之名，有宰相之實」者，不過黃宗羲卻不以爲然，而以爲當時有宰相之實權者乃爲宮廷中之宦官，《明夷待訪錄》置相條提到：

> 或謂後人之入閣辦事，無宰相之名有宰相之實也，曰，不然。入閣辦事者，職在批答，猶開府之書記也。其事既輕，而批答之意，又必自內授之而後擬之，可謂有其實乎？吾以謂有宰相之實者，今之宮奴也。（中略），故使宮奴有宰相之實也，則罷丞相之過也。〔註111〕

明代的「宰相」權力分爲票擬與批紅兩部分，古時宰相向皇帝請旨，皇帝只需在可與否之間擇一決定，而明代自罷相以後，雖有大學士代行相權，究竟不是眞正的宰相，大學士所有的權力，在理論上來說，祇不過是代替皇帝擬票，所擬的批答文字，非經御覽同意後不能生效，按照閣票批旨，當時又是交給宮中的司禮太監代辦的。這樣一來，大學士的「相權」就要受到來自司禮太監方面的干擾，這種相權由大學士的擬旨與司禮監的硃批分別行使的方

〔註107〕清・谷應泰撰，《明史紀事本末》，卷29，王振用事，頁313。
〔註108〕同註107。
〔註109〕同註107。
〔註110〕同註107。
〔註111〕清・黃宗羲撰，《明夷待訪錄》，「置相」，頁8。

式是明代政制上的特殊形式。而宦官借「批紅」權而濁亂朝政，往往是與君主之倚信與否息息相關的，皇帝親信太監，事事信從司禮太監的建白；或是不親政事，閣票由司禮太監任意黑白，內閣的相權被奪，政治上的問題也就多了。〔註112〕

由此，明代宦官之首腦部門的司禮監，即成了實際上的批紅者，也就是黃宗羲所謂的「宮奴」。司禮監是宦官十二監中的第一個，監中主要人員有掌印太監一員，秉筆隨堂太監八、九員，他們的職務，據《明史》的記載是「掌印掌理內外章奏及御前勘合，秉筆隨堂掌章奏文書，照閣票批硃」〔註113〕。所謂「批硃」，即是：

> 凡每日奏文書，自御筆親批數本外，皆眾太監分批，遵炤閣中票來
> 字樣，用硃筆楷書批之，間有偏傍偶訛者，亦不防略為改正。〔註114〕

按說，司禮太監批閣票，只「遵照閣中票來字樣」，不得擅自更改，可是既掌掌批答大權，焉肯就此罷休，於是就要「略為改正」了。然在專制時代內閣票擬呈給皇帝看者，怎會不相當謹慎，豈會有「偏旁偶訛」之事，這些只是司禮監欲改動閣議之藉口而已，如此一來，則或駁斥令內閣重擬，甚者則徑自竄改了。

「批硃」之外，據徐觀祚之《花當閣叢談》，卷1所記，其另有一項重要任務，即「傳宣諭旨」：

> 國制司禮監九人，其掌印者一，如首揆（中略），其八人則季輪二人
> 管事，凡內之傳宣，外之奏請屬焉。〔註115〕

因皇帝懶的動筆，有什麼事要辦，便口頭說說，司禮秉筆太監便從旁記錄下來，然後交付內閣繕擬。其程序即是「凡文書由御前發票，司禮監令小奄抱黃袱篋送閣門，典籍官奉而入」〔註116〕。這種口授筆錄，很可能和原意大有出入，且記錄的太監也可能滲入自己的意見。內閣擬好之後，再呈上，太監覺不合意者仍可更改，但此種記錄辦法還算慎重，有時竟連記錄也沒有，只

〔註112〕蘇同炳撰，〈明代相權問題研究〉，《明史偶筆》，頁18～19。
〔註113〕清・張廷玉等纂，《明史》，卷74，職官志三，頁778。
〔註114〕明・劉若愚撰，《酌中志》，卷16，頁1。
〔註115〕明・徐復祚撰，《花當閣叢談》（臺北：藝文印書館，百部叢書集成，借月山房彙影印本），卷1，頁18。
〔註116〕清・錢謙益撰，《牧齋初學集》（臺北：台灣商務印書館，四部叢刊初編集部，據上海商務印天館縮印明崇禎癸未刻本影印），卷47下「大學士孫公行狀」，頁537。

用口頭傳達，或派一個小宦官到內閣說說，如有中旨則小奄口傳曰：「上傳某事如何處分」〔註117〕。甚至軍國大事也是如此，因此常常出現「旨從中降」的事，即是根本不交付內閣，逕自降敕。明代宦官常有假傳聖旨的事，根源便產生在此，而非偶然的現象。

司禮監既負有批閱奏本、傳宣旨意的雙重重責，單憑幾個太監自然是忙不過來的，它底下有一個附屬機關，專作司禮監助手，就是文書房。它的組織及工作乃是：

> 掌房十員，掌收通政司每日封進本章，並會極門京官及各藩所上封本。其在外之閣票，在內之搭票，一應聖諭旨意御批，俱由文書房落底簿發。〔註118〕

其職務相當於機要秘書。而且宦官升入司禮監者，必須是從文書房出來才行〔註119〕，如此其就等於是司禮太監的預備班了，至於司禮監之擔任這種機密任務，究竟開始於明代何時，今日已不可詳考，然《明通鑑》，卷19，宣德元年七月有文記曰：

> 始立內書堂，教習內官監，（中略），自此內官始通文墨，司禮、掌印之下，則秉太監為重。凡每日奏文書，自御筆親批數本外，皆秉筆內官遵照閣中票擬字樣，用硃筆批行，遂與外廷交結往來矣。〔註120〕

則知始自內書堂之設立。王振既是司禮監之太監，又遇年幼的英宗，把他玩於股掌之上並不難，所以獨擅大權。司禮監既成了「真宰相」，內閣的掛名宰相自然只有拱手聽命之份了，無怪乎《明史·職官志三》說司禮太監是「掌印權如外庭元輔，秉筆隨堂視眾輔」。〔註121〕

此外司禮監又是各監局全部宦官的最高指揮，所以派往各地的如鎮守、監軍、榷稅採辦等等，也全由司禮監呈請皇帝調遣任命。同時也兼領東廠、南京守備、內書堂等重要機關，其後，還有三個機關：一個是禮儀房，掌管「一應選婚、選駙馬、誕皇太子女選擇乳婦諸吉禮」〔註122〕。二是中書房，掌管「文華殿中書所寫書籍對聯扇柄等件，承旨發寫，完日奏進」〔註123〕。

〔註117〕同註116。
〔註118〕清·張廷玉等纂，《明史》，卷74，職官志三，頁780。
〔註119〕同註118。
〔註120〕清·夏燮撰，《明通鑑》，卷19，紀19，宣德元年七月條，頁802～803。
〔註121〕同註118。
〔註122〕同註118。
〔註123〕同註118。

三是御前作,掌管「營造龍床龍桌箱櫃之類」〔註124〕,全由司禮掌印或秉筆所兼攝的。

第三節　三楊之死與王振弄權

　　三楊歷事數朝,掌握閣政數十年,其中士奇與榮尤得到數朝的信任與重用。明初之內閣的權位即因其等得寵而形成政治中心,太皇太后張氏尊重閣權,凡事諮詢三楊而後行,三楊之令名內外皆知。然三楊之晚年並不如意,仍難免遭到宦官排斥,三楊遲暮之年未受到禮遇,在宦官的權勢之威脅下,大有心力不濟,徒嘆奈何之慨!

一、楊榮與太皇太后之逝

　　三楊中首先去世的是楊榮,時爲正統五年,榮年七十,當時張太后尚在,王振之權勢已盛,且處心積慮要除掉三楊,時導英宗以重法繩臣下。榮歸省展墓,適靖江王佐敬私饋榮金,榮因歸省而不知,振卻乘此誣榮受宗室之賄,士奇力爲其辯解。榮聞報憤懣還京,卒武林驛〔註125〕,其死因,有謂乃「觸冒瘴疹」〔註126〕,亦有謂「上怒切責自縊死」〔註127〕,迄無定論,不過,與王振是脫不了關係。

　　榮既卒,士奇與溥益孤,七年十月張太皇太后崩,從此王振便肆無忌憚。先是太皇太后大漸,命中官問大學士士奇、溥曰:「國家尚有何大事未舉?」士奇因上三事,其一言「建文君雖亡,曾臨御四年,當修實錄,仍用建文年號」;其二言「太宗詔:『有藏方孝孺諸臣遺書者死』,宜弛其禁」;其三未及上,而太皇太后已崩〔註128〕,於此事,明通鑑引御批三編對三楊有所評驚,文曰:

> 當(時)閣豎擅權肆橫,流毒方深,大事無過于此者,士奇等寧當不以爲隱憂!即誠孝太后亦未嘗不慮貽害,故爾倉猝垂詢。諸臣如

〔註124〕明・劉若愚撰,《酌中志》,卷16,頁9。

〔註125〕明・尹直撰,《謇齋瑣綴錄》,《歷代小史》,卷93,頁9;清・徐乾學撰,《明史列傳》,卷2,頁1018。

〔註126〕明・尹直撰,《謇齋瑣綴錄》,《歷代小史》,卷93,頁9;明・鄧球撰,《皇明泳化類編》,人物卷之五十,頁9,總③543。

〔註127〕明・王世貞撰,〈名卿續紀〉,《紀錄彙編》,卷99,頁7。

〔註128〕清・夏燮撰,《明通鑑》,卷23,紀23,正統七年十月條,頁933。

果忠于爲國,當思此事機難得,一去而不可復挽,即宜列王振罪惡,
亟舉入告,以請速除凶孽,或冀其萬一得行,猶可有裨國政。若建
文君臣之復號弛禁,即未及陳于平時,亦無防俟之異日,有何迫不
及待,而於呼吸難留之頃舉此以塞白乎?至其三未及上,紀者亦不
言其何事,則與前二條之摭拾無當,大略相同。士奇等爲相,雖亦
有小節足稱,而核其實,究不免阿容守位,至是而老將及此,尤不
過浮沈自全而已。史家艷稱三楊相業,果盡可爲定評耶。〔註129〕

二、楊士奇與楊溥之逝

　　在王振擅權專政下,明之政治急劇地轉變成另一個局面,朝廷中大臣以
謟媚而受擢者屢見,如正統七年十二月,王振矯旨以徐晞爲兵部尚書,徐
此府部院諸大臣及百執事乃皆形成俱攫金進見的政治風氣〔註130〕,不少忠良
則死於殺戮之下。如正統八年侍講劉球因朝政腐敗,曾上言十事,即勸皇
帝勤學、親政、別賢否、選禮臣、嚴考覈、愼刑罰、罷營作、定法守、息兵
威、修武備等。此奏原本甚爲平實,然王振卻疑其有諷刺之嫌,而將劉球支
解〔註131〕。同年又以大理少卿薛瑄,祭酒李時勉不禮,而幾陷害於死〔註132〕。
英宗對王振之爲非作歹未加阻止,但是若有人誹謗之,便立刻將誹謗者處死,
如同年內使張環、顧忠匿名寫誹謗語,錦衣衛鞫之得實,詔磔於市,仍令內
官出觀,乃知誹謗振也〔註133〕。除此之外,同年,振作大第於皇城,又作智
化寺於居東以祝釐,自撰碑〔註134〕,這纂列事發生之時,溥仍在內閣,士奇
亦未死,故《名山藏·臣林記》謂之曰:

　　　　王振竊權,楊榮已歿,士奇與溥默默無所明,君子以爲難退。〔註135〕
嗣後士奇既毫,復受子稷之累,堅臥不出,九年去世。這時惟剩溥一人在
朝,年老勢孤,英宗以溥年老宜優閒,內閣乃由陳循、馬愉、曹鼐三人預議
參決〔註136〕。此些皆庸者且委靡,由是大權悉歸振。所以在溥於十一年七月

〔註129〕同註128,頁934。
〔註130〕清·谷應泰撰,《明史記事本末》,卷29,「王振用事」,頁314。
〔註131〕《明英宗實錄》,卷105,正統八年六月丁亥條,頁2~6,總頁2124~2131。
〔註132〕同註130,頁315。
〔註133〕清·谷應泰撰,《明史記事本末》,卷29,「王振用事」,頁316;明·王世貞
　　　　撰,《弇山堂別集》,卷91,中官考二,頁8,總頁4019。
〔註134〕同註130。
〔註135〕明·何喬遠撰,《名山藏·臣林記》,頁3390。
〔註136〕清·夏燮撰,《明通鑑》,卷23,紀二十三,正統九年四月條,頁946。

去世之前，其已操有內閣之柄及生殺予奪之權，如九年駙馬石璟詈家閹，振認為賤其同類，下石璟獄〔註137〕。同年又以監察御史李儼遇振不跪，戍鐵嶺衛〔註138〕。十年以錦衣衛卒王永名書王振罪惡，磔之於市〔註139〕。同年又以一牧馬官之譖而下霸州知州張需於獄，謫戍邊〔註140〕。王振弄權囂張至極，三楊在與王振之爭鬥中逐一倒下，三楊的時代結束，然其在閣時期所已造成的宦禍，卻仍侵蝕著明之朝政，日深一日。

三、麓川之役與土木之變

王振不僅於朝廷中弄權，且好弄兵，英宗在他的蠱惑下，對外戰爭，其一是征麓川之役，國家的消耗極鉅，其二是親征瓦剌，結果成土木失敗，天子蒙塵的大震憾。

王振極力主張對麓川用兵，欲藉此向西南示威。麓川位於今日雲南騰衝縣之西南。太祖時，其酋思倫發曾叛變，後經沐英討伐而平定。英宗即位之初，麓川宣慰使思任發勢力強大，不接受明的約束。正統四年，命雲南總兵黔國公沐晟與左都督方政、右都督沐昂往討，但將帥不和而落敗，復命沐昂代統晟之軍，然久戰無功。後思任發亦厭戰，遣人來貢並上書請罪。時廷臣士奇等主罷兵，士奇曾「論遣將征剿麓川」疏，以成祖為戒，期打消此意，文曰：

> 昔太宗皇帝征討有罪，必先遣人再三撫諭（中略），又慮用兵遠方，雖有將有兵而糧食不足，猝難為力亦所當計（中略），況彼煙瘴之地，大軍難以久駐，而賊得窺伺官軍進退以為出沒，急難成功，臣惓惓愚忠非敢為緩兵之計，但願大兵之行，必出萬全以為國家久安長治之道。〔註141〕

正統六年，以定西伯蔣貴為征蠻將軍，與兵部尚書王驥等，大發江南諸道兵十五萬，遠征麓川，連戰皆捷，思任發不敵逃往緬甸。後思任發復出為寇，七年十月復命蔣貴、王驥等發兵五十萬往討，所戰皆勝，然以未獲思任發，

〔註137〕同註136引書，頁947。
〔註138〕明・王世貞撰，《弇山堂別集》，卷91，中官考二，頁9，總頁4022；清・谷應泰撰，《明史紀事本末》，卷29，「王振用事」，頁314。
〔註139〕同註138。
〔註140〕同註130。
〔註141〕明・楊士奇撰，〈奏對錄〉，《東里別集》，卷3，頁20～22。

一再遣使向緬甸索求，緬甸恐懼，於十年將思任發及其妻子三十二人執送雲南，思任發在途中絕食而死〔註142〕。思任發雖死，其子思機發仍據麓川西孟養之地（今緬北密支那），與明朝為敵，王振必欲生擒思機發以邀譽，於十三年復命驥等率十三萬軍討之，此師至金沙江，造浮梁渡河，進至孟養，將其擊破，然而思機發不知所終，驥回師，擺夷部落又擁思機發之弟思祿為王，復據孟養之地，驥知思氏終不可滅，乃立石金沙江為界，回師〔註143〕。總計三討麓川，每次動兵數逾十萬，轉餉半天下，帑藏耗費數萬，而卒不得思機發。

　　王振跋扈專政最後便產生「土木之變」。北邊瓦剌的也先，由通事口中知道明朝廷的虛實，專候釁端入寇。正統十四年，遣二千餘人至明廷進馬求婚，惟詐稱三千，以多索餽餉。王振怒其奸詐，令禮部計口給餉，且減少馬價，同時言朝廷無許婚之意，也先愧忿之餘，便挾諸部分道入寇，邊報傳來，舉朝為之震動。〔註144〕

　　王振聞也先入寇，以為耀兵機會已到，因勸英宗親征，廷臣懇留，但英宗受了王振的迷惑，遽詔親征。十四年七月十六日，英宗偕王振及官軍五十餘萬人，出居庸關（今河北昌平縣西北）、至宣府（今河北宣化縣），八月一日抵大同，聞前方慘敗真相，震驚非常，振始下令班師，惟敵軍已近，英宗遣將禦之，為敵殺掠殆盡〔註145〕。十三日至土木（今河北懷來縣西），離懷來城僅二十里，因輜重未到，王振不肯進城，英宗乃留駐土木堡，翌日被瓦剌四面包圍。該地旁無水泉，掘地深二丈不得水，人馬飢渴。十五日，瓦剌軍詐退，遣使議和，英宗派通事到瓦剌軍營議和，王振立刻下令移營就水，迴旋之間，行伍已亂，而瓦剌騎兵又四面圍攻，明軍大亂，棄械奔逃，死傷不計其數。英宗本希冀以親軍突圍而脫走，惟被敵人重重包圍，不得已乃下馬盤坐地上，為也先所擄，此即所謂之「土木之變」〔註146〕，而王振亦於此時為護衛將軍樊忠以鎚搥死，並曰：「吾為天下誅此賊」〔註147〕。

〔註142〕清・谷應泰撰，《明史紀事本末》，卷30，「麓川之役」，卷19～23。

〔註143〕同註139，頁323～324。

〔註144〕清・谷應泰撰，《明史紀事本末》，卷32，「土木之變」，頁332。

〔註145〕同註141，頁332～333。

〔註146〕同註141，頁333～334。

〔註147〕關於王振之死說法有二：一乃為樊忠所搥死，此見清・谷應泰撰，《明史紀事本末》，卷29，「王振用事」，頁317。二為亂兵所殺，此見清・張廷玉等纂，《明史》，卷340，列傳192，王振傳，頁3408。

　　從麓川、土木二次戰爭情況之比照（詳見表 5-3），可見此二次戰爭，或
勝、或敗對明之國運皆有極大的損傷。對此，吳緝華認為土木之變是明代開
國以後，所遭到最空前的浩劫，而王振則是罪魁禍首，其文曰：

　　　　明代這一慘痛變局，並不是在正統初年鼎盛時代後，無力抵抗也先，
　　　　乃宦官王振專政禍國的結局。〔註148〕

而《瑣綴錄》則將麓川、土木造成之咎歸於三楊於初不能沮振所致，其論曰：

　　　　振權益專，好大喜功，遂因麓川思機發、仁發兄弟讎殺，遽有麓川
　　　　之征，遣將出師疲耗中國，濫費爵賞所爭荒夷之境，竟何益於中
　　　　國，乃致九溪苗獠乘機不靖。兵連禍局延至葉滿宗鄧茂七黃蕭養輩
　　　　相煽而起，極於土木之大變，此皆三楊失柄於初不能沮振所致也。
　　　　〔註149〕

接著，又曰：

　　　　一時賢相比稱三楊，韙矣！然當其時南交叛違，乾龍易位，敕使旁
　　　　午頻泛西洋曾無一語，權歸常侍，遠征麓川，兵連禍結，極於土木
　　　　之大變，誰實啓之，春秋責備賢者其能逭乎。〔註150〕

表 5-3：麓川、土木戰爭對照表

	麓　川　之　役		土　木　之　變
原因	麓川宣慰使勢強，不接受明之約束		瓦剌之也先入寇
動機	欲藉此向西南示威		以為耀兵之機會
將領	蔣貴、王驥		英宗親征，王振扈從
兵力	正統六年	十五萬人	五十餘萬人
	正統七年	五十萬人	
	正統十三年	十三萬人	
結果	三討麓川，雖終不得滅思氏，然在蔣貴、王驥之善於率領下，所戰皆捷		在王振之不知兵者之誤導下，英宗被擄
影響	此役雖勝，然所耗兵力之眾，國帑之鉅，於明之國運損耗甚鉅		天子蒙塵，明之國祚幾乎斷送

〔註148〕吳緝華著，〈明仁宣時內閣制度之轉變與宦官僭越相權之禍〉，《明代制度史論
　　　　叢上冊》，頁212。
〔註149〕明・尹直撰，《謇齋瑣綴錄》，《歷代小史》，卷93，頁9。
〔註150〕同註149引書，頁8。

誠然，導致明廷危難至此者，三楊難推姑息王振之咎，王振需負專政誤國之罪，而英宗之受王振蠱惑之深，甚且執迷不悟者更是令人不可思議。英宗於正統十一年的敕書，竟把王振當作顧命元臣看待，敕文云：

> 朕惟旌德報功，帝王大典，忠臣報國，臣子至情，爾振，性資忠孝，度量宏深，昔皇曾祖時，特用內臣，選拔事我皇祖，教以詩書，玉成令器，眷愛既隆，勤誠彌篤，肆我皇考，以爾先帝所重，簡朕左右，朕自在春宮，至登大位，幾二十年，爾夙夜在側，寢食弗違，保護贊輔，克盡乃心，正言忠告，裨益實至，特茲敕賞，擢爾後官。詩云，無德不報，書曰，謹終如始，朕朝夕念勞，爾其體至意焉。〔註151〕

對王振之賞賜甚優厚，如十一年賜其白金寶楮綵幣諸物〔註152〕，野獲編且有蟒衣之賜，記曰：

> 蟒衣爲象龍之服，與至尊所御袍相肖，但減一爪耳。正統初始以賞虜首，其賜司禮大璫不知起自何時，想必王振，汪直諸閹始有之。
> 〔註153〕

此外，宦官從沒有子孫世襲爲官，但是英宗便因王振破了例，正統十一年，王振侄林世襲錦衣衛指揮僉事〔註154〕。至最後，英宗爲王振所誤，蒙塵北地，幽居南宮，但對之仍執迷悟，天順元年五月復辟時，即詔復司禮監太監王振官爵，並刻木爲振形，招魂葬之，祀於智化寺，賜額曰旌忠〔註155〕。英宗之謬若此，明室宦官之禍之釀成，其亦難辭其咎。

〔註151〕明・王世貞撰，《弇山堂別集》，卷90，中官考一，頁16，總頁3979～3980；
　　　　清・谷應泰撰，《明史紀事本末》，卷29，「王振用事」，頁316。
〔註152〕清・谷應泰撰，《明史紀事本末》，卷29，「王振用事」，頁316。
〔註153〕明・沈德符撰，《野獲編補遺》，卷2，頁10。
〔註154〕同註152。
〔註155〕清・谷應泰撰，《明史紀事本末》，卷29，「王振用事」，頁317。

第六章　結　論

　　三楊歷成祖、仁、宣、英四朝皇帝，皇恩榮寵渥厚，三人同心輔政之下，出現了仁宣及英宗初年的治平時代，史論明代賢臣必稱「三楊」。然三楊於四朝所獲之皇恩並不盡相同，境遇亦差距殊甚，此與個人之才能、客觀環境與時代需要，及與皇帝私人好惡、仁厚有關。

　　就個人才能來剖析，士奇以「文學」受知，本身學養贍富，在國體政治、禮儀制度方面獻替均多。遇事盡言、不計自身利害，慎謀善慮、堅保「趙邸」之睿智。又處心公正、扶君子而抑小人之操守，故論者以：「三楊而士奇尤爲稱首」〔註1〕。又稱：「士奇有相量，亦饒相才」〔註2〕。但於教子之不明，禍延鄉里，雖有「因公忘私」之詞，卻未能掩其「失教」之過，榮以獨具「警敏果斷」之才能，獲成祖寵任，料敵情之準確，於軍務之諳練，致有三使甘肅、五度扈從北征之功。而於朝政，遇事善決果斷，論事之奮前不疑，不肯苟同，致有「方直剛正」之稱，於政事之績效頗有助益，故論者譽其爲「文武通才」〔註3〕。且論及以士奇之特立，而濟以榮之果決，則何事不成？由是乃謂二楊爲明之「姚崇、宋璟」〔註4〕。然榮汲汲於承主之意，於舉止之際，不免立場欠明。且頗通請謁，未能卻人之餽，雖有「始終全美」之遇，終不能卻「譎而不正」之譏。溥於才能不若士奇與榮，獨以「節操清雅」聞於時，

〔註1〕　明・袁褧撰，《皇明獻實》，台北市，文海出版社，明人文集叢刊第1期，據明藍格鈔本影印，卷26，頁26。
〔註2〕　明・鄧球撰，《皇明泳化類編》，人物，卷50，頁6，總頁③535。
〔註3〕　同註1引書，卷9，頁266。
〔註4〕　同註3。

永樂時切指漢王奪嫡之陰謀，爲其所譖，下獄十年。雖身困囹圄，不改其忠直；雖日與死爲鄰，仍執卷不廢。仁宗釋之而擢用，後與士奇、榮同閣，致有「三楊」的美稱。但獄中生涯，難免使其於以後之待人處事上，過於謹愼小心。於朝廷上，遇事爭可否，則捐棄己見而納之。雖稱「謙恭」，但膽氣不足，實非大器。

就各朝之時代需要而言，成祖全力於武功的開展，榮長於軍事，遂爲成祖專任所寄。成祖原爲九邊塞王之一，蟄居北疆一隅，於國體禮儀多所不知，士奇長於典章制度，乃爲所重。仁宗儲位，幸賴三楊力保，居功甚偉。仁宗孜孜求治，誠摯求言，士奇之勤於進言，有益國政，遂受專任。宣德時期，漢王高煦謀叛，榮力主親征，遂平叛謀，未有擴大，而保全趙王，存成祖血胤，均士奇、溥策劃之功。宣德五年以前，榮得帝君之專任，後以「賄馬」案發而轉向士奇。英宗以幼沖即位，太皇太后委政三楊，致正統七年後太后薨，王振勢漸盛，三楊之聲勢遂挫。

三楊受寵任，久居內閣，歷經四朝，使內閣地位有了改變，由僅備顧問而發展至掌相權之實。這是政治制度發展的一種非正常的現象，也是廢相之後衍生的後果。這制度對以後的中國帝制與家天下的心理影響至大。

就三楊的探究，有數點值得注意的，如：

1. 三楊位望皆鼎盛一時，彼此之間，在建言方面容有不同的意見，卻沒有記恨以致相傾軋，他們畢竟擁有君子的德操，儘管和而不同，全心全力爲君王的輔弼。

2. 人的通榮偃蹇，表面上似有定數，實則與生活素養，過去的訓練、專門有關，如楊榮得成祖之信賴，因軍事見長，仁宣時，士奇見寵，則政務人事與眾不同，溥則以處世實學而見重，故三人或起或落，幅度不大，而明代自三楊之後不再見斯類人才，足見明初太祖培植人才與多方羅致，其功至後常愈彰著。

3. 三人到了年老力衰時均受掣王振，如非四朝君主之寵任有餘威，後果及他們的子孫所遭遇，尚不止於史上所記述，不免令人感懷府中任何制度均受制於宮中主子所豢養的宦寺，在這種牽制或打擊下，明代尚勉強支撐十七朝始亡，恐怕要歸功於中國地大物博，元氣深厚，不至一時即洩光所致吧！

　　促成內閣地位之提升，前景看好，不幸的，此時卻為明代宦寺之患開始，論者於三楊之與宦禍說詞各異，有謂「三楊歿，王振乃盛」；有謂「三楊在，王振已盛」。「冰凍三尺，非一日之寒」，明代君主任用宦官由來已久，三楊於當時朝廷的地位舉足輕重，王振擅權相對的壓制了三楊，故難辭其責。

　　明代君主即令太祖亦任用宦官，不過監責甚嚴。建文帝時已有被用於監軍。成祖改變戰略，直驅南京，得力於宦官甚大，遂力以任用，凡出使、監軍、鎮守，甚至領東廠事，納全國官民於偵察範圍之中。權勢甚盛，幸成祖的約束嚴格，才不致有竊權之舉。仁、宣以後，宦官權勢遂難制，宣宗時設立「內書堂」教育小太監，宦官既能通曉文墨，乃逞其智巧以事君，加上「條旨」之制度，遂進而控制朝政，奪「相權」之柄。

　　造成此種情況，是三楊之不為與不能所致。不為者，對於內書堂初設，及「條旨」制度廢面議，在此期間不見三楊有勸諫之言，仁、宣二帝納諫，理應盡力建言，即使未獲見納，亦為職分所當。再者，王振之囂張，初太皇太后有心制之，甚至曾加刃於振之頸，三楊卻姑息養奸，竟與英宗一同跪地為其求免，以三楊之卓識，豈會不知宦官之心，無非因以祿位薰心，深恐得罪王振，使振勢盛不可復制。然而，三楊亦有「不能」之苦。王振狡黠，於英宗又有抱提之功，為英宗曲加寵愛。此外，「宰相」權力分為票擬批紅，批紅權既為司禮所操縱，太監借此濁亂朝政，內閣之相權終為所奪。

圖 6-1：成祖北征圖

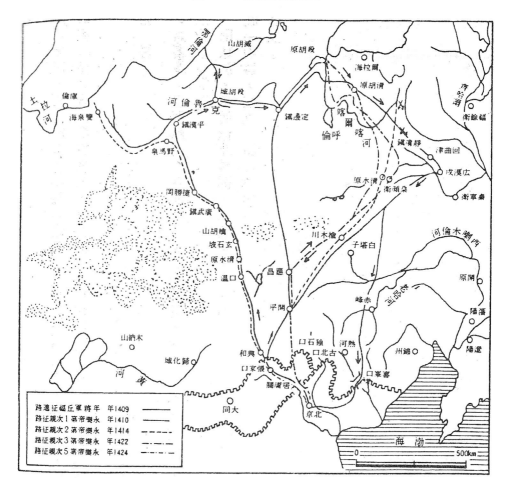

（本圖採自梁嘉彬編，明代歷史圖說，頁 60）

圖 6-2：土木之形勢圖

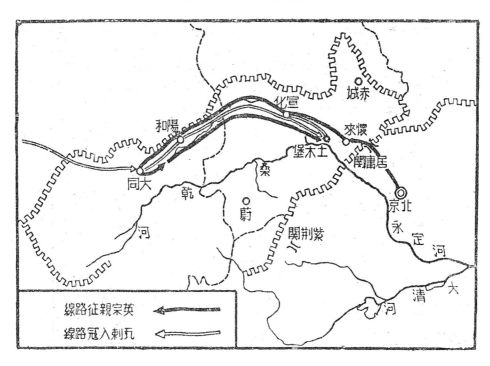

（本圖採自陳致平著，中華歷史 9，頁 158）

參考書目

壹、重要史料

1. 明·卜世昌訂撰：《皇明通鑑述遺》，12 卷，臺北：廣文書局，民國 61 年 8 月初版，影印本，全 4 冊。

2. 明·王兆雲撰：《皇明詞林人物考》，12 卷，明萬曆刊本，全 24 冊，國立中央圖書館善本室藏。

3. 明·王屯貞撰：《明卿績紀》，4 卷。臺北：藝文印書館，百部叢書集成之十六，紀錄彙紀第五函，據明萬曆沈節甫輯，陳于廷刊，紀錄彙編本影印，全 1 冊。

4. 明·王世貞撰：《明詩評》，《紀錄彙編》，卷 119～120，臺北：藝文印書館，百部叢書集成之十六，《紀錄彙編》第五函，據紀錄彙編本影印，全 53 頁。

5. 明·王世貞撰：《列朝盛事》，臺北：文每出版社，《明清史料彙編》，初集，第 1 冊，影印本。

6. 明·王世貞撰：《弇山堂別集》，100 卷，臺北：臺灣學生書局，民國 54 年 5 月初版，影印本，全 6 冊。

7. 明·王世貞撰：《弇州山人續稿》，臺北：文海出版社，民國 59 年 3 月初版，影印本，全 18 冊。

8. 明·王世貞撰、董復表編：《弇州史料前集》，30 卷，明萬曆間刊本，國立中央圖書館善本室藏。

9. 明·王世貞撰：《新刻增補藝苑巵言》，16 卷，明萬曆十七年武林樵雲書舍刊本，國立中央圖書館善本室藏本，全 8 冊。

10. 明·王圻撰：《稗史彙編》，175 卷，臺北：新興書局，民國 60 年 3 月初版，據明萬曆庚戌年刻本影印，全 4 冊。

11. 明·王圻撰：《續文獻通考》，254 卷，臺北：新興書局，民國 54 年 3 月

新 1 版，影印本。

12. 明·王直撰：《抑菴集》，50 卷，臺北：臺灣商務印書館，四庫珍本八集，全 14 冊。

13. 清·王維屏等修纂：《石首縣志》，8 卷，首末各 1 卷，乾隆六十年刊本，全 6 冊，國立故宮博物院藏本。

14. 清·王鴻緒編：《明史稿》，235 卷（志 30 卷、列傳 250 卷），臺北：文海出版社，民國 51 年 11 月初版，據敬慎堂刊橫雲山人集本影印，全 7 冊。

15. 明·王瓊撰：《雙溪雜記》，不分卷，臺北：藝文印書館，百部叢書集成之六今獻彙言，影印本，全 26 頁。

16. 明·尹守衡撰：《明史竊》，105 卷，臺北：華世出版社，民國 67 年 4 月，第 1 版，據民國 23 年東莞博物館刊本影印，全 4 冊。

17. 明·尹直撰：《謇齋瑣綴錄》，《歷代小史》，卷 93，臺北：藝文印書館，百部叢書集成之七歷代小史第二函，據明李栻輯刊歷代小史本影印，全 57 頁。

18. 《明內廷規制考》，不著撰人，3 卷，借月山房彙鈔第十集，臺北：藝文印書館，百部叢書集成之四十八，借月山房彙鈔第七函，據清嘉慶張海鵬輯刊借月山房彙鈔本影印，全 1 冊。

19. 《明史斷略》，不著撰人，不分卷，臺北：藝文印書館，百部叢書集成之四八，借月山房彙鈔第七函，據清嘉慶張海鵬輯刊借月山房彙鈔本影印，全 55 頁。

20. 《御選明臣奏議》，不著撰人，40 卷，臺北：臺灣商務印書館，四庫珍本九集，全 12 冊。

21. 《諸司職掌》，不著撰，13 卷，臺北：國立中央圖書館，玄覽堂叢書初輯第 12～13 冊，民國 70 年 8 月臺初版，據明刊影印，全 2 冊。

22. 明·申時行等重修：《大明會典》，228 卷，臺北：新文豐出版社，民國 65 年 7 月初版，影印本，全 5 冊。

23. 清·永瑢等撰：《歷代職官表》，72 卷，臺北：臺灣商務印書館，《國學基本叢書》，民國 57 年 3 月臺 1 版，全 2 冊。

24. 明·朱國禎撰：《湧幢小品》，32 卷，臺北：新興書局，筆記小說大觀，正編，第 3 冊，頁 1867～2132。

25. 清·朱榮實纂修：《石首縣志》，8 卷，同治丙寅年刊本，全 12 冊，國立故宮博物院藏本。

26. 清·朱彝尊編：《明詩綜》，100 卷，內附靜志居詩話，臺北：世界書局，民國 51 年 2 月初版，據康熙刻本影印，全 2 冊。

27. 明·沈雁魁撰：《皇明名臣言行錄》，34 卷，明嘉靖三十二年刻本，中研院史語所藏本。

28. 明‧沈德符：《野獲編》，30 卷，附補遺 4 卷，臺北：藝文印書館，百部叢書集成之二十四，學海類編第 17～18 函，影印本，全 18 冊。

29. 明‧沈德潛輯：《明詩別裁》，12 卷，臺北：臺灣商務印書館，民國 57 年 9 月臺 1 版，《國學基本叢書》。

30. 明‧宋濂等撰、清‧附洪鈞撰：《元史》210 卷，《元史譯文證補》，臺北：洪氏出版社，標點校刊本，民國 64 年元月初版，全 7 冊。

31. 明‧李日華撰：《官制備考》，2 卷，明崇間錢蔚起刊本，國立故宮博物院藏本。

32. 明‧李紹文撰：《皇明世說新語》，8 卷，明萬曆庚戍雲間李氏原刊本，國立中央圖書館善本室藏。

33. 明‧李賢撰：《古穰集》，30 卷，臺北：臺灣商務印書館，四庫珍本二集，全 3 冊。

34. 明‧李賢撰：《古穰雜錄》，《歷代小史》，卷 94，臺北：藝文印書館，百部叢書集成之七歷代小史，影印本，全 12 頁。

35. 明‧李賢撰：《天順日錄》，1 卷，臺北：新興書局，筆記小說大觀十九編，第 7 冊，頁 4221～4304。

36. 明‧李賢撰：《明一統志》，90 卷，臺北：臺灣商務印書館，四庫珍本七集，全 14 冊。

37. 明‧何良俊：《四友齋叢說》，38 卷，臺北：藝文印書館，百部叢書集成之十六，《紀錄彙編》第十函，據明隆慶原刻本影印，全 8 冊。

38. 明‧何喬遠撰：《明山藏》，35 卷，臺北：成文出版社，民國 60 年 1 月臺 1 版，據明崇禎十三刊本影印，全 20 冊。

39. 明‧谷應泰撰：《明史紀事本末》，80 卷，臺北：三民書局，民國 58 年 4 月出版，全 2 冊。

40. 明‧太祖敕撰：《皇明祖訓》，1 卷，明刊本，全 1 冊，國立中央圖書館善本室藏。

41. 明‧邱濬撰：《重編瓊臺稿》，24 卷，臺北：臺灣商務印書館，四庫珍本四集，全 4 冊。

42. 明‧金幼孜撰：《北征錄》，1 卷，臺北：新興書局，民國 62 年 4 月，影印本，筆記小說大觀八編第 5 冊，頁 3063～3106。

43. 明‧金幼孜撰：《北征後錄》，1 卷，臺北：興書局，民國 62 年 4 月，影印本，筆記小說大觀八篇第 5 冊，頁 3107～12118。

44. 明‧金幼孜撰：《金文靖集》，10 卷，臺北：臺灣商務印書館，四庫珍本二集，全 8 冊。

45. 明‧涂山編：《明政統宗》，30 卷，臺北：成文出版社，民國 58 年臺 1 版，據明萬曆四十三年刻本影印，全 7 冊。

46. 明・祝允明：《野記》，《歷代小史》，卷 79，臺北：藝文印書館，百部叢書集成之七，歷代小史第十六函，據明李栻輯刊本影印，全 67 頁。

47. 明・皇甫錄撰：《皇明紀略》，《歷代小史》，卷 85，臺北：藝文印書館，百部叢書集成之七，歷代小史，據明李栻輯刊本影印，全 31 頁。

48. 明・胡儼撰：《頤菴文集》，2 卷，臺北：臺灣商務印書館，四庫珍本四集，全 1 冊。

49. 明・俞汝楫撰：《禮部志稿》，100 卷，臺北：臺灣商務印書館，四庫珍本初集，全 12 冊。

50. 清・姚文淵：《元明事類鈔》，40 卷，臺灣商務印書館，四庫珍本初集，全 4 冊。

51. 清・查東山撰：《罪惟錄》，97 卷，臺北：臺灣商務印書館，四部叢刊三編史部，據上海涵芬樓影印吳興劉氏嘉業堂藏手稿本影印，全 4 冊。

52. 明・胡應麟撰：《詩藪》，四編（內、外、續、雜編），臺北：廣文書局，民國 62 年 9 月初版，影印本，全 1020 頁，共 3 冊。

53. 明・凌迪知撰：《國名世類苑》，46 卷，明萬曆乙亥吳興凌氏原刊本，全 32 冊，國立中央圖書館善本室藏本。

54. 明・唐樞撰：《國琛集》，《紀錄彙編》，卷 102～103，臺北：藝文印書館，百部叢書集成之十六，《紀錄彙編》第五函，據明萬曆沈甫輯陳廷刊本影印，全 48 頁。

55. 清・席吳鼇撰：《內閣志》，不分卷，臺北：藝文印書館，百部叢書集成之四八，借月山房彙鈔第七函，據清嘉慶張海鵬輯刊影印，全 12 頁。

56. 明・夏原吉撰：《忠靖集》，6 卷，臺北：臺灣商務印書館，四庫珍本四集，全 1 冊。

57. 清・夏燮撰：《新校明通鑑》，103 卷，臺北：世界書局，民國 51 年 11 月初版，全 6 冊。

58. 明・耿定向撰：《先進遺風》，2 卷，臺北：藝文印書館，百部叢書集成之二八，寶顏堂秘笈第九函，據明萬曆繡水沈氏尚白齋刻本影印，全 2 冊。

59. 明・耿定向撰：《碩輔寶鑑》，20 卷，臺北：文海出版社，明人文集叢刊，第 1 期，據明藍格鈔本影印，全 4 冊。

60. 明・袁袠撰：《皇明獻實》，38 卷，臺北：文海出版社，明人文集叢刊，第 1 期，據明鈔本影印，全 2 冊。

61. 清・孫承澤撰：《天府廣記》，44 卷，臺北：大立出版社，民國 69 年 11 月初版，全 721 頁。

62. 清・孫承澤撰：《春明夢餘錄》，44 卷，臺北：大立出版社，民國 69 年 10 月初版，據光緒九年孟春刻成版藏廣州惜分陰館古香齋本影印，全

1061 頁。

63. 明・孫繼宗等修纂：《明英宗實錄》，361 卷，臺北：中研院史語所，民國 52 年刊行，據紅格抄本微捲影印，1～17 冊，附校勘記 3 冊。

64. 明・徐孚達等編：《皇明經世文編》，508 卷，臺北：國聯出版社，民國 53 年 11 月出版，據明崇禎間平露堂刊本影印，全 30 冊。

65. 明・徐紘編：《明名臣琬琰錄》，本錄 24 卷，續錄 22 卷，臺北：臺灣商務印書館，四庫珍本六集，全 4 冊。

66. 清・徐乾學撰：《明史列傳》，93 卷，臺北：臺灣學生書局，民國 59 年 12 月初版，據國立中央圖天館藏舊鈔本影印，全 10 冊。

67. 明・徐復祚：《花當閣叢談》，8 卷，臺北：藝文印書館，百部叢書集成之四八，借月山房彙鈔第十五集，第十一函，據清嘉慶張海鵬輯刊本影印，全 4 冊。

68. 明・徐熥撰：《徐氏筆精》，8 卷，臺北：臺灣商務印書館，四庫珍本十集，全 2 冊。

69. 明・徐學聚撰：《國朝典彙》，200 卷，臺北：臺灣學生書局，民國 54 年元月初版，影印本，全 4 冊。

70. 明・許浩撰：《兩湖塵談錄》，《歷代小史》，卷 95，臺北：藝文印書館，百部叢書集成之七，歷代小史，據明李栻輯刊本影印，全 11 頁。

71. 明・許浩撰：《復齋日記》，《歷代小史》，卷 96，臺北：藝文印書館，百部叢書集成之七，歷代小史，據明李栻輯刊本影印，全 91 頁。

72. 清・高宗敕撰：《御批歷代通鑑輯覽》，120 卷，臺北：新興書局，民國 48 年 10 月初版，影印本，全 12 冊。

73. 清・高宗敕撰：《續通志》，640 卷，臺北：新興書局，民國 54 年 3 月新 1 版，影印本，全 4 冊。

74. 清・高宗敕撰：《續通典》，150 卷，臺北：新興書局，民國 52 年新 1 版，全 1 冊。

75. 明・陳于陛撰：《意見》，1 卷，臺北：新興書局，筆記小說大觀十三編，第 5 冊，頁 3029～3052。

76. 明・陳仁錫撰：《皇明世法錄》，92 卷，臺北：臺灣學生書局，民國 54 年元月初版，據國立中央圖書館藏本影印，全 4 冊。

77. 明・陳田輯：《明詩紀事》，187 卷，臺北：中華書局，民國 60 年 7 月臺 1 版，據中研院史語所藏本光緒貴陽陳氏聽詩齋刊本影印，全 10 冊。

78. 明・陳伯陶纂修：《東莞縣志》，102 卷，臺北：臺灣學生書局，廣東方志之八，民國 57 年 4 月初版，據民國 10 年鉛印本影印，全 10 冊。

79. 明・陳建撰：《皇明通紀法傳全錄》，50 卷，明崇禎刊本，中研院史語所藏。

80. 明・陳循：《芳洲文集》，21 卷，明萬曆二十一年陳以躍建安刊本，全 8 冊，國立中央圖書館善本室藏微捲。

81. 明・陳壽祺等撰：《福建通志》，278 卷，臺北：華文書局，中國省志彙編之九，民國 57 年 10 月初版，據同治十年重刊影印，全 10 冊。

82. 清・陳鶴撰：《明紀》，60 卷，臺北：世界書局，民國 56 年 12 月再版，全 2 冊。

83. 明・陸容撰：《菽園雜記》，15 卷，臺北：廣文書局，民國 59 年 12 月初版，影印本，全 1 冊。

84. 明・陸楫撰：《兼葭堂雜著摘抄》，《紀錄彙編》，卷 204，臺北：民智出版社，民國 54 年 10 月臺 1 版，影印本，全 1 冊。

85. 清・陸壽名撰：《續太平廣記》，8 卷，臺北：新興書局，《筆記小說大觀》，十編，第 7～8 冊，頁 3855～4766。

86. 明・馮夢龍編：《增廣智囊補》，28 卷，臺北：新興書局，《筆記小說大觀》，正編，第 3 冊，頁 1331～1500。

87. 明・馮應京編：《皇明經世實用編》，28 卷，臺北：成文出版社，民國 56 年 8 月臺 1 版，據明萬曆版本影印。

88. 明・勞堪撰：《國朝憲章類黨》，42 卷，明萬曆初年刊本，國立中央圖書館善本室藏本（二部一部殘）。

89. 明・項篤壽撰：《今獻備遺》，42 卷，臺北：臺灣商務印書館，四庫珍本三集，全冊。

90. 明・黃光昇撰：《昭代典則》，28 卷，明萬曆二十八年，金陵周日校刊本，國立中央圖書館善本室藏本。

91. 明・黃佐撰：《翰林記》，20 卷，臺北：藝文印書館，百部叢書集成之九三，嶺南遺書第二函，據清道光伍崇曜校刊影印，全 4 冊。

92. 明・黃佐、廖道南撰：《殿閣詞林記》，22 卷，臺北：臺灣商務印書館，四庫珍本九集，全 4 冊。

93. 清・黃宗羲撰：《明夷待訪錄》，臺北：世界書局，民國 63 年第 3 版，全 1 冊。

94. 明・黃訓編：《名臣經濟錄》，53 卷，臺北：臺灣商務印書館，四庫珍本三集，全 10 冊。

95. 明・黃景昉著：《國史唯疑》，臺北：正中書局，民國 58 年 12 月臺 1 版，全 822 頁。

96. 明・黃瑜撰：《雙槐歲抄》，10 卷，臺北：新興書局，民國 62 年 4 月，影印本，《筆記小說大觀》第 4 篇第 8 冊，頁 641～1102。

97. 民國・張仲炘、楊承禧等撰：《湖北通志》，172 卷，臺北：華文出版社，《中國省志彙編》之五，民國 56 年 12 月初版，據民國 10 年重刊本影印，

全 8 冊。

98. 清・張廷玉等修纂：《明史》，332 卷，臺北：國防研究院明史編纂委員會，民國 52 年 4 月臺初版，新刊本，全 6 冊。

99. 清・張坦纂輯：《石首縣志》，7 卷，清乾隆元年刊本，全 8 冊，國立故宮博物院藏本。

100. 清・張和仲纂：《千里百眼》，12 卷，臺北：新興書局，《筆記小說大觀》，正編，第 6 冊，頁 3469～3545。

101. 清・張岱撰：《明紀史闕》，不分卷，臺北：臺灣學生書局，據國立中央圖天館藏舊抄本影印，全 109 頁。

102. 明・張鹵編：《皇明制書》，20 卷，臺北：成文出版社，民國 58 年，據明萬曆年間刻本影印，全 6 冊。

103. 明・張嘉和撰：《皇明通紀直解》，16 卷，南明刊本，中立中央圖書館善本室藏本，全 20 冊。

104. 明・張懋等纂修：《明憲宗實錄》，293 卷，臺北：中研院史語所，民國 52 年刊行，據紅格抄本微捲影印，1～12 冊，附校勘記 2 冊。

105. 明・程敏政輯：《皇明文衡》，100 卷，目錄 2 卷，臺北：臺灣商務印書館，據明刊本影印，在四部叢刊初編第 108 冊。

106. 明・傅維麟撰：《明書》，171 卷，臺北：藝文印書館，百部叢書集成之九四，畿輔叢書第 36～41 涵，據清光緒王灝輯刊原本影印，全 50 冊。

107. 明・傅鳳翔編纂：《皇明詔令》，211 卷，臺北：成文出版社，民國 59 年 9 月臺 1 版，據明嘉靖版本影印，全 4 冊。

108. 明・焦竑撰：《國朝獻徵錄》，120 卷，臺北：臺灣學生書局，民國 54 年元月初版，影印本，據國立中央圖書館藏善本影印，全 8 冊。

109. 明・焦竑撰：《皇明人物考》，6 卷，明萬曆年間閩建書林葉貴刊本，附明・張復撰，考 1 卷，國立中央圖書館善本室微捲，全 8 冊。

110. 明・雷禮撰：《內閣行實》，臺北：臺灣學生書局，民國 59 年 12 月初版，影印本，全 1 冊。

111. 明・雷禮撰：《國朝列記》，165 卷附索引，臺北：成文出版社，民國 59 年 10 月臺 1 版，據明刊本影印，全 25 冊。

112. 明・雷禮撰：《國朝列卿年表》，139 卷，明隆萬間海寧查志隆刊本，全 16 冊，國立中央圖書館善本室藏本。

113. 明・楊士奇等編：《文淵閣書目》，20 卷，臺北：藝文印書館，百部叢書集成之三九，《讀畫齋叢書》第五函，據清嘉慶顧修輯刊本影印，全 6 冊。

114. 明・楊士奇撰：《東里全集》，文集 25 卷，詩集 3 卷，續集 62 卷，別集 3 卷，臺北：臺灣商務印書館，四庫珍本七集，全 20 冊。

115. 明·楊士奇等修纂：《明太宗實錄》，274 卷，臺北：中研院史記所，民國 52 年刊行，據紅格抄本微捲影印，1〜6 冊，附校勘記 2 冊。

116. 明·楊士奇等修纂：《明仁宗實錄》，10 卷，臺北：中研院史記所，民國 52 年刊行，據紅格抄本微捲影印，1 冊，附校勘記 1 冊。

117. 明·楊士奇等修纂：《明宣宗實錄》，115 卷，臺北：中研院史記所，民國 52 年刊行，據紅格抄本微捲影印，1〜6 冊，附校勘記 1 冊。

118. 明·楊士奇撰：《歷代名臣奏議》，350 卷，臺北：臺灣學生書局，民國 53 年，影印本，全 6 冊。

119. 明·楊廉撰、徐咸續、王宗沐補編：《皇朝名臣言行錄》，14 卷，明廣西臬臺刊嘉靖癸丑臨海王氏增刊本，國立中央圖書館善本室藏本微捲。

120. 明·楊榮撰：《文敏集》，25 卷、附錄，臺北：臺灣商務印書館，四庫珍本四集，全 4 冊。

121. 明·楊撰：《北征記》，《紀錄彙編》，卷 34，臺北：藝文印書館，百部叢書集成之十六，紀錄彙編第二函，據明錄彙編本影印，全 10 頁。

122. 明·過庭訓纂集：《本朝（明）分省人物考》，115 卷，臺北：成文出版社，民國 60 年元月臺 1 版，據明天啓二年刊本影印，全 30 冊。

123. 清·裘君弘撰：《西江詩話》，12 卷，臺北：廣文局書，民國 62 年 9 月初版，影印本，全 2 冊。

124. 明·葉盛撰：《水東日記》，40 卷，臺北：藝文印書館印行，百部叢書集成之十六，紀錄彙編第七函，據清康熙賜書樓重校刻本影印，全 8 冊。

125. 清·趙之謙：《江西通志》，180 卷，臺北：華文書局，中國省志彙編之四，民國 56 年 12 月初版，據清光緒七年刊本影印，全 8 冊。

126. 清·趙翼撰：《二十二史箚記》，36 卷，補遺 1 卷，臺北：世界書局，民國 69 年 2 月第 8 版，全 2 冊。

127. 清·趙翼撰：《陔餘叢考》，43 卷，臺北：新文豐出版社，民國 64 年 11 月初版，影印本，全 4 冊。

128. 明·談遷撰：《國榷》，104 卷，附北游錄 9 卷，臺北：鼎文書局，民國 67 年 7 月初版，全 10 冊。

129. 明·劉廷元撰：《國朝名臣言行略》，4 卷，明當湖劉氏原刊本，國立中央圖書館善本室藏本，全 8 冊。

130. 明·劉孟雷：《聖朝名世考》，11 卷，明萬曆間原刊本，國立中央圖書館善本室藏本微捲。

131. 明·劉若愚撰：《酌中志》，24 卷，臺北：藝文印書館，百部叢書集成之六十，海山仙館叢書第七函，據清道光潘仕成輯刊本影印，全 4 冊。

132. 明·鄧元錫撰：《皇明書》，存 42 卷，明萬曆間刊本，（缺卷 42），國中中央圖書館善本室藏本，全 24 冊。

133. 明‧鄧球撰：《皇明泳化類編》，136 卷，臺北：國風出版社，民國 54 年 4 月初版，據明隆慶間刊鈔補本影印，全 8 冊。

134. 明‧鄧球撰：《皇明泳化類編》，17 卷，臺北：成文出版社，民國 56 年 9 月臺 1 版。

135. 明‧鄭瑗撰：《井觀瑣言》，3 卷，臺北：藝文印書館，百部叢書集成，寶顏堂秘笈，影印本，全 1 冊。

136. 清‧鄭端撰：《政學錄》，5 卷，臺北：藝文印書館，百部叢書集成之九四，畿輔叢書第四三函，據清光緒王灝輯刊本影印，全 5 冊。

137. 明‧鄭曉撰：《今言》，344 卷，臺北：廣文書局，筆記續編，民國 58 年 9 月初版，全 1 冊。

138. 明‧鄭曉撰：《吾學編》，69 卷，明隆慶元年海鹽鄭氏原刊本，全 24 冊，國立中央圖書館善本室藏本。

139. 明‧鄭曉撰：《皇明大政記》，10 卷，明萬曆己亥海鹽鄭氏重刊吾學編本，全 6 冊，國立臺灣大學藏善本書。

140. 清‧錢大昕撰：《十駕齋養新錄》，20 卷，附錄餘錄 3 卷，錢辛楣先生年譜，竹汀居士年譜續編，臺北：廣文書局，民國 57 年 1 月初版，影印本，全 4 冊。

141. 清‧錢謙益撰：《列朝詩集小傳》，81 卷，臺北：世界書局，54 年 4 月再版，全 2 冊。

142. 清‧錢謙益撰：《牧齋初學集》，110 卷，臺北：臺灣商務印書館，四部叢刊初編集部，據上海商務印書館編印明崇禎癸未刻本影印，全 2 冊。

143. 明‧薛應旂撰：《憲章錄》，47 卷，明萬曆二年湖陸光宅刊本，全 10 冊。

144. 清‧龍文彬：《明會要》，80 卷，附例略 1 卷、目錄 1 卷，民國 52 年 4 月第 2 版，全 2 冊。

145. 明‧嚴從簡輯：《殊域周咨錄》，24 卷，臺灣華文書局，中華文史叢書之十三，據國立臺灣大學圖書館藏鉛印本影印，全 2 冊。

146. 明‧蘇鎰撰：《太師楊文敏公年譜》，4 卷，明嘉靖三十一年福建巡按曾佩刊藍印本，全 2 冊，國立中央圖書館善本室藏本微捲。

147. 明‧顧炎武撰、清‧黃汝成集釋：《日知錄集釋》，32 卷，臺北：世界書局，民國 63 年 7 月第 5 版，全 2 冊。

貳、一般論著

一、中　文

（一）專　書

1. 清‧王頌蔚：《明史考證攈逸》，臺北：臺灣學生書局，民國 57 年 4 月初

版，影印本，全 622 頁。

2. 李俊著：《中國宰相制度》，臺北：臺灣商務印書館，民國 69 年 1 月臺 2 版，全 240 頁。

3. 李晉華編：《明代敕撰書考》，臺北：成文出版社，民國 64 年 10 月初版，全 162 頁。

4. 杜乃濟：《明代內閣制度》，臺北：臺灣商務印書館，人人文庫，民國 69 年 6 月第 3 版，全 324 頁。

5. 孟森著：《明代史》，修訂本，臺北：華世出版社，民國 66 年 9 月二印，影印本，全 392 頁。

6. 孟森等著：《明史編纂考》，臺北：臺灣學生書局，明史論叢之一，民國 57 年 1 月初版，全 332 頁。

7. 吳緝華著：《明代制度史論叢》，睿齋論史存稿第二集，臺北：臺灣學生書局，人人文庫，民國 60 年 2 月初版，全 2 冊。

8. 吳榮光編：《歷代名人年譜》，臺北：臺灣商務印書館，人人文庫，民國 67 年 9 月臺 1 版，全 2 冊。

9. 周道濟著：《中國宰相制度研究》，臺北：華岡出版部，民國 63 年 2 月出版，全 345 頁。

10. 林明哲編：《中國歷代名人畫像彙編》，臺北：偉文圖書公司，民國 66 年出版，全 1 冊。

11. 梁啟超著：《中國歷史研究法補編》，臺北：臺灣商務印書館，民國 65 年 12 月台第 5 版，全 176 頁。

12. 梁嘉彬編：《明代歷史圖說》，臺北：新新文化公司，中國歷史圖說第 10 冊，民國 68 年 5 月初版，全 393 頁。

13. 陶希聖、沈任遠合著：《明清政治制度》，臺北：臺灣商務印書館，民國 66 年 1 月第 3 版，全 200 頁。

14. 陳守實等著：《明史考證抉微》，臺北：臺灣學生書局，明史論叢之二，民國 57 年 4 月初版，全 259 頁。

15. 陳致平著：《中華通史》，第七篇近古史，明史篇，臺北：黎明文化事業公司，民國 67 年 11 月出版，第 9～10 冊。

16. 陳萬鼐撰：《明惠帝出之考證》，臺北：百成書店，民國 49 年 4 月初版，全 116。

17. 黃開華撰：《明史論集》，香港：誠明出版社，民國 61 年印行，全 681 頁。

18. 張金鑑著：《中國文官制度史》，臺北：華岡出版部，民國 66 年 11 月，第 3 版，全 237 頁。

19. 楊樹藩著：《明代中央政治制治》，臺北：臺灣商務印書館，岫廬文庫，

民國 67 年 5 月初版，全 246 頁。

20. 葉慶炳、邵紅同編：《明代文學批評資料彙編》，臺北：成文出版社印行，民國 68 年出版，全 2 冊。

21. 箭內互（日本）博士著、和田清增補、李毓澍編譯：《中國歷史地圖》，臺北：九思出版社，民國 66 年 11 月二修版，全 1 冊。

22. 黎東方著：《細說明朝》，臺北：傳記文學出版社，民國 66 年 10 月 1 日初版，全 433 頁。

23. 黎傑著：《明史》，臺北：九思出版社，民國 67 年 9 月 10 日臺 1 版，全 650 頁。

24. 錢基博著：《明代文學》，臺北：臺灣商務印書館，人人文庫，民國 62 年 11 月臺 1 版，全 123 頁。

25. 錢穆著：《中國歷代政治得失》，臺北：東大圖書公司印行，民國 66 年 6 月初版，全 162 頁。

26. 錢穆著：《中國歷史精神》，臺北：東大圖書公司，民國 65 年 12 月修訂版，全 166 頁。

27. 錢穆等著：《明代政治》，臺北：臺灣學生書局，明史論叢之四，民國 57 年 8 月初版，全 278 頁。

28. 錢穆著：《國史大綱》，臺北：臺灣商務印書館，民國 63 年 11 月修訂 1 版，全 701 頁。

29. 蘇同炳撰：《明史偶筆》，臺北：臺灣商務印書館，人人文庫，民國 65 年 7 月，第 2 版，全 125 頁。

（二）論　文

1. 巨煥武著：《明代宦官禍國之研究》，國立政治大學，政治研究所碩士論文，民國 51 年。

2. 李民實著：《明代文官之考選與任用》，國立政治大學，公共行政研究所碩士論文，民國 67 年。

3. 周龍著：《明代的宦官》，國立臺灣大學，歷史研究所碩士論文，民國 49 年。

4. 張治安著：《明代內閣制度之研究》，國立政治大學，政治研究所博士論文，民國 59 年 7 月。

5. 張治安著：〈明代內閣的票擬〉，國立政治大學學報，第 24 期，民國 60 年 10 月，頁 143～156。

6. 張治安著：〈明代廷議之研究〉，國立政治大學學報，第 27 期，民國 62 年 5 月，頁 245～268。

7. 張治安著：〈明代翰林院之組織及職掌〉，國立政治大學學報，第 32 期，

民國 64 年 12 月，頁 13～40。

8. 張榮林著：〈明代吏部文選清吏司職掌研究〉，國立政治大學，政治研究所博士論文，民國 65 年元月博士論文。

9. 黃彰健著：〈論明史所記四輔官事〉，中研院史語所集刊三十本，民國 48 年 10 月，頁 557～595。

10. 湯承業著：〈略論明代之內閣〉，國立政治大學學報，第 40 期，民國 68 年 12 月出版，頁 195～204。

11. 楊樹藩著：《明代文官制度之研究》，國科會 57 年度研究補助論文，1968～1969 年。

12. 楊樹藩著：〈明代的內閣〉，國立政治大學學報，第 18 期，民國 57 年 12 月出版，頁 315～338。

13. 蔡泰彬著：《夏原吉研究》，中國文化大學，史學研究所碩士論文，民國 70 年 6 月。

二、英文專書

1. Goodich, L. Carrington, *Pictionary of ming Biography 1368～1644,* Newyork. Colum Bia University, 1976, 1751 PP.

附錄：三楊年表

年號	年代	干支	西元	楊士奇 年齡	楊士奇 經歷	楊士奇 職銜	楊榮 年齡	楊榮 經歷	楊榮 職銜	楊溥 年齡	楊溥 經歷	楊溥 職銜
(元)至正	二五	乙巳	1365	1	出生							
	二六	丙午	1366	2	父卒							
	二七	丁未	1367	3	隨母改嫁羅性							
(明)洪武	一	戊申	1368	4								
	二	己酉	1369	5								
	三	庚戌	1370	6								
	四	辛亥	1371	7	復宗		1	十二月九日出生				
	五	壬子	1372	8			2			1	出生	
	六	癸丑	1373	9			3			2		
	七	甲寅	1374	10			4			3		
	八	乙卯	1375	11			5			4		
	九	丙辰	1376	12			6	入小學		5		
	十	丁巳	1377	13	通經		7			6		
	十一	戊午	1378	14			8	祖達卿卒		7		
	十二	己未	1379	15	為邑弟子師		9			8		
	十三	庚申	1380	16			10			9		
	十四	辛酉	1381	17			11			10		
	十五	壬戌	1382	18			12			11		
	十六	癸亥	1383	19	游章貢		13			12		
	十七	甲子	1384	20			14			13		
	十八	乙丑	1385	21			15			14		
	十九	丙寅	1386	22			16			15		

	二十	丁卯	1387	23			17	是歲，選補郡庠生		16		
	二一	戊辰	1388	24			18			17		
	二二	己巳	1389	25			19			18		
	二三	庚午	1390	26			20			19		
	二四	辛未	1391	27			21			20		
	二五	壬申	1392	28			22			21		
	二六	癸酉	1393	29			23			22		
	二七	甲戌	1394	30	娶劉氏		24			23		
	二八	乙亥	1395	31			25			24		
	二九	丙子	1396	32			26			25		
	三十	丁丑	1397	33			27			26		
	三一	戊寅	1398	34	以薦舉授吳王府審理副留翰林任編纂		28			27		
建文	一	己卯	1399	35			29	秋，舉鄉試第一		28	舉鄉試第一	
	二	庚辰	1400	36			30	春舉會試第三廷試擢第二甲第三賜進士出身授翰林院編修		29	與榮同甲進士，授翰林院編修	
	三	辛巳	1401	37			31			30		
	四	壬午	1402	38	六月成祖即位，七月爲編修，九月入內閣，十一月進侍講		32	七月爲修撰，九月入內閣，十一月進侍講		31	七月爲修撰	
永樂	一	癸未	1403	39		文淵閣	33	九月夫人劉氏卒	文淵閣	32		
	二	甲申	1404	40	四月兼左春坊左中允，九月賜五品公服	文淵閣	34	四月進右諭德，九月賜五品公服冬繼娶夫人劉氏	文淵閣	33	四月司經局洗馬仍兼編修，十一月命任總裁，重修「文獻大成」	
	三	乙酉	1405	41		文淵閣	35		文淵閣	34		
	四	丙戌	1406	42		文淵閣	36		文淵閣	35		
	五	丁亥	1407	43	十一月陞左春坊左諭德仍兼侍講	文淵閣	37	五月奉命使甘肅，十一月陞右庶子仍兼侍講	文淵閣	36		

序	干支	西元	年齡	事蹟	職	年齡	事蹟	職	年齡	事蹟	職
六	戊子	1408	44	十一月受命輔皇長孫	文淵閣	38	六月以父卒去，十一月起復，十一月受命輔皇長孫，十二月以母卒去	文淵閣	37		
七	己丑	1409	45	二月命輔東宮監國	文淵閣	39	正月命起復扈從巡狩北京，七月往使甘肅	文淵閣	38		
八	庚寅	1410	64		文淵閣	40		文淵閣	39		
九	辛卯	1411	47	十月重修太祖實錄爲纂修官	文淵閣	41	九月皇太子命爲諸皇孫講學，十月重修太祖實錄爲總裁。	文淵閣	40		
十	壬辰	1412	48	二月，獲給誥命封贈三代主禮闈。	文淵閣	42	十一月使甘肅	文淵閣	41		
十一	癸巳	1413	49	二月命輔皇太子監國	文淵閣	43	二月扈狩北京	文淵閣	42		
十二	甲午	1414	50	閏九月下獄尋釋	文淵閣	44	三月扈征瓦剌，十一月命修「五經四書性理大全」任總裁	文淵閣	43	八月主試應天闈，九月下獄	
十三	乙未	1415	51		文淵閣	45		文淵閣	44	獄中	
十四	丙申	1416	52	十二月撰「歷代名臣奏議」成	文淵閣	46	四月進翰林院學士仍兼庶子	文淵閣	45	獄中	
十五	丁丑	1417	53	二月進翰林學士仍兼諭德	文淵閣	47	三月扈幸北京	文淵閣	46	獄中	
十六	戊戌	1418	54		文淵閣	48	五月以胡廣卒命掌翰林院事	文淵閣	47	獄中	
十七	己亥	1419	55		文淵閣	49		文淵閣	48	獄中	
十八	庚子	1420	56		文淵閣	50	閏正月進文淵閣大學士兼翰林院大學士	文淵閣大學士	49	獄中	
十九	辛丑	1421	57	正月進左春坊大學士	文淵閣	51	四月三殿災反應機警	文淵閣大學士	50	獄中	
二十	壬寅	1422	58	九月下獄尋釋復職	文淵閣	52		文淵閣大學士	51	獄中	
二一	癸卯	1423	59		文淵閣	53	七月復扈駕西征	文淵閣大學士	52	獄中	

年號	年	干支	西元		楊士奇	職		楊榮	職		楊溥
	二二	甲辰	1424	60	七月成祖崩，八月仁宗即位進禮部左侍郎兼華蓋殿大學士，九月進少保賜「繩愆糾繆」章，十一月進少傅兼秩如故	華蓋殿大學士	54	八月進太常卿仍兼前職，九月進太子少傅置謹身殿大學士命兼之賜「繩愆糾繆」章	謹身殿大學士	53	八月釋出獄擢翰林學士
洪熙	一	乙巳	1425	61	正月支兵部尚書太子少傅英武殿大學士三奉辭尚書祿、四月賜「楊貞一」銀章，五月修「太宗實錄」作總裁。仁宗崩六月宣宗即位，閏七月任總裁修「仁宗實錄」	華蓋殿大學士	55	進資善大夫太子少傅兼支尚書太學三俸、辭尚書俸、不允。五月任總裁修「太宗實錄」。閏七月任總裁、修「仁宗實錄」	謹身殿大學士	54	正月開弘文閣於思善門，溥領閣事。三月為太常寺卿兼學士
宣德	一	丙午	1426	62	八月以高煦反，出征扈從。	華蓋殿大學士	56	正月任總裁修「歷代臣鑒」、「外戚鑒」八月扈從征高煦	謹身殿大學士	55	八月扈從征高煦
	二	丁未	1427	63		華蓋殿大學士	57	二月賜「方直剛正」銀章	謹身殿大學士	56	二月命溥為禮部會試考官
	三	戊申	1428	64	八月巡邊扈從，十月以年高命輟有司之務，朝夕侍上而職名俸職如故	華蓋殿大學士	58	八月巡邊扈從，十月以年高命輟有司之務職名俸職如故	謹身殿大學士	57	八月巡邊扈從
	四	己酉	1429	65		華蓋殿大學士	59		謹身殿大學士	58	八月、丁母憂尋起復
	五	庚戌	1430	66		華蓋殿大學士	60	四月為少傅、仍兼二職階榮祿大夫三俸俱支。八月獲領從一品誥贈三代祖考如榮之官。十月扈從	謹身殿大學士	59	十月扈從

六	辛亥	1431	67	七月帝微行幸士奇宅	華蓋殿大學士	61	三月進講文華殿	謹身殿大學士	60	
七	壬子	1432	68		華蓋殿大學士	62		謹身殿大學士	61	
八	癸丑	1433	69	三月命選會試之榜,十月滿三考賜敕	華蓋殿大學士	63		謹身殿大學士	62	
九	甲寅	1434	70	九月扈從巡邊	華蓋殿大學士	64	九月扈從巡邊	謹身殿大學士	63	八月進爲禮部尚書、仍兼學士
十	乙卯	1435	71	正月宣宗崩英宗即位上表「論初即位事宜」。七月敕修「宣宗實錄」任總裁	華蓋殿大學士	65	七月敕修宣宗實錄、任總裁	謹身殿大學士	64	七月敕修「宣宗實錄」
正統 一	丙辰	1436	72	二月知經筵事	華蓋殿大學士	66	二月知經筵事,三月進講文華殿,五月奏少傅滿六載	謹身殿大學士	65	二月知經筵事
二	丁巳	1437	73		華蓋殿大學士	67		謹身殿大學士	66	
三	戊午	1438	74	四月陞少師	華蓋殿大學士	68	四月陞少師	謹身殿大學士	67	四月陞少保兼禮部尚書武英殿大學士	武英殿大學士
四	己未	1439	75	二月展墓,五月還	華蓋殿大學士	69			68		武英殿大學士
五	庚申	1440	76	七月言「備荒之政」	華蓋殿大學士	70	二月展墓,七月二日卒	謹身殿大學士	69		武英殿大學士
六	辛酉	1441	77		華蓋殿大學士				70	二月、省墓	武英殿大學士
七	壬戌	1442	78	八月賜三代誥命,十一月子稷被逮至京	華蓋殿大學士				71	八月賜三代誥命	武英殿大學士
八	癸亥	1443	79		華蓋殿大學士				72		武英殿大學士
九	甲子	1444	80	二月十四日卒	華蓋殿大學士				73	七月乞休,不允	武英殿大學士
十	乙丑	1445							74		武英殿大學士
十一	丙寅	1446							75	七月十四日卒	武英殿大學士

明宦官王振之研究

王文景　著

作者簡介

王文景，臺灣省臺南縣人，1970 年生。國立中興大學歷史學系學士、碩士，現為國立中興大學歷史學研究所博士班研究生。研究明清史與通識歷史教育等專題，現任中國醫藥大學通識教育中心講師，著有《影像、資訊、虛擬與歷史》（98 年出版），執行校內專題研究計畫〈明代醫學中的醫病關係考察——從生命史學的觀點出發〉並在《通識教育年刊》、《通識教育學報》、《通識教育與跨域研究》等發表學術論文數篇。

提　要

　　本文分五章探討。第一章為明初宦官組織與權勢的發展。探討宦官組織的建立與二十四衙門之由來及宦官權勢發展。第二章探討王振竊權的契機。論述王振對司禮監及錦衣衛與東廠的掌控。第三章為王振的竊權。探討王振與英宗之關係及王振如何侵奪閣權以及他與士大夫間之關係。第四章探討王振與土木之變。探討王振用事時的對外態度及引發土木之變的原因。第五章則探討王振的宦官意識與宦官現象。

　　明初太祖廢相後，內閣漸行丞相之責，復有條旨施行。內閣與皇帝間章奏往返，由司禮監居中傳遞。英宗即位後，令王振出掌司禮監，遂以此控制內閣。又，廠衛本為皇帝的監控機構，為控制臣下之具，王振以廠衛監視內外廷臣，反對其議者必下獄殺之，遂得以欺上瞞下，竊權干政。又欲立威朝中，遂對外發動麓川之征。此役專務西南而忽略北方防務，以致蒙古族勢盛。因處置邊務失當使也先愧怒入侵，而有土木之變起。王振欲導英宗親征，其決定突然，行事倉促，復因不知兵事，決策錯誤，終至英宗被俘，其亦身死行伍。王振為閹人，宜從心理學上的人格發展予以研究。藉由意識形態之探討，或可得到較合理解釋，對其擅權行為亦可得到某種程度之釐清。

目次

前　言

　　宦官是中國傳統王權統治制度下的附屬特殊產物，自周朝起便已存在，隨著時代與中國王朝的更替不斷轉變，以迄明、清，始終未曾消失，即使是非中原漢族文化所建立的王朝如金、元與清等朝代亦然，可說是無代無之。

　　中國宦官制度存在的原因有三點，一是隨著帝王世襲制度的確立，復加上一統帝國的建立與權力的高度集中，承嗣問題越來越受到重視，而如何保持君王嫡系血統的純潔性，為第一要務，宦官就在這樣的心態下產生。第二是歷代的統治者中，由於皇帝本身大多擁有無止境的慾望，為滿足其慾，遂有後宮的存在，人主之多慾正是宦官出現和得以長期延續的原因。第三是君王要實現對臣下的絕對控制，並防止有人覬覦皇位。宦官們既無嫡系後裔，又無社會地位，他們被教育成家奴，不論是個人或是宦官群體，都得依附皇帝而生存，他們可以作為皇帝的心腹、耳目，但不會有篡奪帝位的顧慮。〔註 1〕由此觀之，宦官存在的意義與實用性，主要便是用來服侍帝王宮室，充當帝王家奴。他們終日陪伴在君王身旁，阿意逢迎，因此帝王們對此輩遂多所親信。除少數皇帝能有所戒慎外，多數的皇帝都是無法避免以宦官為親。

　　在國史上，明代可說是宦官體制的天下，尤其是宦官王振的出現與竊權，形成日後明代內政上一項特殊的現象，即大臣必須與宦官合作方能有效推行朝政。本文就是以王振個人為出發點，研究其權勢的發展，和其對明代歷史的影響。

　　關於史料方面，本文主要以《明實錄》、《明史》、《大明會典》、《弇山堂

〔註 1〕 參閱杜婉言《中國宦官史》（臺北：文津出版社，1996 年出版）頁 3～5。

別集》、《酌中志》等爲主。前人研究成果，則有黃彰健〈論祖訓錄所記明初宦官制度〉、吳緝華〈明仁宣時內閣制度之變與宦官僭越相權之禍〉、張存武〈說明代宦官〉、張治安〈宦官權勢之發展及其與內閣之關係〉、吳智和〈明代正統國變與景泰興復〉、川越泰博〈土木の變と親征軍〉等相關論文。但這些論文並非針對王振個人之專題研究。蔡慶順《明代宦官研究》和巨煥武《明代宦官禍國之研究》二論著，對明代宦官竊權干政雖有所剖析，但主要由政治學角度作觀察。以上諸論著皆可作爲本文之參考。

本文主要分五章來探討。第一章爲明初宦官組織與權勢的發展。第一節探討宦官組織的建立。明初宦官組織，只有內使監和御用監，然終洪武之世，已成十二監、七局、二司共二十一衙門，此即後來成祖時內府二十四衙門之奠基。太祖時宦官組織由外廷吏部所司，成祖時改由內廷所掌，至此宦官自成一體系，組織龐大，人數日增。第二節探討宦官權勢的發展。太祖時嚴控宦官，定制內使箸衣食於內、不得御外臣服、不得與諸監移文往來、不得識字、禁預政典兵，終太祖之世，宦官無所犯。成祖時始重用宦官，其間的轉變，主要是因宦官助其奪位有功，故凡出使、監軍等皆使其行之。雖仍以法嚴控，稍不法則治之，然已壞太祖之制。宣宗時又於內府設內書堂教宦官讀書，壞太祖禁宦官讀書識字之令，自是宦官多曉文墨，逞其智巧，擴展其權勢。

第二章探討王振竊權的契機。第一節探討王振對司禮監的掌控。明初廢相後，內閣漸行丞相之責，宣宗時又有條旨的施行。由於內閣與皇帝間章奏之往返，是由十二監之首司禮監居中傳遞，而英宗即位後，令王振掌司禮監以示寵，王振遂得藉此控制內閣。第二節探討王振對錦衣衛與東廠的掌控。廠衛本爲皇帝御用的監控機構，其中錦衣衛爲太祖所創，東廠則爲成祖所設，二者皆爲皇帝控制臣下之具，但王振以親信任用於廠衛，利用廠衛監視內外廷臣，有反對其議者必下獄治之，甚或殺之。

第三章爲王振的竊權。第一節探討王振與英宗之關係。英宗幼時，王振即入東宮服侍，得英宗信賴。及即位，令掌司禮監，尊稱先生而不名，言聽計從，又對其賞賜過濫，王振能竊權實爲英宗之庇。第二節探討王振侵奪閣權。正統初，太皇太后監國，內閣權在三楊，朝政清明。然太皇太后與三楊先後死去，繼任者又無能與王振相抗，王振遂得以侵奪內閣之權。第三節探討王振與士大夫之關係。王振以閹人而竊權，爲朝中正直士大夫所恥，遂產生衝突。但亦有同流合污之人，曲意奉承，結黨營私。王振拉攏曲意媚己者，

接受其輩之賄賂並予以超擢任官，不從己者則以廠衛之勢盡去之，甚或殺害。

　　第四章探討王振與土木之變。第一節探討王振的對外態度。王振用事，欲立威朝中，因此有麓川之征。麓川之役本非必要，勞師動眾，僅有小獲，王振則以此自滿，此對其日後處理邊務問題反產生盲點。第二節探討土木之變的原因。麓川之役專務西南而忽略北方防務，以致也先勢盛。又，王振縱黨營私於邊鎮在先，加以處置邊務失當於後，遂使也先愧怒而入侵。第三節探討王振與土木之變。土木之變起，王振導英宗親征，其決定突然，行事倉促，復因不知兵事，決策錯誤，終至英宗被俘，其亦身死行伍。明國勢之中衰，與此變不無關係。

　　第五章探討王振的宦官意識與宦官現象（意識形態與行為現象）。第一節探討王振的宦官意識。王振身為閹人，其生理與常人不同，故宜從心理學上的人格發展予以研究。又，其以閹人身分面對環境等之挫折時如何防衛等，藉由其意識形態之探討，或可得到較合理的解釋。第二節探討王振的宦官現象。宦官現象歷朝皆有，明代大致是自宮求進、崇尚佛道、廣建佛寺及報復諸行為。王振擅權，權傾一時，對社會必有所影響，而明代宦官現象與其亦有所互動。研究王振的宦官現象，對其擅權行為或可得到某種程度的釐清。

　　宦官在中國依存於帝王體制下由來已久，明代並非首創，雖然太祖朱元璋注意並留心防範，但是百密難免一疏，宦官制度無法根除，則擅權干政的問題便無法徹底解決。嚴格來說，王振竊權主要還是因為環境的變遷及制度的缺失所致。後人論英宗朝之無善政，決非僅僅只是王振一人之過失。本文希望能以有限的史料，探討王振竊權干政的原因與影響，並藉此對明代宦官干政的現象有一較完整的瞭解。

第一章　明初宦官組織與權勢的發展

　　宦官在中國歷史上可謂無代無之，它與中國最早的國家組織幾乎是同時產生，成為君主制度下不可分割的複雜綜合體，明朝宦官專權更為國史中所罕見。明初，宦官權勢的發展有兩個關鍵。首先太祖朱元璋在位時，創立明的政經規模，也替明建立一套宦官體系，數傳後逐形成內府二十四衙門。太祖雖明令禁止宦官擅權干政且嚴格執行。〔註1〕但是宦官組織龐大，反而提供日後宦官與朝臣奪權進而干預政事的有利因素，形成日後尾大不掉的禍源。第二個關鍵是明代政權由太祖到成祖時對宦官態度的改變。太祖雖然禁止宦官竊權，但由於明成祖朱棣發「靖難」之師，奪其姪兒惠帝之位，謀位不正，無法完全取得朝中內外大臣的信服，為防朝中內外大員有貳心，只有轉而任用助其謀位有功的宦官。另成立由宦官主導的監察機構「東廠」，正式任命宦官從事監軍、採買等諸事，使宦官權勢開始有一個新的發展空間。〔註2〕成祖以後，由於宦官組織的不斷擴權，如司禮監地位的提昇，宣宗時期又成立內府內書堂的機構，因此宦官開始逐步掌握批答奏章的權力，這些因素無疑替日後宦官干政鋪路，使其能奪權干政。〔註3〕

〔註 1〕據王世貞《弇山堂別集》（北京：中華書局，1985 年出版），卷九十，〈中官考一〉，頁 1720 載：「明興，高皇帝神斷自天，朋亡不眤，雖制各監局以處中貴人，而不兼文武銜，不侵外廷政，不御外臣冠服。蓋三十年之間，而宮府謐如也。」

〔註 2〕據趙翼《廿二史劄記》（臺北：華世出版社，1977 年出版），卷三十五，頁 805 載：「永樂中，遣鄭和下西洋，侯顯使西番，馬騏鎮交阯，且以西北諸將，多洪武舊人，不能無疑慮，乃設鎮守之官，以中人參之，京師內又設東廠偵事，宦官始進用。」

〔註 3〕同上書，同卷，頁 806～807 載：「宣宗始設內書堂，選小內侍，令大學士陳

第一節　宦官組織的建立

　　明朝開國之君朱元璋（1328～1398），以布衣平民的身份，興起於元末群雄並立的亂世。歷經十餘年的舉兵征伐，終於驅逐蒙古人並一統群雄，建立明朝，使中國再度恢復爲漢人統治的局面，而他也成爲自西漢高祖劉邦以來，第二位平民出身的皇帝。朱元璋一統中原後，心中明白守成不易，創業惟艱的道理。當天下底定，鑑於元代的覆亡，更爲鞏固既成的帝業，因此他考究歷代施政的得失，特別注意制度的確立。〔註4〕

　　明太祖雖留心政治，但對中國歷朝所遺留下的宦官制度，卻未能廢除。因爲在他心中，宦官是用來服侍內廷及傳遞使令時不可缺的奴僕，只可用法規嚴御，不可使其因放縱而爲亂。據《弇山堂別集》載：

> 諭之曰：朕觀《周禮》所記，（宦官）未及百人，後世至踰數千，卒爲大患。……古時此輩所治，止於酒漿醯醢司服守祧數事，今朕亦不過以備使令，非別有委任。可斟酌其宜，毋令過多。……「此輩」自古以來，求其善良，千百中不一二見，若用以爲耳目，即耳目蔽矣，以爲腹心，即腹心病矣。馭之之道，但常戒飭，使之畏法，不可使之有功，有功則驕恣，畏法則檢束，檢束則自不敢爲非也。〔註5〕

太祖認爲依周禮所記，當時閹宦數目不及百人，但後世則達數千人，因此遂成爲大患。若依古制，宦官的工作僅僅止於提供宮中酒、漿、醋（醯）、肉醬（醢）、服裝等服務之事。其亦不過令此輩代爲傳遞使令，他以爲若無特殊委派，可以斟酌適宜，不必任用太多宦官。因自古以來的經驗，宦官中少有善良者，所以不可用爲耳目或成爲心腹。控制的方法是要經常加以戒斥，使其畏法，不可使其有功。有功便會驕縱，畏法則會收斂而不敢爲亂。太祖有這樣的想法，因此對宦官加以控制。另一方面宦官的職務與機構也隨著皇室規模的擴大而不斷擴充，在其晚年大致確立日後明代宦官的整體組織。〔註6〕

　　　　山教之，遂爲定制……數傳之後，勢成積重……然正統之初，三楊當國，振尚心憚之未敢逞。迨三楊相繼沒，而後跋扈不可制。」

〔註4〕 參閱曾唯一〈朱元璋的集權與明中後期的政治腐敗〉：《四川師院學報》1985年第三期，成都，社科版，1985年3月）頁3～4。

〔註5〕 王世貞《弇山堂別集》（北京：中華書局，1985年出版），卷九十一，〈中官考二〉，頁1739。

〔註6〕 參閱張廷玉《明史》（臺北：臺灣商務印書館，1976年出版），卷七十四，〈職官三〉，頁24～25。

　　明代宦官組織的建立，可追溯自吳元年起，據載，吳元年（元至正二十七年；1367）九月丁亥，時稱吳王的朱元璋，在宮內首先建立內使監及御用監二職，並任用閹人，這是有關明代宦官組織建立最早的記錄。〔註7〕後來稱帝建明，宮府規模擴大，宦官人數與編制漸感不足。洪武二年（1369），便增加內倉監一職，成為內使、御用、內倉三監。〔註8〕但洪武六年（1373）時，太祖卻將內倉監改制為內府倉，御用監則改為供奉司，故先前所建立的內使監、御用監、內倉監三監，至此又回復到剩下內使監一職。〔註9〕洪武十年（1377），新置神宮內使監一職。〔註10〕十二年（1379），又新添置內府尚衣、尚履、尚冠三監，並將尚佩局升格為尚佩監。〔註11〕十七年（1384）時，確立內府九監，分別是內宮（由內使監改）、神宮、尚寶、尚衣、尚膳、司設、御馬、司禮、直殿等監。其中司禮監是由洪武六年時所設的內正司改制而來。〔註12〕到洪武二十八年（1395），新增加孝陵神宮、印綬二監，進一步擴充為十一監，但孝陵神宮監日後遭廢除，復置御用監取代。〔註13〕洪武三十年（1397）時再添置都知監一職，宦官十二監至此完備。〔註14〕

　　隨著宦官組織的建立，太祖也同時規定宦官品秩及服飾、月俸等事，以有別於外廷。據《弇山堂別集》載，吳元年（1376）時宮內設宦官官職，任用閹人為之役使服侍，此時品秩最高的監令，是正三品。這是有關明宦官品秩記錄中最高的，但日後隨即廢除，並規定宦官品秩不可高過四品。〔註15〕同年十二月丙寅，定內使冠服之制，以與外廷區隔。洪武四年（1371）正月

〔註 7〕王世貞《弇山堂別集》（北京：中華書局，1985年出版），卷九十，〈中官考一〉，頁1721。

〔註 8〕同上註。

〔註 9〕同上書，同卷，頁1722。

〔註10〕同上書，同卷，頁1723。

〔註11〕同上註。

〔註12〕參閱《太祖實錄》（臺北：中研院史語所，1965年出版），卷八十五，洪武六年十月壬辰條，頁7下。

〔註13〕據王世貞《弇山堂別集》（北京：中華書局，1985年出版），卷九十，〈中官考一〉頁1726載，洪武二十八年時置十一監時有之，但與日後正式的十二監職名相較，孝陵神宮卻又被御用監取代。

〔註14〕同上書，同卷，頁1726。

〔註15〕同上書，同卷，頁1721載，到洪武三年時，所定之宦官品秩中，最高仍可達從三品，後則皆無高於正四品，而據《明史》卷三〇四，〈宦官傳序〉，頁1載，「定制……官無過四品」知太祖改其品秩，定最高只為正四品。

時，命吏部定宦官月俸，雖中書省臣建議，將宦官俸祿月領米九斗，更訂為月給米三石，但為太祖所阻。太祖告戒說：「內使單衣食於內，自有定額，彼得俸將焉用之？但月支稟米一石足矣。」〔註16〕禮部遵其意，遂定宦官月給米一石。同月甲辰，命吏部訂定內監等官品秩，各監官皆授予正式官品，以有別於廷臣。〔註17〕

　　太祖分別在洪武二年（1369）、三年（1370）、四年（1371）、六年（1373）、八年（1375）、十年（1377）、十二年（1379）、十七年（1384）、二十八年（1395）、三十年（1397）對宦官組織進行大小不一的擴充與改制，茲列表如下。

表一之一：明初宦官組織興革表

時　　間	（改）設制內容	官　　職	品　　秩
吳元年九月丁亥（元至正二十七年）（1367）	初置內使監	監令	正四品
		丞	正五品
		奉御	從五品
		內使	正七品
		典簿	正八品
		皇門官	正五品
		皇門使	正五品、副從五品
吳元年	後改置為內使監、御用監。	令一人	正三品
		丞二人	從三品
		奉御	正六品
		典簿	正七品
		皇門官	正四品、副從四品
		春宮門官	同上
	置御馬司	司正	正五品、副從五品
	置尚寶兼守殿、尚冠、尚衣、尚佩、尚履、尚藥、記事等奉御。	奉御	皆正六品
吳元年十二丙寅	定內使冠服制		
洪武二年六月己巳（1369）	定置內使監職務。新設奉御六十人	尚寶一人	正六品
		尚冠七人	正六品
		尚衣十人	正六品

〔註16〕同註12，卷六十，洪武四年正月乙巳條，頁8上。
〔註17〕參閱《太祖實錄》（臺北：中研院史語所，1965年出版），卷六十，洪武四年正月甲辰條，頁7下。

		尙佩九人	正六品
		尙履八人	正六品
		尙藥七人	正六品
		紀事二人	正六品
		執膳四人	正六品
		司脯二人	正六品
		司香四人	正六品
		太廟司香四人	正六品
		涓潔二人	正六品
洪武二年六月己巳（1369）	置尙酒、尙醋、尙麵、尙染四局	局正一人	正五品
		局副二人	從五品
	置御馬、御用二司	司正一人	正五品
		司副二人	從五品
	置內府庫	大使一人	
		副使二人	
	置內倉監	令一人	
		丞二人	
	置東宮典璽、典膳、典服、典藥、典乘兵六局	局郎一人	
		丞一人	
	置門官；午門、東華門、西華門、玄武門、奉天門、左右順門、左右紅門、皇宮門、坤寧門、宮左門、宮右門	門正一人，副一人	
	置東宮門官；春和門、東宮後門、宮左門、宮右門	門正一人，副一人	
洪武三年八月甲辰（1370）	定倉庫官品級	監令	從五品
		丞	從六品
		提點	從六品
		大使	從六品
		副使	從七品
八月乙巳	改內使監、御用監秩，皆改從三品	令	從三品
		丞	正四品
		皇門官	從四品
		門官	正從四品副從五品
		春宮門官	同上
十月壬戌	重定內使服飾之制		

洪武四年閏三月乙丑（1371）	命吏部定內監等官秩品		
	內使監	令	正五品授中衛大夫
		丞	從五品授侍直大夫
		皇門官	門正正六品授內侍郎、門副從六品授內直郎
		尚寶奉御	同皇門官副
		尚冠等奉御	
		內府庫大使	正七品授正奉郎
	內倉監	令	
		庫副使	從七品授正衛郎
		倉丞	同上
		局	局正正六品授內侍郎副從六品授內直郎
		司	
	東宮門官	門	門正正六品授內侍郎副從六品授
		局	內直郎
	王府承奉司	承奉	從六品正授內直
		門	郎副正七品授正
		所	奉郎
洪武五年（1372）	定宦官禁令		
洪武六年六月己酉（1373）	更內倉監為內府倉，以內倉監令為承運庫，仍設大使、副使	大使，監丞	為副使，內府庫為
洪武八年二月壬申（1375）	改內府鈔庫為寶鈔庫	大使一人副使一人	正七品
洪武十年十二月戊申(1377)	設置神宮內使監一職，掌管太廟灑掃陳設之事	監令	正五品
		丞	從五品
		司香奉御	正七品
		典簿	從九品
	置天地壇祠祭署、神壇署	署令	正七品
		丞	從七品
		司香奉御	正八品
	置甲、乙、丙、丁、戊五庫	大使	正七品
		副使	從七品

洪武年代	事項	門/職	品級
洪武十年十二月戊申（1377）	置皇城門官	端門	各設門正門副一
		承天門	人門正正七品門
		東長安門	副從七品
		西長安門	
		東安門	
		東上門	
		東上南門	
		東上北門	
		西安門	
		西上門	
		西上南門	
		西上北門	
		北安門	
		北上門	
		北上東門	
		北上西門	
洪武十二年四月丁巳（1379）	置內府尚衣、尚冠、尚履三監 置針工、皮作、巾帽三局 置甲、乙、丙、丁四庫 改尚佩局為尚佩監		
洪武十六年（1383）	置內府寶鈔廣源庫	大使一人	正九品（＊01）
		副使一人	從九品（＊02）
	置內府寶鈔廣惠庫，職掌出納帛，出則廣惠庫掌，入則廣源庫掌	大使二人	正九品（＊03）
		副使二人	從九品（＊03）
洪武十七年四月癸未（1384）	新定內官諸監、庫、局及外承	運等庫局	品致及職務
	尚宮局	尚宮一人	正五品
		司記	正六品
		司言	
		司簿	
		司闈	
		掌記	正七品
		掌言	
		掌簿	
		掌闈	
		女使六人	

洪武十七年四月癸未（1384）	尚衣局	尚儀一人	正五品
		司籍	正六品
		司樂	
		司賓	
		司贊	
		掌籍	
		掌樂	正七品
		掌賓	
		掌贊	
		女使二人	
	尚服局	尚服一人	正五品
		司寶	從五品
		司仗	
		司衣	
		司飾	
		掌寶	
		掌衣	
		掌仗	
		掌飾	
		女使二人	
	尚食局	尚食一人	正五品
		司膳	從五品
		司醖	
		司藥	
		司饎	
		掌膳	
		掌醖	
		掌藥	
		掌饎	
		女使二人	
	尚寢局	尚寢一人	正五品
		司設	從五品
		司輿	
		司苑	
		司燈	
		掌設	
		掌輿	
		掌苑	
		掌燈	
		女使二人	

		尚功一人	正五品
		司制	從五品
		司珍	
		司綵	
	尚功局	司計	
		掌製	
		掌珍	
		掌綵	
		掌計	
		女使二人	
		宮正一人	正五品
	宮正司	司正一人	正六品
		女使二人	
		令一人	正六品
	確立九監：內官監	丞二人	從六品
		典籍一人	正九品
		令一人	正七品
洪武十七	神宮監	丞一人	從七品
年四月癸		奉御一人	正八品
未（1384）	尚寶監	令一人	正七品
		丞一人	從七品
		令一人	正七品
	尚衣監	丞一人	從七品
		奉御四人	正八品
	尚膳監	令一人	正七品
		丞一人	從七品
		令一人	正七品
	司設監	丞一人	從七品
		奉御四人	正八品
	司禮監	令一人	正七品
		丞一人	從七品
	御馬監	令一人	正七品
		丞一人	從七品
		令一人	正七品
	直殿監	丞四人	從七品
		小內使十五人	

	另設有：宮門承制	奉御五人	正八品
洪武十七年四月癸未（1384）	宮門守門	門正一人	正八品
		門副四人	從八品
	內承運庫	大使一人	正九品
		副使二人	從九品
	司鑰庫	大使一人	正九品
		副使四人	從九品
	巾帽局	大使一人	正九品
		副使一人	從九品
	針工局	大使一人	正九品
		副使一人	從九品
	織染局	大使一人	正九品
		副使一人	從九品
	顏料局	大使一人	正九品
	司苑局	大使一人	正九品
	司牧局	大使一人	正九品
	置外承運庫、甲乙丙丁戊等庫、廣源庫	大使一人	正九品（*04）
		副使一人	從九品（*04）
	置皮作局、兵仗局、寶源局	大使一人	正九品（*05）
		副使一人	從九品（*05）
洪武二十八年九月辛酉（1395）	重訂內官監、司、庫、局與諸門官	東宮六局	王府承奉等官職
	確立內官監十一：神宮監、尚寶監、孝陵神宮監、尚膳監、尚衣監、司設監、內官監、司禮監、御馬監、直殿監、印綬監、直殿監。	太監一人	正四品
		左右少監一人	從四品
		左右監丞一人	正六品
	設巾帽局、司苑局、酒醋麵局。		
	設內承運庫、司鑰庫、內府供用庫		
	設東宮典璽、典藥、典膳、典服、典兵、典乘六局	局郎一人	正五品
		局丞二人	從五品
		紀事奉御	正六品（*06）
	設親王承奉司	承奉正	正六品
		承奉副	從六品
	設典寶所	典寶正	正六品
		副	從六品
	設典膳所	典膳正	正六品
		副	從六品
	設典服所	典服正	正六品
		副	從六品

		門正	正六品
洪武二十八年九月辛酉（1395）	設門官二人	門副	從六品
	設內使十人	司冠一人	
		司衣三人	
		司佩一人	
		司履一人	
		司藥二人	
		司矢二人	
	設公主位下設中使司	司正一人（*07）	
		司副一人	
洪武三十年七月庚戌（1397）	設置都知監	太監一人	正四品
		左右少監一人	從四品
		左右監丞一人	正五品
		典簿一人	正六品
	置銀作局	大使一人	正五品
		副一人	從五品

宦官組織至此共二十一衙門，分十二監、二司、七局，尚缺浣衣局、寶鈔司、混堂司。

*01：以流官爲之。
*02：以內官爲之。
*03：以流官內官兼任。
*04：由流官選任隸屬戶部。
*05：由流官選任隸屬工部。
*06：典璽局特設。
*07：皆雜職。

資料來源：1. 《太祖實錄》
　　　　　2. 《弇山堂別集》卷九十〈中官考一〉

　　明宦官組織經上述太祖的興革，其中央組織已有十二監、七局、二司共二十一衙門。成祖時內府有二十四衙門（加浣衣局、寶鈔司、混堂司）。〔註 18〕二十四衙門即十二監、四司、八局。其中以監最大，其次爲司、局，下又再細分爲各庫、各房、各廠及門官等職。宦官組織中大部份的職務不脫酒、漿、醋（醯）、肉醬（醢）、司服、看守宗廟，宮中府中大小事物完全包辦，其目地就是讓皇室成員舒適過日子，所以宦官分工詳細，無所不包。茲列表如下：

　　〔註18〕據尹守衡《明史竊》（臺北：華世出版社，1978 年出版），卷二十五，〈宦官傳三〉，頁 3 載：「文皇……及入國，增置二十四監，制度日繁，經費逾廣。」知二十四監爲成祖即位後形成。據《明史》卷八，頁 4 載：「永樂二十二年……詔禮部，建文諸臣家屬在教坊司……浣衣局。」知浣衣局始見於永樂年間。寶鈔司、混堂司未知何年所置。今人王天有《明代國家機構研究》頁 182 則認爲：「二十四衙門最後定制可能是在永樂遷都北京後完成的。」

表一之二：二十四衙門職掌表

十二監

監　名	職　稱	員　額	品秩	職　　　掌
司禮監	提督太監	一人	正四品	掌管督理皇宮城門內所有的儀禮、刑名、鈐束、長隨、當差、聽事等役。另有關防門禁、催督光祿寺供應伙食等事。
	掌印太監	一人	正四品	掌理內外章奏及御前勘合
	稟筆太監	一人	正四品	掌章奏、文書、照閣票批硃
	隨堂太監	一人	正四品	
內官監	掌印太監	一人	正四品	掌管木、石、瓦、土塔材、東行、西行油漆、婚禮火禮十作、及米鹽庫、營造庫皇庫。凡國家營造宮室、陵墓、並銅錫粧器用，暨冰窖諸事。
御用監	掌印太監	一人	正四品	凡御前所用圍屏、床榻諸木器，及紫檀、象牙、烏木、螺甸諸玩器，皆造辦之。武英殿中書承旨所寫書籍，畫冊等，奏進御前。
司設監	掌印太監	一人	正四品	掌鹵簿、儀仗、帷簿諸事。
御馬監	掌印太監	一人	正四品	掌廊就閉與諸國進貢及典牧所關收馬騾
	監督太監	一人	正四品	
	提督太監	一人	正四品	
神宮監	掌印太監	一人	正四品	掌太廟各廟灑掃香燈等事
尚膳監	掌印太監	一人	正四品	掌御膳及宮內食用並宴席諸事
	提督光祿太監	一人	正四品	
尚寶監	掌印太監	一人	正四品	掌寶璽、敕符、將軍印信，凡用寶，外尚寶司以揭帖赴監請旨，至女官尚寶司領取，監視外司用訖，存號簿繳進
印綬監	掌印太監	一人	正四品	掌古今通集庫並鐵卷、誥敕、帖黃、印信、勘合符驗信符諸事（*01）
直殿監	掌印太監	一人	正四品	掌各殿及廊廡掃除事
尚衣監	掌印太監	一人	正四品	掌御用冠冕、袍服及履瀉、靴襪之事
都知監	掌印太監	一人	正四品	舊掌各監行移關知勘合之事，後惟隨駕前導警蹕。

四　司

司　名	職　稱	員　額	品秩	職　　　掌
惜薪司	掌印太監	一人	正五品	掌所用薪炭之事
鐘鼓司	掌印太監	一人	正五品	掌管出朝鐘鼓，及內樂、傳奇、過錦、打稻諸雜戲
寶鈔司	掌印太監	一人	正五品	掌造粗細草紙
混堂司	掌印太監	一人	正五品	掌沐浴之事

八　局

局　　名	職　　稱	員　額	品　秩	職　　　　掌
兵仗局	掌印太監	一人	正五品	掌製造軍器火藥司屬之
	提督軍器太監	一人	正五品	
銀作局	掌印太監	一人	正五品	掌打造金銀器飾
浣衣局	掌印太監	一人	正五品	凡宮人年老及罷退廢者，發此局居住，惟此局不在皇城內
巾帽局	掌印太監	一人	正五品	掌宮內使帽靴、駙馬冠靴及藩王之國諸旗尉帽靴
鍼工局	掌印太監	一人	正五品	掌造宮中衣服（＊02）
內織染局	掌印太監	一人	正五品	掌染造御用及宮內應用緞匹
酒醋麵局	掌印太監	一人	正五品	掌宮內食用酒醋醬麵豆諸物
司苑局	掌印太監	一人	正五品	掌蔬菜瓜果

＊01：員同尚寶監。
＊02：員同巾帽局。

資料來源：1.《明史》卷七十四、〈職官志三〉
　　　　　2.《酌中志》卷十六、〈內府諸司職掌〉

　　宦官組織可謂奠基於太祖任內，完備於成祖。太祖時明確規定宦官機構是由六部之吏部所統管、領導。前述洪武二年所定宦官諸司官制即是令吏部定之。洪武四年又令吏部定內監等官品秩，至洪武六年始設典禮紀察司專管內侍，但仍由外廷節制。據《明史》載：「國初宦官悉隸禮部」〔註19〕則又有隸屬禮部之說法。但據《萬曆野獲編》載：「本朝內臣俱為吏部所領，蓋《周禮》冢宰統閹人之例，至永樂始歸其事於內，而史諱之。」〔註20〕故知直至成祖時，宦官組織仍是由外廷朝官所掌，受其管轄、監督，制約宦官勢力的擴張。成祖即位後，重用宦官始有所改，而歸於內廷專管。

　　宦官組織屢屢興革，與太祖宮中嬪妃，子嗣眾多有密切關係，據《明史》載，太祖除馬皇后外、有嬪妃多人、子二十六人、女十六人。〔註21〕另據《鴻

〔註19〕張廷玉《明史》（臺北：臺灣商務印書館，1976年出版），卷一八九，〈葉釗傳〉，頁8。
〔註20〕沈德符《萬曆野獲編》（臺北：新興書局，1976年出版）補遺卷一，〈內監，內官定制〉，頁815。
〔註21〕同註19，卷一○○，〈諸王世表一〉，頁2～3載太祖有子二十六人。卷一二一，〈公主傳〉，頁2～8載太祖十八女，除臨安、寧國、崇寧、安慶、汝寧、懷

獻錄》載：

> 我聖祖（指太祖）皇嗣之盛，亦古所未有也。古稱後裔之盛，莫如
> 黃帝者。由我聖祖觀之，又過黃帝遠矣。〔註22〕

太祖的宮室龐大，子女眾多，因此服侍役使的閹宦也必須相對的增加。雖然
太祖知道閹宦不宜過多，可惜的是太祖並未能遵守古制。由洪武二年時所訂
宦官內侍諸司官制時，可以發現宦官人數，較其初為吳王時的三十餘人，已
多出甚多，其人數已達一百九十餘人，約為六倍之多。〔註23〕這其中所增設
的執膳、宮右門等官，究其職務雖仍不外是飲食、服侍、看守宮門等事，但
顯然違反其所言：「非別有委任，可斟酌其宜，不宜過多」。〔註24〕故知宦官
組織的擴大，究其原由，還是歸究於太祖本身有濃厚傳統王權思想，為求帝
業傳諸永恆，避元朝宗室薄弱之弊，故廣以子嗣，然而欲廣子嗣則必多嬪妃，
嬪妃一多則宮禁之務必大為繁重，且為防帝王血統之不純正，故只有依靠被
閹割後失去性能力的宦官，故宦官人數漸增。〔註25〕

　　太祖雖控制宦官頗嚴，但是卻也相當依賴宦官。舉凡宮中、府中諸大小
事務，皆由宦官負責。歷經洪武十七年（1384）及洪武二十八年（1395）對
宦官組織進行的重大變革。〔註26〕至此宦官人數激增，十一監確立後（洪武
三十年增都知監，成為十二監）附屬機構亦頗龐大，宦官至此已不可能再有
所削減。其自成一體系，入宮宦官生老病死皆於內廷，且人數頗眾，實為一
潛存禍源。對此，洪武二十四年（1391），江西建昌府南昌縣典吏馮堅上言九
事，其第六事即談及宦官人數的問題，其言：

> 減省宦官以防內權。王者之居四方瞻仰，設置宦寺守門，使以傳命
> 令、給灑掃而已。然往昔之君多為所制，由其為左右親近之人，故

慶、大名、福清、壽春、南康、永嘉、含山、汝陽、寶慶、福成、慶陽等十
六公主外，十及十三公主早逝。

〔註22〕高岱《鴻猷錄》（北京：中華書局，1992年出版），卷六，〈正位分藩〉，頁142。

〔註23〕據王世貞《弇山堂別集》（北京：中華書局，1985年出版），卷九十，〈中官考
一〉，頁1721載統計，吳元年宦官人數約為三十餘人，洪武二年則為一百九
十餘人，可見宦官人數不斷成長。

〔註24〕《太祖實錄》（臺北：中研院史語所，1968年出版），卷四十四，洪武二年八
月己巳條，頁3上。

〔註25〕參閱衛建林《明代宦官政治》（山西：山西人民出版社，1991年出版）頁17
～18。

〔註26〕王世貞《弇山堂別集》（北京：中華書局，1985年出版），卷九十，〈中官考一〉，
頁1723～1727。

其言易入而易信，遂養成內患而不自知也。以陛下鑒察之明，烏有
此事，然願鑒諸史籍裁擇冗員，不惟朝廷嚴重，實足以防異日弄權
之患。〔註27〕

馮堅認為帝王之居設置宦官，本僅使其負責看守門禁，傳遞使令，打掃宮內
清潔等事而已。但前代君王卻多為其輩所制，原因是宦官為左右親近之人，
因此極易聽信其言，遂成內患而不自知。故希望太祖明察，裁擇宦官中之冗
員，以防他日宦官干政弄權之患。但太祖對此並無正面回應，只以馮堅所言，
是知時務達事變，命吏部陞其為都察院僉都御史，以茲獎勵了事。然而當與
其有舅甥關係的曹國公李文忠也提出：「內臣太多，宜少裁省。」〔註28〕的縮
減宦官人數建議時，卻遭太祖嚴厲駁斥說：「若欲弱吾羽翼何？意此必其門客
教之。」〔註29〕因此大殺李文忠門客，李文忠因忤旨，亦不免被譴，後得疾
而死。〔註30〕由此得知太祖是將宦官視為"羽翼"，因此，他可以不顧與曹
國公李文忠間的舅甥關係，而繼續維護宦官的發展。另外太祖也令高麗（今
之朝鮮）、安南（今越南）進貢閹人，如洪武十七年（1384）安南進貢閹人有
三十人。〔註31〕洪武二十四年（1391）向高麗索取閹人達二百人之多。〔註32〕
對於太祖不斷增加閹宦人數之舉，據《明夷待訪錄》載：

奄人（宦官）之眾多，即未及亂，亦厝火積薪之下也。吾意為人主
者自三宮以外，一切當罷，如是，則奄之給使令者不過數十人而足
矣。〔註33〕

即明末黃宗羲以為，宦官人數過多即有危亂之虞，就算閹宦未有為亂之舉，
也如同積薪木於廚房旁，稍有不慎，隨時有引發火災的危險，他覺得君王除

〔註27〕同註24，卷二一三，洪武二十四年十月乙丑條，頁3上。
〔註28〕王世貞《弇山堂別集》（北京：中華書局，1985年出版），卷二〇，〈史乘考一〉，
　　　　頁369。
〔註29〕同上註。
〔註30〕據王鴻緒《明史稿》（臺北：文海出版社，1962年出版）列傳十二，〈李文忠
　　　　傳〉，頁5載，「及（文忠）釋兵家居，恂恂若儒者家，故多客，嘗以客言勸
　　　　帝少誅僇，又諫帝征日本及言宦者過盛，非天子不近刑人之義，以是積忤旨
　　　　頗不免譴讓，十六年冬遂得疾，明年春卒，年四十六。」
〔註31〕《太祖實錄》（臺北：中研院史語所，1968年出版），卷一六九，洪武十七年
　　　　十二月，頁4下。
〔註32〕同上書，卷二〇八，洪武二十四年乙丑條，頁1上。
〔註33〕黃宗羲《明夷待訪錄》（臺北：臺灣中華書局，1964年出版），卷二一，〈閹宦
　　　　下〉，頁38。

三宮之外，不宜任用太多閹人，只須數十人傳達使令即可。而對於太祖的心態，黃宗羲認為應是：

> 豈料後世之君視天下為娛樂之具，崇其宮室，不得不以女謁充之盛。
>
> 其女謁不得不以奄寺守之，此相因之勢也。〔註34〕

即皇帝個人將天下視為自己娛樂之器具，廣建宮室，由於宮室廣大，遂不得不引進女性以使之興盛，而這些引進的女性又不得不以閹宦看守。太祖後宮之盛，須靠大量宦官服侍，故宦官制度無從輕廢，而反有擴大之勢，而永樂之世又改明初外廷掌宦官之制，歸由內廷自管，遂自成一體系，日後成為明朝朝政敗壞的禍源之一。

第二節 宦官權勢的發展

明初影響宦官權勢發展的另一關鍵，是皇帝對於宦官的態度與做法，而最主要是太祖到成祖時的轉變。洪武元年（1368）三月，太祖與侍臣曾談到對宦官的看法，據《太祖實錄》載：

> 此輩在人主之側，日見親信，小心勤勞，如呂強、張承業之徒，豈得無之？但開國承家，小人勿用，聖人之深戒。其在宮禁，止可使之供灑掃、給使令、傳命令而已，豈宜預政典兵。漢、唐之禍雖曰宦官之罪，亦人主寵愛之使然，向使宦者不得典兵預政，雖欲為亂，其可得乎？〔註35〕

太祖認為宦官所能做的，只有供灑掃、給使令、傳命令而已，不可使其干預政事、掌握軍權。漢、唐之衰亡，或許是宦官之罪，但也是君王寵愛之故。若宦官不能典兵或預政，此輩即使有心為亂亦不能達成目的。

太祖之用宦官，其態度上主要是為建立屬於其私人家奴性質的服務組織，以服侍其個人家室及宗族。由於宦官自漢代以後大部份是以遭閹割後失去性能力之中性男子為主，這些被閹割的男子於生理上已失去男性特徵，如顏面無鬚，聲音轉為陰柔，而在心理上亦不再視自己為一完整男人，因其不能傳宗接代，故於宮中亦鮮有淫亂之事發生，也不會危及帝位，但在負擔勞

〔註34〕同上註。
〔註35〕《太祖實錄》（臺北：中研院史語所，1965年出版），卷三十一，洪武元年三月丙辰條，頁9下～10上。

役時其體力卻又比身爲女性之宮女爲佳。所以太祖只用此輩來看守宮門、洒掃、服侍帝王後宮及宗室之日常生活，並定制不得預政典兵。

　　另一方面，太祖對宦官是採嚴格管理的做法，洪武二年（1369）八月己巳命吏部定宦官各監官制時，就下令宦官職掌不過給使令、傳命令。〔註 36〕故嚴禁宦官預政典兵。太祖認爲，宦官是刑餘之人，自古以來便少有良善者，人君若用來做爲耳目，反而使自己耳目不清。若做爲心腹而親信之，則其腹心反而病矣。管理之道只有以法嚴馭，不使其有功，因有功則此輩即恃功而驕恣，若使此輩畏法，則其行爲自然檢束，不敢任意爲非。〔註 37〕

　　終洪武世，太祖皆以重典馭宦官，只要行爲舉止稍不合其意，即使是小事，亦必遭其斥責。洪武三年（1370）十月丁巳，當天早朝完畢後遇雨，有兩位宦官著乾靴步行於雨中，被太祖所見，即刻面召此二人，責備說：「靴雖微，皆出民力，民之爲此非旦夕可成，汝何不愛惜，乃暴殄如此？」〔註 38〕隨即命左右施以杖責，以示懲戒。這兩位宦官因遇天雨而著乾靴步行於雨中，此並非太大之過失，但在平民出身的太祖眼中，卻認爲這是一種浪費行爲。其以爲平民百姓製作布靴非一朝一夕可成，其價值雖然不高，但見微知著，常此以往恐會養成宦官驕縱浪費之習性，所以太祖以此爲由，杖責二宦者。並因此下敕百官群臣於日後上朝之日，若遇雨雪可以穿雨衣，以免類似事件再度發生。〔註 39〕太祖對於宦官在宮中府中行爲舉止，亦予以規範。如下詔，凡內官、內使欲出入內、外城門，皆須持有號牌，才得出入。其中若有持兵器、雜藥者，一律依法究辦。守門軍士亦不得失察，否則視爲同罪。另外若是以車駕外出，則另加派御史一人至城門處查察，始得放行。〔註 40〕如此規定是防宦官利用出入宮門之便，循私與外界相通或圖謀不軌。太祖又言於左右：

　　　　古之宦豎在宮禁不過司晨昏，供役使而已。自漢鄧太后以女主稱制，

　　　　不接公卿，乃以閹人爲常侍、小黃門通命，自此以來，權傾人主，

　　　　及其爲患，有如城狐社鼠，不可以去。朕謂此輩但當服侍宮禁，豈

〔註 36〕同上書，卷四十四，洪武二年八月己巳條，頁 3 上。

〔註 37〕《太祖實錄》（臺北：中研院史語所，1965 年出版），卷四十四，洪武二年八月己巳條，頁 3 上。

〔註 38〕王世貞《弇山堂別集》（北京：中華書局，1985 年出版），卷九十一，〈中官考二〉，頁 1739。

〔註 39〕同上書，卷九十一，〈中官考二〉，頁 1739～1740。

〔註 40〕參閱《太祖實錄》（臺北：中研院史語所，1965 年出版），卷六十，洪武四年春正月戊戌條，頁 5 下。

可假以權勢，縱其狂亂。吾所以防之極嚴，但犯法者必斥去之，不
令在左右，戒履霜堅冰之意也。〔註41〕

太祖認為宦官只能服侍宮禁，不可給予權勢，放縱其違法亂政。對於犯法者
必定汰除，不留其在身邊，以戒履霜堅冰之意。

此外，太祖不斷以法規限制宦官。洪武五年（1372）六月丙子，下令吏
部訂定宦官禁令以備管理。〔註42〕其中規定凡內使於宮城內互相辱罵、鬥毆、
或辱罵、毆傷奉御、門官、監官等職守者，或不服其主管宦官約束者，皆視
情節輕重判笞、杖之刑，以茲懲戒。若有心懷惡逆致口出不遜者，一律凌遲
處死，不予寬貸，知情且匿其罪者同罪，知情不報者斬首，報者賞銀三百兩。
〔註43〕洪武六年（1373）十月，又命有司考究前代糾劾內官之法，禮部遂議
置內正司一職，其務專司糾劾內官失儀或不法者，這是正式管理宦官的機構。
〔註44〕內正司品秩為正七品，但同年十一月辛亥又改內正司為典禮司，品秩
仍舊。同月庚申又更名為典禮紀察司，並陞其品秩為正六品。〔註45〕這裏所
指的典禮紀察司就是日後宦官十二監之首，司禮監的前身。〔註46〕

太祖對宦官是以家奴的心態看待，只可以用來服侍宮禁、打掃宮廷內外，
傳使令、命令而已，其始終強調不可使宦官預政或典兵。如洪武十年五月有
一宦官久侍於內廷，不顧太祖禁宦官預政之禁令而從容談論政事，此事馬上
為其所知，當下即斥責並譴送還鄉，下令終身不復用此閹。太祖說：

……況閹寺之人朝夕在人君左右，出入起居之際，聲音笑貌日接乎
耳目，其小善小信皆足以固結君心，而便辟專忍其本態也。苟一為
所惑而不之省，將必假威福竊權勢以干與政事，及其久也遂至於不
可抑，由是而階亂者多矣。朕嘗以是為監戒，故立法寺人不過侍奉
灑掃，不許干與政事，今此宦者雖事朕日久，不可姑息，決然去之，
所以懲將來也。〔註47〕

〔註41〕《太祖實錄》（臺北：中研院史語所，1965 年出版），卷六十三，洪武四年閏
三月乙丑條，頁 2 下。
〔註42〕同上書，卷七十四，洪武五年六月丙子條，頁 1 上。
〔註43〕同上註。
〔註44〕同上書，卷八十五，洪武六年十月壬辰條，頁 7 下。
〔註45〕同上書，卷八十六，洪武六年十一月辛亥條，頁 2 下。
〔註46〕參閱黃彰健〈論祖訓錄所記明初宦官制度〉：《明清史研究叢刊》，臺北，臺
灣商務印書館，1977 年出版）頁 11。
〔註47〕《太祖實錄》（臺北：中研院史語所，1965 年出版），卷一一二，洪武十年五

即宦者服侍於君王之側，朝夕隨侍於人君左右，爲博得君王歡心而表現出小善小信，這種僞善與忍耐是其本態，人君如果因此而不察，一定會使其假君王之威福而竊權干政，時間一久便難以收服，終至爲亂，故絕不姑息，因此立法不許其干政。

又，洪武九年（1376）十一月辛巳，太祖與侍臣談到關於女寵、宦官、外戚、權臣、藩鎮及夷狄之禍時，侍臣說，宦官之盛常常在於握有兵權。太祖亦認爲：

> 漢無外戚、閹宦之權，唐無藩鎮、夷狄之禍，國何能滅？朕觀往古，深用爲戒，然制之有其道……閹寺便習，職在掃除，供給使令，不假以兵柄則無宦寺之禍。〔註48〕

可以看出太祖也認同侍臣所言，不能給予宦官兵權，不給予兵權就不會重蹈漢、唐宦官之禍。此外又恐宦官逞其巧智，逢迎作奸，故禁宦官讀書識字。太祖認爲宦官識字可能會導致其干政之興趣，爲防其弊，故下令自今後入宮的宦官不得識字。〔註49〕查史書中，對何時所禁並無明確日期之記載，但《明史》載：「有內侍事帝最久，微言及政事，立斥之，終其身不召，因定制，內侍毋需識字。」〔註50〕及據《太祖實錄》洪武十年五月丙午條載：「有內侍以久事內廷，從容言及政事，上即日斥遣還鄉里，命終身不齒。」〔註51〕二書所指若爲同一事，則或可推測禁宦官識字之令應是洪武十年時實施。

洪武十三年（1380）胡惟庸案後，又有藍玉案、空印案、郭桓案。〔註52〕這些事件使太祖除廣殺涉案諸臣及文武官吏外，也間接導致其對外臣的不信任，轉以內使做爲其制衡朝中官員的工具。〔註53〕由於對宦官不斷的立法規

月丙午條，頁4上～4下。

〔註48〕同上書，卷一一〇，洪武九年十一月辛巳條，頁4上。

〔註49〕據歐陽琛〈明內府內書堂考略〉（《江西師範大學學報》1990年第三期，南昌，哲社版）頁15，一文認爲：「明太祖用專職的中官擔任御前裁決的記錄工作，並將發放的情況向皇帝報告，這項機要的工作，不是僅能識字，不懂文義的一般內侍所能勝任。」

〔註50〕張廷玉《明史》（臺北：臺灣商務印書館，1976年出版），卷七十四，〈職官三〉，頁31。

〔註51〕《太祖實錄》（臺北：中研院史語所，1965年出版），卷一一二，洪武十年五月丙午條，頁4上。

〔註52〕參閱吳晗《朱元璋大傳》（臺北：遠流圖書公司，1991年出版）頁219。

〔註53〕參閱張存武〈說明代宦官〉（臺北：幼獅出版公司，1964年出版，《幼獅學誌》第三卷第二期），頁21～22。及冷東〈明初三楊與宦官關係略論〉：（《汕頭大

制，太祖有高度自信可以控制宦官，同時他又認為這些遭閹割之人，是不致於對其帝位有任何覬覦，因為宦官無子嗣，即使奪位亦無法傳位於後。在這樣的情境下，太祖既對外臣有所猜忌與不信任，故轉而以宦官為羽翼以與外臣互相制衡。今人張存武認為這樣雙軌制度的形成，其實是獨裁專制政治的具體表現。〔註54〕太祖一方面禁宦官干政，據《明史》載：洪武十七年（1384），鑄鐵牌，文曰：「內臣不得干預政事，預者斬。」〔註55〕置宮門中。除重申一貫不許宦官干政之決心外，另一方面，同年七月又下詔，「內官毋預外事，凡諸司毋預內官監文移往來」〔註56〕太祖認為：

> 為政必先謹內外之防，絕黨比之私，庶得朝廷清明，紀綱振肅。前代人君不鑒於此，縱宦寺與外臣交通，覘視動靜，夤緣為奸，假竊威權以亂國家，其為害非細故也，間有發奮欲去之者，勢不得行反受其禍，延及善類，漢、唐之事深可歎也。夫仁者治於未亂，知者見於未形，朕為此禁所以戒未然耳。〔註57〕

即太祖知道執政之道在於防內外勾結，結黨營私，如此方得朝政清明。胡、藍諸案發生，使太祖對外臣已失去信心，轉而信任不會對其有任何威脅的宦官。但他又怕外臣與內使交相勾結。故下令各級官吏不得與內官、監有所行文往來，以防內外交相勾結。

又，洪武二十九年（1396）七月，太祖在閱覽《唐書》時，當看到宦者魚朝恩危亂朝政時，有感而發說：

> 當時坐不當使此曹（魚朝恩）掌兵政，故恣肆暴橫，然其時李輔國、程元振及朝恩數輩勢皆極盛，（唐）代宗一旦去之，如孤雛腐鼠。大抵小人竊，主苟能決意去之亦有何難？但在斷不斷爾。〔註58〕

即如欲避免宦官之禍端，端看君王自身做或不做。至此知太祖始終以為只要

　　學學報》1992年第二期，汕頭，人民科學版，1992年2月）頁34。

〔註54〕參閱張存武〈說明代宦官〉（臺北：幼獅出版公司，1964年出版，《幼獅學誌》第三卷第二期），頁21～22。

〔註55〕張廷玉《明史》（臺北：臺灣商務印書館，1976年出版），卷三〇四，〈宦官傳〉，頁1。

〔註56〕王世貞《弇山堂別集》（北京：中華書局，1985年出版），卷九十一，〈中官考二〉，頁1740。

〔註57〕《太祖實錄》（臺北：中研院史語所，1965年出版），卷一百六十三，洪武十七年七月戊戌條，頁1上。

〔註58〕同上書，卷二四六，洪武二十九年七月丙寅條，頁4下。

不讓宦官預政、典兵，而且以嚴法嚴罰御之，遇罪必罰，其必不敢驕縱。

　　太祖雖嚴禁宦官干政典兵，但對如何運用宦官，則又有不同的做法。如洪武八年（1375）五月，太祖一反往例，派遣內使趙成到河州市馬。〔註 59〕史書皆言，此為明代首次派內使出使。太祖曾說，宦者不過備以傳使令，除非特有委任，否則不可任意調派。有學者據此以為此舉係太祖自定規矩而自犯之。但以其心態而言，在其認為許可的範圍之內，要如何運用均由其決定。〔註 60〕據《太祖實錄》載，太祖雖派宦官趙成前往河州，但仍然命河州守將善加撫循，基本上是委任的性質，並無授予特權。〔註 61〕《明史》以為：「中官奉使行事已自此始。」〔註 62〕洪武二十五年（1392）太祖又命宦官而聶、慶童二人往河州市馬。《明史》載：「洪武八年以內侍（指趙成）使河州市馬，其後以市馬出者又有司禮監慶童等。然皆不敢有所干竊。」〔註 63〕知太祖雖派宦官出使，但出使宦官皆不敢有所擅權。惟此舉卻或多或少在形勢上違背其曾下過的敕令。〔註 64〕

　　太祖對於歷代宦官干政之禍時引以為戒，對宦官採防範之態度。然而因其宮室龐大，宦官之數有增而無減，遂不得不立法嚴加限制。其立法之完備與敕令之多為歷代所未有。〔註 65〕但在陸續爆發胡、藍諸案後，太祖對外臣的態度轉變為不信任，因此以宦官制衡外臣，互相監視。對此黃彰健以為：「明制，帝

〔註 59〕參閱張廷玉《明史》（臺北：臺灣商務印書館，1976 年出版），卷三〇四，〈宦官傳序〉頁 1。

〔註 60〕參閱孫衛國〈論明初的宦官外交〉（《南開學報》1994 年第二期）頁 34～38。

〔註 61〕《太祖實錄》（臺北：中研院史語所，1965 年出版），卷一〇〇、洪武八年五月戊辰條，頁 1 下。

〔註 62〕同註 59，卷七十四，〈職官三〉頁 31。但據《太祖實錄》卷四十一，洪武二年夏四月乙丑條，頁 1 上載，「洪武二年……即遣內臣送高麗流寓人還其國，以璽書賜其王。」可知洪武二年已有宦官出使之記載。

〔註 63〕同註 59，卷三〇四，〈宦官傳序〉頁 1。《明史》職官志載：「二十五年命聶慶童往河州敕諭茶馬。」據黃彰健〈論祖訓錄所記明初宦官制度〉一文提到，《明史》係據《弇山堂別集》卷九十載：「二十五年己丑，遣尚膳太監而聶、司禮太監慶童齎敕往諭陝西河州等衛所番族，令其輸馬，以茶給之。」故知《明史》所言慶童等實為而聶、慶童二人。

〔註 64〕張廷玉《明史》（臺北：臺灣商務印書館，1976 年出版），卷七十四，〈職官志〉，頁 30～31。

〔註 65〕同上書，卷三〇四，〈宦官傳序〉，頁 1～2 載，「然定制，（宦官）不得兼外臣文武銜，不得御外臣冠服，官無過四品，月米一石，衣食於內廷，嘗鏤鐵牌置宮門曰：『內臣不得干預政事，預者斬』敕諸司不得與內臣文移往來……內臣不許讀書識字。」

集權於上，以內臣監視外臣，視內臣為親信。明之亡，雖因素複雜，而親近宦官，令宦官居政本，實其主因，然亦不得不溯源於洪武也。」〔註66〕太祖以為其能掌控宦官，卻反而因此輕忽宦官人數之過份膨脹。其以為可以以嚴法馭之而不亂，但卻忽視宦官組織之龐大與完備是一尾大不掉的禍害。日後宦官權勢得以進一步發展，與太祖對宦官的種種態度與做法有密切關聯。〔註67〕

　　明太祖死後，由太孫朱允炆繼位，是為惠帝。然而在位不過四年，便被其叔父燕王朱棣所取代，史稱「靖難」。〔註68〕對明代的國運而言這是一個轉變，對宦官權勢的發展更是一個契機。因為惠帝繼位後，雖因個性仁厚，為政較祖父寬厚，但對宦官則仍嚴守祖訓，嚴加管理，沒有一絲放鬆，如《明史》載：「建文帝嗣位，御內臣益嚴，詔出外稍不法，許有司械聞。」〔註69〕後來燕王朱棣即利用這些對惠帝不滿的宦官，來刺探惠帝虛實，助其奪位。關於惠帝的個性，據《明史》載：

> 初，太祖命太子（朱標）省決章奏，太子性仁厚，於刑獄多所減省。
> 至是以命太孫（朱允炆），太孫亦復佐以寬大。……（朱允炆）嘗請
> 於太祖，遍考禮經，參之歷朝刑法，改定洪武律畸重者七十三條，
> 天下莫不頌德焉。〔註70〕

楊椿在其《惠帝論》一文中亦說：「太祖用法嚴，且出之以斷，故不敢甚肆；惠帝御之以寬，斯禍結不可解矣。」〔註71〕惠帝個性寬厚的優點，反而成為其不能控制宦官的致命傷。

　　成祖奪位所以能成功，除用兵外，惠帝身旁的宦官向燕師洩漏京師虛實，也是重要因素。《明史》載：「中官被黜者來奔，具言京師空虛可取狀。」〔註72〕《明史》又載：「及燕師逼江北，內臣多逃入其軍，漏朝廷虛實，文

〔註66〕黃彰健〈論祖訓錄所記明初宦官制度〉：（《明清史研究叢稿》，臺北，臺灣商
　　　　務印書館，1977 年出版）頁 26。
〔註67〕參閱孫衛國〈論明初的宦官外交〉（《南開學報》1994 年第四期，）頁 41。
〔註68〕張廷玉《明史》（臺北：臺灣商務印書館，1976 年出版），卷五，〈成祖本紀一〉，
　　　　頁 2 載：「稱其師曰靖難。」
〔註69〕張廷玉《明史》（臺北：臺灣商務印書館，1976 年出版），卷三○四，〈宦官傳
　　　　序〉頁 1。
〔註70〕同上書，卷四，〈惠帝本紀〉，頁 1。
〔註71〕楊椿《孟鄰堂集》：（清孫氏影印紅梅閣藏版，中研院傅斯年圖書館藏），卷三，
　　　　〈惠帝論二〉，頁 8。
〔註72〕同註69，卷五，〈成祖本紀一〉，頁 5。

皇以爲忠於己，而狗兒（後賜名王彥）輩復以軍功得幸，即位後遂多所委任。」〔註73〕這是成祖即位後重用宦官的重要背景。成祖即位對明代宦官權勢的發展是一大轉折。他由於奪位不正，未能盡得建文朝中大臣的信服，因此轉而對宦官多所任用，並對宦官權勢有相當程度上的放寬。〔註74〕

明成祖即位後，對宦官的政策不同於其父的地方有二點，第一是加強宦官的部份權勢，最主要的是成立「東廠」，此一組織與太祖時的錦衣衛不同，是由宦官控制。〔註75〕第二是他對由宦官擔任監軍、市馬、出使等事務，採取比較有彈性的態度。故對宦官而言權限上有比較大的發展空間，但他仍同其父一樣不許宦官任意擅權，一經察覺皆嚴格懲處。〔註76〕

成祖對宦官的任用，如永樂元年（1403）九月己亥，即派遣內使李興等人前往暹羅國，敕勞其國王昭祿群膺哆囉帝剌，並賞賜其文綺、帛、銅錢、麝香等諸物。這項舉措是明代內使奉旨使外夷的開始。〔註77〕又，永樂三年（1405）七月辛亥，命內使王棕同給事中畢進，代其封故眞臘國王長子參烈昭平牙爲王，這是內臣代封夷王的開始。〔註78〕同年三月，命三保太監鄭和等率兵二萬七千人，行賞賜西洋古里滿剌諸國，此爲內臣將兵的開始。〔註79〕永樂五年（1407）三月辛巳，改上林署爲上林苑，監秩正五品，有左右副丞典簿之屬。凡設十署，秩正七品，完全以內臣及文職相兼，雖不知後於何年革除內臣，但卻可證明宦官已擴權至行政部門。〔註80〕同年，成祖下敕命內官馬靖前往甘肅巡視，並告之曰：「如鎮守西寧侯宋琥處事有未到處，密與之

〔註73〕同上書，卷三○四，〈宦官傳〉，頁1。

〔註74〕參閱沈德符《萬曆野獲編》（臺北：新興書局，1976年出版）、卷六、〈內監——東廠〉、頁153。

〔註75〕參閱劉若愚《酌中志》（臺北：藝文印書館，1968年出版），卷十六，〈內府諸司職掌〉，頁1載：「以秉筆掌東廠。」

〔註76〕參閱王世貞《弇山堂別集》（北京：中華書局，1985年出版），卷九十一，〈中官考二〉，頁1741。

〔註77〕參閱《太宗實錄》（臺北：中研院史語所，1965年出版），卷二十三，永樂元年九月己亥條，頁5下。《弇山堂別集》市以爲此爲中官奉旨使外夷之始，但《太宗實錄》同卷、同年、同月庚寅條則已載有中官馬彬出使爪哇費其王，較李興等爲早。

〔註78〕同註76，卷九十，〈中官考一〉，頁1727。

〔註79〕同上註。

〔註80〕王世貞《弇山堂別集》（北京：中華書局，1985年出版），卷九十，〈中官考一〉，頁1727。

商議，務要停當，爾卻來回話。」〔註81〕此係內官出鎮之始，然尚止於巡視，有事回報，事畢回京而已。永樂八年（1410），都督譚青等營派有內使王安、王彥之、三保、脫脫隨行。雖然這幾位宦官的名次皆次於譚青，但是內臣開始監軍是在此時。〔註82〕又，永樂十八年（1420）成祖設立東廠，命內官以一人主事，探查大小事情後上報，以防臣下欺瞞，此為宦官掌握此類組織的開始。〔註83〕

綜上，可以看出宦官在此時的權力大增於前。太祖時對宦官的許多禁令，至成祖時都已漸鬆弛，其中以宦官奉旨出使外夷、封夷王、監軍、鎮兵、探刺臣民隱事等諸權力皆是首次獲得。〔註84〕對於宦官權力得到解放與擴充，這方面成祖顯然地違反太祖的遺訓，據此《明史》載：

> 成祖亦嘗云：朕一遵太祖訓，無御寶文書，即一軍一民，中官不得擅調發。有私役應天工匠者，立命錦衣逮治。〔註85〕

即成祖認為，他一切都是遵照太祖的遺訓，如果沒有其親下的御寶文書，即使是一軍一民，宦官亦不得擅自撥調，有私自役使工匠者，立即令錦衣衛逮捕治罪。所以其自認在形勢上，他並無違背太祖之令，但其態度與做法已不同於太祖。

另一方面，成祖對不聽節制的宦官，並不寬待，如永樂五年六月庚子，下諭都察院，諭云：

> （去）年曾命內侍李進往山西採天花，此一時之過，後甚悔之，更不令採，近聞李進詐傳詔旨，偽作勘合，於彼招集軍民，復以採天花為名，假公營私，大為軍民之害……所在軍民官，都不奏來，此亦與胡、藍、齊、黃欲壞國事者何異？即差御史二員，逕詣山西，將李進一干為非之人訊問明白，械送京師，必真重法。若都司、布政司有干涉者，並鞫治之，雖關皇親，亦不恕。〔註86〕

〔註81〕 參閱徐學聚《國朝典彙》（臺北：臺灣學生書局，1965年出版），卷三十三，〈中官考上〉，頁10。

〔註82〕 同上註。

〔註83〕 參閱沈德符《萬曆野獲編》（臺北：新興書局，1976年出版），卷六、〈內監——東廠〉，頁153。

〔註84〕 參閱張廷玉《明史》（臺北：臺灣商務印書館，1976年出版），卷三〇四，〈宦官傳序〉，頁2。

〔註85〕 同上書，卷七十四，〈職官三〉，頁31。

〔註86〕 《太宗實錄》（臺北：中研院史語所，1965年出版），卷六十八，永樂五年六

即成祖對於宦官李進的不聽節制，擅自僞作勘合，大舉招集軍民人等以採辦
爲名擾民，而地方官吏卻不上奏朝廷一事，認爲此與太祖時胡惟庸、藍玉，
惠帝時齊泰、黃子澄等壞亂朝綱之人何異？因此派御史二人前往查辦，必將
一干人犯械送京師治罪，如有阻撓辦事者，雖貴爲皇親國戚亦不饒恕。

又，永樂七年（1409）十二月戊申，發生守北京城門的內使上告，城門
郎某擅離職守，縱酒廢事。〔註87〕成祖遂下令皇太子朱高熾查辦，城門郎乃
告以因其母有病，需返家陪侍，在上告內使後暫歸，但未嘗擅離職守。今遭
內使以擅離職守一罪舉發，恐是曾經因事與內使發生衝突，故內使挾私怨誣
構。皇太子查明後說：「城門郎無罪，內使小人縱私，上罔朝廷，下誣無罪之
人，豈可復用！」〔註88〕由於事屬內使挾怨誣人罪，成祖遂命下錦衣衛治之，
並命司禮監揭榜立示，今後內官、內使有言事不實及挾私枉人者，悉置重典。
由此事亦知，其時宦官雖爲皇帝所用，但皇帝對此輩還是無所縱容，有違法
者必辦之。〔註89〕

明成祖後於遠征漠北途中死於行伍，帝位經由宦官與輔臣諸人的巧妙安
排，順利由長子朱高熾繼承，是爲明仁宗。永樂二十二年（1424）六月辛卯，
成祖北征之時崩於榆木川，臨終前雖有召英國公張輔，命傳位太子等事。〔註90〕
但當時在旁的太監馬榮、孟聘等，以六師在外，又恐漢王欲謀奪位，因此秘而
不發喪聞，並與大學士楊榮、金幼孜等商議，將皇帝含斂後，載以龍轝，所至
御幄，早晚上食如同平常一般。壬辰時，大軍至雙筆峰，再由大學士楊榮、御
馬少監海壽以快馬馳訃皇太子知曉。〔註91〕可見成祖死後，宦官對宮中繼承之
事已經開始居中傳使協調。後來仁宗在位不及一年便因病去世，皇位隨即由長
子朱瞻基繼立，是爲明宣宗。仁宗在位時間不到一年，有關宦官權勢的發展記
載不多。已知的只有洪熙元年（1425）正月戊申，命內官監太監鄭和，統領下
番官軍守備南京。在內與太監王景弘、朱卜花、唐觀保協同管事，遇外有事則

　　月庚子條，頁 10 上。
〔註87〕參閱王世貞《弇山堂別集》（北京：中華書局，1985 年出版），卷九十一，〈中
　　官考二〉，頁 1741。
〔註88〕參閱徐學聚《國朝典彙》（臺北：臺灣學生書局，1965 年出版），卷三十三，〈中
　　官考上〉，頁 10。
〔註89〕參閱尹守衡《明史竊》（臺北：華世出版社，1978 年出版），卷二十五，〈宦官
　　傳三〉，頁 6 載：「然上（成祖）故英睿，諸貴人稍踰軼，立付囚繫。」
〔註90〕參閱楊榮《北征記》（臺北：藝文印書館，1968 年出版）頁 9。
〔註91〕同上註。

會同襄城伯李隆、駙馬都尉沐昕計議而行,此爲南京守備的開始。〔註92〕二月,因北虜掠沙州,下敕甘肅總兵官都督費瓛、鎮守太監王安,整搠軍馬。此爲仁宗時有宦官鎮守之記錄。〔註93〕

　　宣宗在位十年,宣德元年(1426)七月,由於漢王謀反,遣指揮譚順及內官黃讓,內使陳錦助、平江伯陳瑄共同鎮守淮安,是爲宣宗時內官鎮守之始,但是時內臣尚列於指揮之下,由指揮統領。〔註94〕宣宗對宦官仍是以法嚴御,對犯法之內使皆嚴懲。〔註95〕如宣德二年(1427)十一月,司禮監太監侯泰因爲奉命出使直隸選駙馬時,假公濟私,受人行賄,故下都察院獄。〔註96〕宣德三年(1428),太監馬騏鎮守交阯,因其於成祖時出鎮交阯即多所不法,〔註97〕故至宣宗時將其下獄治罪,到正統四年時,才釋爲民。另逮有蒙泰則放爲火者。〔註98〕宣德六年(1431)十二月,內史阮巨隊奉旨往廣東洽辦公事,卻私自以採辦爲名,榨取地方軍民的財物爲己所有。而其不法行爲則爲袁琦所指使,因此阮巨隊、袁琦皆伏誅。〔註99〕同月丙申,則下令左都御史顧佐等人出榜揭告天下,凡是朝廷所派的內官內使,在京城外有侵佔官民田地或擅造房屋等不法事,所在地方官應予明查,各還其所,不可私受內官寄藏財物,否則與內官同罪。〔註100〕下諭後,宣宗另告戒宮中太監王瑾、吳誠等人:

　　　朕即位以來,念內官內使隨侍勤勞,恩待厚之,屢戒諭之,令謹守

〔註92〕《仁宗實錄》(臺北:中研院史語所,1965年出版),卷七上,洪熙元年正月戊申條,頁3下。

〔註93〕《仁宗實錄》(臺北:中研院史語所,1965年出版),卷七上,,洪熙元年二月庚戌條,頁4下。

〔註94〕參閱王世貞《弇山堂別集》(北京:中華書局,1985年出版),卷九十,〈中官考一〉,頁1728。

〔註95〕據趙翼《二十二史箚記》(臺北:華世書局,1977年出版),卷三十五,〈明代宦官〉,頁805載:「有犯輒誅,故不敢肆」。

〔註96〕同註94,卷九十一,〈中官考二〉,頁1741~1742。

〔註97〕尹守衡《明史竊》(臺北:華世出版社,1978年出版),卷二十五,〈宦官傳三〉,頁5載:「文皇(成祖)時……馬騏出交阯,益恣貪虐,交阯去帝都萬里,上無繇知其過失。」

〔註98〕同註96,同卷,頁1742,所謂火者,係指閹人,在明代閹人中屬地位最低者。

〔註99〕《宣宗實錄》(臺北:中研院史語所,1965年出版),卷八十五,宣德六年十二月乙未條,頁2上。

〔註100〕《宣宗實錄》(臺北:中研院史語所,1965年出版),卷八十五,宣德六年十二月丙申條,頁2下。

法度，勿罹刑辟，永享太平。其間能有小心忠謹，朕待之加厚。不
意袁琦辜恩負德，越禮犯分，欺瞞朝廷，受人囑託，私遣內使出外，
假以幹辦，虐害官吏軍民，百計索取金銀財物，數以萬計，……事
發露，琦以伏誅。此非朕欲罪之，殺身之禍，實其自取。〔註101〕

即宣宗認為自其即位以來，體念宦官隨侍之辛勞，故始終以厚恩待之。不料，
袁琦等人竟還是違法，其罪實屬咎由自取。然宣宗一方面嚴防宦官擅權，另一
方面卻又大加封賞親信宦官，如金英諸人的免死詔，又授予銀記之賜。〔註102〕
由於對宦官之管理有認知上的不同，故宦官權勢還是有所發展。

　　明初宦官都在皇帝的嚴密控制之下，因此大致都不敢有所不法。即使成
祖對宦官的任用有較大的彈性，但是只要宦官稍有不法，仍然是嚴罰不饒。
直到宣宗時，由於將太祖對宦官不得識字的禁令加以解除，宦官開始通曉文
墨。再加上內閣與皇帝間逐步形成條旨傳遞的票擬制度，這兩項變化，遂使
宦官權勢有更進一步的發展。〔註103〕對此《明史》載：

　　初，太祖制內臣不許識字，後宣宗設內書堂，選小內侍令大學士陳
　　山教習之，遂為定制。用是多通文墨曉古今，逞其智巧逢迎作奸，
　　數傳之後，勢成積重，始於王振，卒於魏忠賢。〔註104〕

即宣宗設內書堂，挑選文臣教宦官讀書，成為定制，此後宦官多通文墨曉古
今，遂以巧智逢迎作奸，積重難返，因而有王振等的擅權干政。明代君主逐
漸放寬對宦官的限制，或出於形勢與實際需求，也許他們當時並未察覺此舉
對宦官的竊權干政有何助益，但是卻不斷累積宦官干政的實力與空間。只要
有心人出現，洞察其間的漏洞缺失，加以權謀，假以時日，干政擅權不難，
王振便是此中之一人。〔註105〕

　　明初宦官權勢的發展，表列如下（自明太祖起至明宣宗止）

〔註101〕王世貞《弇山堂別集》（北京：中華書局，1985 年出版），卷九十一，〈中官
　　　　考二〉，頁 1743。
〔註102〕同上書，卷九十，〈中官考一〉，頁 1728。
〔註103〕參閱夏燮《明通鑑》（臺北：世界書局，1978 年出版），卷十九，紀十九，宣
　　　　宗宣德元年，頁 802～803。
〔註104〕張廷玉《明史》（臺北：臺灣商務印書館，1975 年出版），卷三○四，〈宦官
　　　　傳序〉，頁 2。
〔註105〕據趙翼《二十二史箚記》（臺北：華世書局，1977 年出版），卷三十五，〈明
　　　　代宦官〉，頁 805 載：「明代宦官擅權，自王振始。」

表一之三：明初宦官權勢發展表

皇帝	時　間	宦　官　權　勢　發　展
明太祖 朱元璋	元至正二十四年（1364）	正月：朱元璋稱吳王。
	元至正二十五年（1365）	十月：遣內使朱明敕徐達、常遇春詔令。
	吳元年（元至正二十七年，1367）	九月：時為吳王，建立內府官制。
		十二月：定內府冠服制。
	洪武元年（1368）	三月：下諭宦官不得預政典兵。
		八月：遣宦官往放元宮人。
		九月：遣宦官至北京犒北征將士。
	洪武二年（1369）	六月：命吏部定內府諸司官制。
		十一月：令中使訪高麗國王王顓侄女。
	洪武三年（1370）	八月：定內府庫官品秩。重定內府服飾之制。
		十月：重定內府服飾之制。
	洪武四年（1371）	正月，定宦官月支廩米。 閏三月，命吏部定內監等官品秩。
	洪武五年（1372）	五月：下令禁閩、粵等地豪門閹人子為火者。（*01）
		六月：定宦官禁令。
	洪武六年（1373）	十月：置內正司專糾內官不法者。
		十一月：改內正司為典禮司，又改為糾察司，此即日後之司禮監。
	洪武十年（1377）	五月：某內官談及政事，召見斥退還鄉，永不復用，後召諭群臣，遂定制宦官不許讀書識字。
	洪武十七年（1384）	四月：更定內官諸監、庫、局及外承運等庫局品職。
		七月：重新戒敕內官毋預外事，諸司毋與內監文移往來。
	洪武二十五年（1392）	二月：遣尚膳太監而聶，司禮太監慶童齎敕往諭陝西河州等衛所屬蕃族，令其輸馬，以茶給之。（*02）
	洪武二十八年（1395）	九月：重定內官監等官職秩，定內官監十一、司二、局六、庫三。
	洪武二十九年（1396）	七月：遣中使至桂林等府市牛。
	洪武三十年（1397）	七月：置都知監、銀作局。（*03）
	洪武年（不詳）	定親王府內官之制。

明惠帝 朱允炆	建文元年 （1397）	宦官有侵擾民者，許有司械聞。
	建文三年 （1399）	十二月：詔禁內官出使，侵陵吏民。
明成祖 朱棣	永樂元年 （1403）	九月：遣內官李興等齎敕勞暹羅國王昭祿群膺哆囉諦（*04）
		十月：諭宦寺不許畜養雞牲。
	永樂三年 （1405）	七月：內使王琮同給事中畢進封故眞臘國王長子參烈昭平牙爲王。（*05）
		命太監鄭和等率兵二萬七千人，行賞賜西洋古里滿剌諸國。（*06）
	永樂五年 （1406）	三月：置上林苑監左右丞，以內官及文職兼爲之。
	永樂八年 （1408）	督督譚青等營內有內官王安、王彥之、三保、脫脫。（*07）
		敕內官馬靖往甘肅巡視，如鎮守西寧侯宋琥處事有未到處，密與之商議，務要停當，爾卻來回話。（*08）
	永樂十八年 （1418）	設立東廠，命內官一人主之，刺大小事情以聞定自宮者罪。
	永樂二十二年（1422）	六月：成祖北征於榆木川病死，太監馬雲秘不發喪，與楊士奇等議，上食如常，待行伍至雙筆峰，始由楊榮與御馬少監海壽馳赴皇太子。
明仁宗 朱高熾	洪熙元年 （1425）	正月：始以內官監太監鄭和率下番官軍守備南京，在內與太監王景宏、朱卜花、唐觀保協同管事，遇外有事，同襄城伯李隆、駙馬都尉沐昕計議而行。（*09）
		二月：敕干肅總兵官都督費瓛、鎮守太監王安。（*10）
		三月：諭刑部禁止自宮并加人宮刑者。
明宣宗 朱瞻基	宣德元年 （1426）	七月：以漢王反，遣指揮譚順、內官黃讓、內使陳錦助平江伯陳瑄鎮守淮安。（*11）
		命內官、內使傳旨，諸司皆須覆奏。
	宣德二年 （1427）	定自宮者罪，詔諭禮部。
	宣德四年 （1429）	二月：隆平侯張信、太監沐敬浚河西邊務，築堤，益京軍一萬五千人。
		十月：設文書房，令大學士陳山教習之。（*12）
	宣德五年 （1430）	五月：遣內官吉詳往直隸、應天、鎮江、並湖廣、浙江等地取魚。
	宣德六年 （1431）	十二月：內官監太監袁琦、內使阮巨隊、阮浩、武莽等伏誅。
	宣德七年 （1432）	賜司禮監太監金英、范弘等免死詔。（*13）
		賜御用太監王瑾銀記四枚，
	宣德八年 （1433）	四月：右副都御史賈諒等同內官興安往四川調兵討諸縣盜，盜平即巡視軍民。
	宣德九年 （1434）	十二月：嚴內官內使侵盜官物之禁。
		內使馮林杖殺平民，立誅。

*01：此明代自宮之始。

*02：此內臣奉使行事之始。

*03：內府十二監、七局、二司，共二十一衙門成立。

*04：此內臣奉使外夷之始。

*05：此內臣封夷王之始。

*06：此內臣將兵之始。

*07：此內臣監軍之始，然名次列於譚青等後。

*08：此內臣出鎮之始。

*09：此南京守備之始見者也。

*10：此鎮守之始見者也。然永樂末已有。

*11：是時內臣尚列於指揮之下。

*12：此內臣識字之始。

*13：成祖時於光祿卿綮井泉、張泌皆有之，則其時內臣所必有者，但不可考。此見於范弘墓誌。

資料來源：1.《古今圖書集成》卷一二三〈宦寺部彙考三〉

2.《弇山堂別集》卷九十～九十一〈中官考〉

3.《太祖實錄》

4.《太宗實錄》

5.《仁宗實錄》

6.《宣宗實錄》

第二章　王振竊權的契機

　　明英宗朱祁鎮（1427～1464）於宣德十年正月（1426）即位為皇帝，明代政局自此步入另一個局面。英宗即位時只有九歲，故只能太皇太后監國及朝臣輔政。此時太后張氏謹遵太祖以來所立的遺訓，不願過份干預政事。她將政權委予內閣，自己則從旁輔政。《明史》載其言：「毋壞祖宗法，第悉罷一切不急務，時時勗帝（英宗）向學，委任股肱。」〔註1〕此時的內閣在歷經成祖、仁宗、宣宗三朝不斷調整更革，雖無宰相之名，但已有宰相之實。英宗朝初期，內閣由「三楊」領導負責，三楊是歷任三朝的內閣元老，在處理政事上經驗豐富，學識淵博，對年幼的皇帝而言，無疑是不可多得的幫手。因此正統初，尚能保仁、宣時期的治世遺風。其後太后逝世及三楊相繼凋零，英宗又寵信王振，明代宦官干政之風氣，遂逐漸形成。

　　王振能竊權，主要是他掌握了司禮監和廠衛。由於司禮監職務在宣宗時，開始有助皇帝批答內閣上呈奏章，再居中傳達之功能，因此王振控制司禮監後，便得以侵奪內閣職權。又，王振開始操縱、控制本屬皇帝御用的錦衣衛、東廠組織。這使王振在干政的同時，對不服從其領導的文武大臣可以充份掌握、控制，甚至迫害。本章即由這二方面略作探討。

第一節　司禮監的掌握

　　司禮監是明代宦官二十四衙門的首席衙門，也是整個宦官系統中權勢地位最高者。誰能握有司禮監就等於控制住全部的宦官系統，司禮監不僅總管

〔註1〕張廷玉《明史》（臺北：臺灣商務印書館，1976年出版），卷一一三，〈后妃列傳〉，頁10。

內廷宦官事務，而且隨著時間的變遷與皇帝的信任，逐步職涉外廷朝政，進而奪取有宰相之實，無宰相之名的內閣閣權。〔註2〕王振及後來的劉瑾、馮保、魏忠賢等人都是司禮監太監，並進而以此奪權。〔註3〕

司禮監的前身是專門督察宦官言行的典禮紀察司。〔註4〕據《明史》載，宦官組織以十二監為主，十二監分別是司禮、內官、御用、司設、御馬、神宮、尚膳、尚寶、印綬、直殿、尚衣、都知監。〔註5〕起初太祖時，規定每監各有主管太監一人，官位為正四品，下設左、右少監各一人，官位從四品，左、右監丞各一人，官位正五品，典簿一人，官位正六品，另有長隨、奉御數人，官皆從六品。〔註6〕各監各司其職，服務於內廷，無大小主從之分。但日後司禮監卻演變為宦官十二監之首，地位最為重要，如欲統領宦官群體，必先握有司禮監一職。司禮監的成立是到洪武十七年（1384）更定內官品職時，才由典禮紀察司改為司禮監。〔註7〕

《弇山堂別集》載：「洪武十七年定內官品秩……司禮監，掌宮廷禮儀，凡正旦、冬至等節，命婦朝賀等禮，則掌其班位儀注，及糾察內官人員違犯禮法者。」〔註8〕即司禮監最早成立時，主要的工作是負責宮中禮儀，凡臨正月、冬至等節令，諸大臣朝賀時，則掌排班順位諸禮，並督察宮中宦官有無違法失職、失儀者。基本上是個督禮、行禮的單位。

後來職務又有改變，據《明史》載：

> 司禮監，提督太監一員，掌印太監一員，秉筆太監、隨堂太監、書籍名畫等庫掌司、內書堂掌司、六科廊掌司、典簿無定員。提督掌皇城內一應儀禮刑名，及矜束常隨、當差、聽事各役，關防、門禁、

〔註2〕參閱何良俊《四友齋叢說摘抄》（北京：中華書局，1985年出版），〈摘抄一〉，頁35。

〔註3〕同註1，卷三○四，〈劉瑾傳〉；卷三○五，〈馮保傳〉、〈魏忠賢傳〉。

〔註4〕據《太祖實錄》（臺北，中研院史語所，1965年出版），卷八十五，頁7下及卷八十六，頁2下載，洪武六年（1373年）十月，開始設置紀事司一職，不久改名為內正司，專門負責糾察內官中失儀及行為不法者。後又更名為典禮司，最後改為典禮紀察司。

〔註5〕參閱張廷玉《明史》（臺北：臺灣商務印書館，1976年出版），卷七十四，〈職官三〉，頁24。

〔註6〕同上書，同卷，頁24。

〔註7〕參閱王世貞《弇山堂別集》（北京：中華書局，1985年出版），卷九十，〈中官考一〉，頁1724。

〔註8〕同上註。

催督光祿供應等事。掌印掌理內外章奏及御前勘合。秉筆、隨堂掌
章奏文書，照閣票批硃，掌司各掌所司，典簿掌典記奏章及諸出納
號簿。〔註9〕

知司禮監正式組織內設有提督太監一人，掌印太監一人，另有秉筆太監、隨
堂太監、書籍名畫等庫掌司、內書堂掌司、六科廊掌司、典簿等職務，但人
員不固定。其中提督太監之職掌為督查皇城內一切的儀禮、刑名及約束長隨、
當差、聽事各奉役，並負責各關防、門禁及催督光祿寺供應伙食等事。掌印
太監則掌理內外朝章奏，及負責御前勘合。秉筆及隨堂太監則職掌章奏文書，
將內閣所呈之閣票以硃筆批之。各掌司分掌其所司，典簿則掌典記奏章及所
有出納號簿。綜觀其職，已與洪武十七年時之督禮、行禮之職有所不同。

司禮監中掌印、秉筆及隨堂太監的職務尤值得注意，據《酌中志》載：

> 司禮監　掌印太監一員……秉筆、隨堂太監八、九員或四、五員。
> 設有象牙小牌一面，長寸餘，每日申時交接，輪流該正。凡每日奏
> 文書，自御筆親批數本外，皆眾太監分批。遵照閣中票來字樣，用
> 硃筆楷書批之。間有偏旁偶訛者，亦不妨略為改正。〔註10〕

即司禮監中秉筆、隨堂太監約有八、九人或四、五人，他們各有象牙小牌一
面，每天於申時交接職務，輪流值日。每天所上奏的文書中，除皇帝親自批
閱數本外，其餘則由眾人分批照內閣票來字樣，以硃筆楷書書寫批之，如果
奏本內偶有偏旁錯字出現，則可以將其改正。這就證明宦官擁有可以篡改奏
章，進而奪權干政的機會。〔註11〕但上文中並無明確指出是掌印、秉筆還是
隨堂握有此權利。據《明通鑑》載：

> 司禮：掌印之下，則秉筆太監為重。凡每日奏文書，自御筆親批數
> 本外，皆秉筆內官遵照閣中票擬字樣，用硃筆批行，遂與外廷交結
> 往來矣。〔註12〕

知司禮監中以掌印太監為重，其位之下則以秉筆太監為重，每天的上奏文書，

〔註 9〕同註5。

〔註10〕劉若愚《酌中志》（臺北：藝文印書館，1968 年出版），卷十六，〈內府衙門職
　　　　掌〉，頁1。

〔註11〕參閱趙鐵峰〈票擬制度與明代政治〉：《東北師大學報》1989 年第二期，長春，
　　　　哲社版，1989 年 2 月）頁20。

〔註12〕夏燮《明通鑑》（臺北：世界書局，1978 年出版），卷十九，紀十九，宣宗宣
　　　　德元年，頁803。

都是由秉筆太監遵照內閣票擬字樣，用硃筆批行。〔註13〕

　　皇帝本應與朝臣面議軍國大事，批閱每日上奏奏本更是皇帝之要務，而皇帝本可經由宰相一職，分擔其務，明初廢相後，此務總歸於皇帝一人身上。惟明代皇帝的硃筆批示大部份由司禮監太監來做，此與宣宗時期內閣條旨的產生有關。〔註14〕宣德間凡中外章奏皆先集中於內閣，內閣閣臣用小票墨書貼於各疏面上呈皇帝，這是明代閣臣條旨的開始，據《續通典》載：

> 宣德三年，敕宰臣楊士奇等，「卿等春秋高，尚典繁劇，可綴可務，職各俸祿悉如舊」……是時帝亦屢幸內閣，凡中外章奏，宰相俱用小票墨書貼各疏面以進，謂之條旨，條旨之名始此。〔註15〕

即宣德三年（1428）時，中外章奏已由閣臣以小票墨書貼於各疏面上呈皇帝批示。英宗時，條旨權則已爲內閣所屬，據《春明夢餘錄》載：「英宗以九歲登極，凡事啓太后，太后避專，令內閣議行，此內閣票旨之所由始也。」〔註16〕條旨之制雖使皇帝不必事事與閣臣面議，可減輕負擔。但條旨傳遞爲司禮監居間爲之，且皇帝的硃筆批示大部份又委由司禮監太監來做。〔註17〕若皇帝不能勤政，便使司禮監宦官與廷臣有勾結的機會。〔註18〕對此黃彰健以爲「票擬之制，本無可議。欲防太監專權，明人所言不出二途，其一，照閣票批紅，少傳中旨；其二則召見大臣議政，未必如票擬批紅之制簡易可行……至若務依內閣票籤，不納宦寺之言，此亦不易辦到，及清人入關，改由內閣學士批紅，而宿弊乃除矣。」〔註19〕照閣票批紅與面議實行皆有所困難，知此實爲明代制度上之缺失，司禮監因此得以竊權干政。

〔註13〕參閱陳清泉，金成基〈略論明代中後期的宦官擅權〉：《歷史教學》第三期，1980年出版）頁25～26。

〔註14〕參閱歐陽琛〈論明代閣權的演變〉：《江西師範大學學報》1987年4月，南昌，哲社版，1988年出版）頁14。

〔註15〕清高宗敕撰《續通典》（臺北：新興書局，1963年出版），卷二十五，〈職官三〉，頁1296。

〔註16〕孫承澤《春明夢餘錄》（臺北：大立出版社，1980年出版），卷二十三，〈內閣一〉，頁13。

〔註17〕參閱黃才庚〈明代司禮監專權對奏章制度的破壞〉《故宮博物院院刊》1982年第二期，北京：文物出版社，1982年5月），頁65。

〔註18〕參閱趙鐵峰：〈票擬制度與明代政治〉《東北師大學報》1989年第二期，長春，哲社版，1989年2月）頁20。

〔註19〕黃彰健〈論祖訓錄所記明初宦官制度〉：《明清史研究叢刊》，臺北，臺灣商務印書館，1977年出版）頁21。

　　司禮監太監有心干政的時候，他可以與外廷朝臣互相勾結，蒙蔽主上。除皇帝外，可以說是一人之下，萬人之上的眞宰相。司禮監職權之大，據《酌中志》載：「……其餘大小衙門，遇有應提奏事情，皆先關白司禮監掌印、秉筆、隨堂而始行。」〔註20〕即各衙門（指二十四衙門）都必須尊重司禮監，有重大事都須先通知司禮監照會周知而後行。另外司禮監於成祖時還擁有提督東廠之權，成祖命司禮監中親信的宦官出任東廠長官，藉此來探察臣民隱事。〔註21〕由以上的分析知司禮監太監的職務大體分為三項，一是批答奏章、傳宣皇帝御旨；二是總管有關的宦官事務；三是兼領其它重要官職，如提督東廠，權力可謂相當大。〔註22〕

　　司禮監中另設有附屬機構，如文書房、內府內書堂、禮儀房、中書房、御前作等，分工細密，又兼領東廠。其中文書房設有掌房十人，掌收通政司每日封進本章、會同極門京官所上封本、在內各衙門所上封本、各藩府所上封本，其在外之閣票，在內之搭票，一切旨意、聖諭、御札都是由文書房落底簿發行。〔註23〕文書房職盡機密，所以管理上是非常嚴格的。據明神宗萬曆年間的例子，司禮監中的掌印太監或秉筆太監至文書房調看文書時，都是只能單身入室查看，其親信掌班人等都不得接近。〔註24〕文書房在協助批閱奏本，傳宣旨意方面佔有很重要地位，故明制，凡昇任司禮監者，必由文書房出。〔註25〕

　　禮儀房中設有提督太監一人，大多是由司禮監中的掌印太監或是秉筆太監兼職。另外還有掌司、寫字、管事、本房、長隨各數人。禮儀房的主要職掌是：

　　　　掌管一應選婚、吉禮。每年四仲月，選乳媼生男十口，生女十口，
　　　　月給食料，在嬭子府居住。凡宮中有喜鋪月子房，生男、生女各一

〔註20〕劉若愚《酌中志》（臺北：藝文印書館，1968年出版），卷十六，〈內廷衙門職掌〉，頁2。

〔註21〕參閱上書，同卷，頁11。

〔註22〕張廷玉《明史》（臺北：臺灣商務印書館，1976年出版），卷七十四，〈職官三〉，頁24。另卷九十五，〈刑法三〉頁5載：「凡中官掌司禮印者，其屬稱之曰宗主，而督東廠者曰督主」。

〔註23〕同註20，同卷，頁3〜4載：「其在外之閣票，在內之搭票，一應旨意，聖諭，御札，俱由文書房落底簿發行」。

〔註24〕同上書，同卷，頁4。

〔註25〕同註22，卷七十四，〈職官三〉，頁26。

二口，在文華殿西北臨河之小房住。及報生皇子，則用生女嬭口，

皇女則用生男嬭口，彌月翦髮，百日命名及請髮、留髮、入囊，冊

立、冊封、選妃、打扒角、選駙馬，一應禮儀皆經理之。〔註26〕

知其職掌爲選婚、選駙馬、誕皇太子、女、選擇乳媼諸吉禮。

中書房，設有掌房官一員，散官十餘員不等，其掌房官是由司禮監年老資深者轉任。主要職掌是：「專管文華殿中書所寫書籍、對聯、扇柄等件，承旨發寫，完日奏進御前。」〔註27〕御前作，亦設有掌作官一員，散官十餘員，掌作亦是由司禮監年老資深者轉任。其職務爲：「專管營造龍床、龍桌、箱櫃之類合用漆布、桐油、銀硃等件，奏准于甲字庫關支。」〔註28〕由以上司禮監各附屬機構的工作性質來看，司禮監的確是要處理大量的文書抄錄、落底簿之工作，司禮監中的宦官若不能通曉文墨，必不能勝任此一工作。〔註29〕各附屬機構的長官皆由秉筆、掌印二職所兼領，司禮監中秉筆者至爲重要，提督東廠亦由其所掌。《酌中志》載：「司禮監……最有寵者一人，以秉筆掌東廠。掌印秩尊視元輔，掌東廠權重，視總憲兼次輔，其次秉筆、隨堂如眾輔焉。」〔註30〕故知秉筆太監一職是司禮監中除掌印外，權位次重者。除附屬機構外司禮監又掌握東廠，因此便具有控制特務機構的能力，無疑的成爲司禮監地位提昇的另一重要指標。

司禮監另一重要附屬機構是內府內書堂，這是教導宮中宦官讀書、識字的教育單位。太祖時雖有「內臣不許讀書識字」〔註31〕的禁令，但成祖時已有學官入教小內侍之事。〔註32〕據《明通鑑》載：

〔註26〕同註20，同卷，頁8。

〔註27〕劉若愚《酌中志》（臺北：藝文印書館，1968年出版），卷十六，〈內府衙門職掌〉，頁9。

〔註28〕同上書，同卷，頁9。

〔註29〕參閱歐陽琛〈明內府內書堂考略〉：（《江西師範大學學報》1990年第三期，南昌，哲社版，1990年3月）。

〔註30〕同註27，同卷，頁1。

〔註31〕張廷玉《明史》（臺北：臺灣商務印書館，1976年出版），卷三○四，〈宦官傳序〉，頁2。黃彰健〈論祖訓錄所記明初宦官制度〉（《明清史研究叢稿》，臺北，臺灣商務印書館，1977年出版）一文認爲，太祖於洪武年間所下禁止宦官讀書識字之令，仔細研究這道命令，其中不乏前後矛盾之處，黃彰健在此論文頁24又說：「明史職官志謂，太祖因定制內臣不許識字。內臣不許識字，此野史所書，楊椿已駁斥。今由祖訓錄紀錄聖旨一事論之，亦可知其非實。」

〔註32〕黃瑜《雙槐歲抄》（北京：中華書局，1985年出版），卷五，〈內府教授〉，頁

初，洪武間，太祖嚴禁宦官毋得識字，後設內官，監典簿，掌文籍，以通書算小內使爲之。又設尚寶監，掌御寶圖書，皆僅識字，不明其義。及永樂時，聽選始令教官入內教習之。〔註33〕

又據《宣宗實錄》載：

宣德元年秋七月……甲午，……改行在刑部陝西清吏司主事劉翀爲行在翰林院修撰。翀，永樂中爲給事中，嘗侍上講讀，有言翀之兄嘗被刑，翀不宜侍近，遂改交阯九眞州判官，翀會父喪歸。上即位，翀服闋來朝，以爲刑部主事。至是禮部侍郎張瑛薦其才，遂改修撰，仍給主事祿，令專授小內使書。〔註34〕

知宣宗即位之初即命劉翀教習宮內的小內使讀書識字。但是時尚無正式的機構成立，至此皆僅止於臨時授命的權宜之舉。內府內書堂正式設立是在宣德四年。據《宣宗實錄》載：

宣德四年冬十月……庚寅……命行在戶部尚書兼謹身殿大學士陳山專授小內使書。〔註35〕

《明史》亦載：

宣德四年，特設文書房，命大學士陳山專授小內使書，而太祖不許識字讀書之制，由此而廢。〔註36〕

知宣德四年，又再以殿閣大學士陳山專門教授宮內小內使讀書，破壞自太祖時所立禁宦者讀書識字之制。惟文書房的職責與以教育爲職的內書堂不同。〔註37〕又，陳山與劉翀不同之處，是他在內書堂這樣的正式機構中專教小內使讀書，據《酌中志》載：

內書堂讀書，自宣德年間創建，始命大學士陳山教授之，後以詞臣

---

70 載：「永樂中，令聽選學官，入教小內侍。」
〔註33〕夏燮《明通鑑》（臺北：世界書局，1978年出版），卷十九，紀十九，宣宗宣德元年，頁803。
〔註34〕《宣宗實錄》（臺北：中研院史語所，1965年出版），卷十九，宣德元年秋七月甲午條，頁1下～2上。
〔註35〕同上書，卷五十九，宣德四年冬十月庚寅條，頁7上。
〔註36〕張廷玉《明史》（臺北：臺灣商務印書館，1976年出版），卷七十四，〈職官三〉，頁31。
〔註37〕據劉若愚《酌中志》（臺北：藝文印書館，1968年出版），卷十六，〈內府衙門職掌〉，頁4及頁6載，司禮監下轄文書房及內書堂等職，二者是分開的，文書房是負責在外的閣票或在內的搭票遵照皇帝旨意落底簿發行，內書堂則純爲教授宦官讀書識字之所，故知《明史》所言文書房應是內書堂之誤

任之。〔註38〕

即陳山之後便改以詞臣教授小內使。〔註39〕

　　設立內書堂後，宦官因此可以通文墨曉古今，逞其智而逢迎作奸。如《明史》載：

　　　初，太祖制，內臣不許讀書識字。後宣宗設內書堂，選小內侍，令大學士陳山教習之，遂爲定制。用是多通文墨，曉古今，逞其智巧，逢君作奸。數傳之後，勢成積重，始於王振，卒於魏忠賢。考其禍敗，其去漢唐何遠哉？〔註40〕。

另據《雙槐歲抄》載：

　　　正統初太監王振開設書堂，擇翰林檢討錢溥吏部主事宋琰輩，輪日入直，名爲內府教書。〔註41〕

又《日知錄》載：

　　　昔隋蔡允恭爲起居舍人，帝遣教宮人，允恭恥之，數稱疾。宋賈昌朝爲侍講，以編修資善堂書籍爲名，而實教授內侍，諫官吳育奏罷之。以宣朝之納諫求言，而廷臣未有論及此者，馴致秉筆之奄其尊侔於內閣，而大權旁落，不可復收，得非內書堂階之厲乎。

　　　〔註42〕

即顧炎武亦認爲秉筆之太監能侵奪內閣大權，與內書堂的設立也有關聯。

　　總體而言，司禮監的附屬機構龐大，政權、治權甚或司法權，皆兼而有之。王振能用事即在於其得到此一職務。〔註43〕王振在入宮前，曾爲教官，

〔註38〕同上書，同卷，頁6。

〔註39〕劉若愚《酌中志》（臺北：藝文印書館，1968年出版），卷十六，〈內府衙門職掌〉，頁6～9載，「本監提督總其綱，掌司分其勞，學長司其細，擇日拜聖人，請詞林眾老師。」《春明夢餘錄》卷六，〈內官監〉，頁59亦載，「內書堂教習內官，始於宣廟初，以大學士陳山後，皆以編檢矣。」黃瑜《雙槐歲抄》卷五，〈內府教授〉，頁70載，「惟於內府書堂，專命翰林官往教，遂爲定制。」

〔註40〕張廷玉《明史》（臺北：臺灣商務印書館，1976年出版），卷三○四，〈宦官傳序〉，頁2。

〔註41〕黃瑜《雙槐歲抄》（北京：中華書局，1985年出版），卷五，〈內府教書〉，頁70。

〔註42〕顧炎武《日知錄》（臺北：臺灣商務印書館，1956年出版），卷九，〈宦官〉，頁32。

〔註43〕主因是其爲十二監之首，司禮監究於何時躍居宦官十二監之首，史籍並無明確的記錄。洪武十七年時所定宦官職務中，其屬宦官內廷九監之一，時尚排

據《殊域周咨錄》載：

> 永樂末，詔許學官考滿乏功績者，審有子嗣，願自淨身，令入宮中
> 訓女官輩，時有十餘人，後獨王振官至太監。〔註44〕

知王振於永樂末由學官之身入侍宮中，非不識文墨之人，又據《罪惟錄》載：

> 長隨劉寧，以恩倖掌司禮，而不知書，上（宣宗）令振代筆。尋寧
> 奉詔他出，以政務委振，振安之，寧歸，不肯謝事，遂移寧爲南京
> 守備，權重，自寧始。〔註45〕

知於宣德年間王振已預司禮監政務。《明史紀事本末》又載：「（英宗）及即位，遂命掌司禮監，寵信之。」〔註46〕即英宗即位，遂令王振越金英等出掌司禮監，以示寵於王振。

綜上所言，明初司禮監的職責，起初只是單純爲督察宦官本身的風紀、管理宦官而設。但後來由於司禮監本身工作性質的重要性日增，秉筆、隨堂諸職掌章奏文書傳抄，及宣宗朝時設內書堂，對皇帝親信的宦官，如金英者大都任命爲司禮監太監，又因其掌章奏文書的關係，而有奪取內閣權力的機

在第七位。洪武二十八年時所定的內廷十一監中，司禮監則排第八，依然未列居首位。可見司禮監並非一開始就位高尊崇。據《明史》載，宣宗時最受寵信的宦官之一金英，即爲司禮監太監。宣宗對其親信用事，並於宣德七年（1432年）時賜金英及另外一位宦官范弘免死詔，極爲禮遇。范弘初名范安，據《明史》卷三〇四載：「宣德初，爲更名，累遷司禮太監，偕（金）英受免死詔，又偕金英及御用太監王瑾同賜銀記」。可以看出，宣宗時皇帝親信的宦官不少被任命爲司禮監太監，司禮監的地位應較太祖時提昇。後來英宗即位時，受其親信的王振便得到司禮監太監一職的任命，同書同卷又載：「英宗立，振狡結得帝歡，遂越金英等數人掌司禮監，導帝用重典御下，防大臣欺蔽。」由上所引可以看出，在宣德、正統年間，司禮監的地位已經逐漸提高，也因此成爲諸宦官爭奪的目標。

〔註44〕 嚴從簡：《殊域周咨錄》（臺北：臺灣華文書局，1968年出版），卷十七，〈韃靼〉，頁16。黃雲眉《明史考證》（北京：中華書局，1986年出版）第八冊，明史卷三〇四考證，頁2339～2340載：「四庫總目趙世顯趙氏連城提要：『是書稱永樂末，詔學官考滿乏功績者，審已有子嗣，聽淨身入宮訓女官輩⋯⋯考史載太祖不許內侍讀書識字，至宣宗時設內書堂，令翰林二三員爲教習，由是此輩通曉古今，作姦爲患，不言有學官考滿淨身之事，此殆當時禪史訛傳，世顯信而筆之，殊爲失考。』」故認爲此係禪史所誤傳。

〔註45〕 查繼佐《罪惟錄》（臺北：藝文印書館，1965年出版），卷二九，〈王振傳〉，頁27。

〔註46〕 谷應泰《明史紀事本末》（臺北：三民書局，1969年出版），卷二十九，〈王振用事〉，頁312。

會。〔註47〕因此司禮監益發顯現其地位與重要性。王振在英宗即位後即掌握司禮監的控制權，日後遂能進一步奪權干政。

第二節　廠衛的掌握

明代政治制度上為人詬病者，當屬廠衛機構的設立。明太祖在位時，成立錦衣衛一職，主要是用於探察臣民隱事，防臣下的欺瞞，但卻也因此立下一個不良的範例。錦衣衛獄多所殘虐，使明朝後代諸帝仿效運用以控制臣下。〔註48〕錦衣獄雖於太祖洪武二十年（1387）廢除，〔註49〕但成祖時，因為帝位是奪自姪兒，恐難服眾人之心，除重新復置錦衣衛，嚴密監視大臣外，又顧及錦衣衛畢竟仍是由外廷勳戚都督等所領，為防止交相勾結，欺瞞皇上，故又成立東廠。〔註50〕此一機構專由宦官領導，與錦衣衛形成所謂的"廠衛"組織〔註51〕，再度展開明代的另一波恐怖統治。英宗時，王振即以廠衛作為清除異己的工具。〔註52〕

錦衣衛成立於洪武十五年（1382），屬於內廷親軍所屬上二十二衛中的一衛。初，太祖為吳王時曾設立"拱衛司"一職，稱帝後，於洪武三年（1370）將其改為親軍都尉府，統轄左、右、前、中、後五軍，另外又以儀鸞司隸屬其下。洪武十五年廢儀鸞司，而改置錦衣衛。如《明史》載：

> 明初置拱衛司……屬都督府，後改拱衛指揮使司……尋又改為都衛
> 司，洪武三年改為親軍都尉府，管左、右、中、前、後五衛軍士，
> 而設儀鸞司隸焉……十五年罷儀鸞司置錦衣衛。〔註53〕

所以錦衣衛一方面繼承親軍都尉府的入直、宿衛之責，另一方面也擔任原儀

〔註47〕參閱黃才庚〈明代司禮監專權對奏章制度的破壞〉：《故宮博物院院刊》第二期，北京：文物出版社，1982年5月）頁64。

〔註48〕參閱徐連達〈明代錦衣衛權勢的演變及特點〉：《復旦學報》1992年第六期，滬，社科版，1992年出版）頁9。

〔註49〕張廷玉《明史》（臺北：臺灣商務印書館，1976年出版），卷七十六，〈職官五〉，頁9。

〔註50〕參閱夏燮《明通鑑》（臺北：世界書局，1978年出版），卷十七，紀十七，成祖永樂十八年，頁741。

〔註51〕同註49，卷九十五，〈刑法三〉，頁3載，「廠與衛相倚，故言者并稱廠衛」。

〔註52〕參閱谷應泰《明史紀事本末》（臺北：三民書局，1969年出版），卷二十九，〈王振用事〉，頁314～316載，如劉球、董璘、張環、顧忠等人皆下錦衣獄治罪。

〔註53〕同註49，卷七十六，〈職官五〉，頁8～9。

鸞司掌管鹵簿、儀仗的任務，此外亦掌緝捕、刑獄等事。如《明史》又載：

> 錦衣衛，掌侍衛、緝捕、刑獄之事，恆以勳戚都督領之……凡朝會、
> 巡幸，則具鹵簿儀仗，率大漢將軍（共一千五百零七員等侍從扈行）。
> 宿衛則分番入直。朝日、夕月、耕耤、視牲，則服飛魚服，佩繡春
> 刀，侍左右。盜賊奸宄，街塗溝洫，密緝而時省之。〔註54〕

故知錦衣衛亦負責偵察盜賊奸宄等事。

　　逮捕人犯原是屬於司法機關的事，理由三法司、大理寺所管，但錦衣衛
直屬於皇帝，任何人他們都可以逮捕，不必經由外廷法司的法律程序。皇帝
若要抓某人，也是逕自令錦衣衛前去提辦，並且由他們直接審問該人犯，遂
形成所謂的"錦衣獄"或"詔獄"。〔註55〕故知錦衣衛其實是皇帝用來保護
自己，以及用來探查臣民隱事箝制外廷臣民的司法機構。

　　錦衣衛屬上二十二衛（太祖時設上十二衛，成祖時又設上十衛共二十二
衛），上二十二衛中的長官都是授以親軍指揮使一職，但錦衣衛地位的重要
性遠超過其他諸衛，因此其指揮使皆是皇帝的親信或是心腹所任。〔註56〕但
這些親信並非是宦官，而是「勳戚都督。」〔註57〕為有別於其他諸衛，故於
其名份上有所區別，《明史》載：「設親軍諸衛，名為上二十二衛，分掌宿衛，
而錦衣衛主巡察、緝捕、理詔獄，以都督都指揮領之，蓋特異於諸衛焉。」
〔註58〕其長官之職不同於其他衛之親軍指揮使，是授與都督都指揮使一職。
至於其品秩，據《太祖實錄》載：

> 洪武十五年四月乙未……改儀鸞司為錦衣衛，秩從三品，其屬有御
> 椅、扇手擎蓋、旛幢、斧、鉞、鸞與馴馬七，司秩皆正六品。〔註59〕

又據《明史》載：

> ……錦衣衛，秩從三品，其屬有御椅等七員，皆正六品，設經歷司

〔註54〕張廷玉《明史》（臺北：臺灣商務印書館，1976年出版），卷七十六，〈職官五〉，
　　　　頁8。

〔註55〕同上書，卷九十五，〈刑法三〉，頁7載：「錦衣衛獄者，世所稱詔獄也」。《明
　　　　史竊》，卷十三，〈刑法志三〉，頁6也有相同記載。

〔註56〕參閱吳晗〈明代的錦衣衛與東西廠〉：《吳晗文集》第三卷，北京：北京出版
　　　　社，1988年出版）頁40～41。

〔註57〕同註54。

〔註58〕同註54，同卷，頁7。

〔註59〕《太祖實錄》（臺北：中研院史語所，1968年出版），卷一四四，洪武十五年
　　　　四月乙未條，頁3下。

掌文移出入,鎮撫司掌本衛刑名兼理軍匠,(洪武)十七年改錦衣衛
指揮使爲正三品。〔註60〕

知錦衣衛指揮使品秩原是從三品,後改爲正三品。〔註61〕錦衣衛下共轄有十
七個所,所置有將軍及力士校尉等職,所內又可細分爲千戶、百戶、總旗等
編制。〔註62〕其所屬各千百戶之職務於本人死後,允許其家人以魁武材勇的
親子弟繼承,如果無子嗣也可選民戶充當。力士校尉或稱校尉力士,是挑選
民間壯丁且無惡疾及犯過者擔任該職,工作是侍掌執擎、鹵簿、儀仗,專司
特務偵察民間隱事,又可稱爲"緹騎"。〔註63〕關於緹騎的人數,太祖時僅
有五百人,〔註64〕後隨職務擴充而逐漸增加人數。

　　錦衣衛除下轄有十七個所之外,另外還設有鎮撫司一職。太祖時其務專
管錦衣衛刑名並兼管軍匠。〔註65〕洪武十五年又增設北鎮撫司一職,致日後
有南北鎮撫司之分。〔註66〕據《明史》載:「(洪武)二十年,以治錦衣衛者,
多非法凌虐,乃焚刑具出繫囚,送刑部審錄,詔內外獄咸歸三法司,罷錦衣
獄。」〔註67〕知洪武二十年時,由於統領錦衣衛者多非法凌虐,故太祖下令
焚其刑具,釋放所逮之囚,往送刑部審判,並下詔內外獄皆統歸三法司管理,
錦衣衛遂罷。成祖即位後,爲控制臣下,復置錦衣衛,此時又增設北鎮撫司
一職,專門治理詔獄。〔註68〕據《明史》載:「文皇入立,倚錦衣爲心腹,所
屬南、北兩鎮撫司,南理本衛刑名及軍匠,而北專治詔獄。」〔註69〕故南、

〔註60〕張廷玉《明史》(臺北:臺灣商務印書館,1976年出版),卷七十六,〈職官五〉,
　　　　頁9。
〔註61〕《太祖實錄》(臺北:中研院史語所,1968年出版),卷一六○,洪武十七年
　　　　三月乙卯條,頁10下。
〔註62〕同註60,卷八十九,〈兵一〉,頁11。
〔註63〕同註60,卷九十五,〈刑法三〉,頁3。
〔註64〕夏燮《明通鑑》(臺北:世界書局,1978年出版),卷七,紀七,太祖洪武十
　　　　五年,頁398。
〔註65〕同註60。
〔註66〕同上書,卷九十五,〈刑法三〉,頁8載:「鎮撫司職理獄訟,初,止立一司,
　　　　與外衛等。洪武十五年添設北司,而以軍匠諸職掌屬之南鎮撫司。於是北司
　　　　專理詔獄。」
〔註67〕同註60。王世貞《錦衣志》(北京:中華書局,1985年出版)頁2亦有相同
　　　　記載。
〔註68〕同註60。此說與前述有所出入,可能是加重北鎮撫司之責。
〔註69〕張廷玉《明史》(臺北:臺灣商務印書館,1976年出版),卷八十九,〈兵一〉,
　　　　頁13。

北鎮撫司各司其職。明制，刑獄有三法司審決訴訟，然而太祖時已「是時方用重典，有罪者往下錦衣獄鞫實，本衛參刑獄自此始。」〔註 70〕即錦衣衛開始參刑獄。成祖時，又令北鎮撫司專管詔獄，三法司無權干涉其辦案，明法制始亂。〔註 71〕

　　除錦衣衛外，成祖於永樂十八年（1420）又成立東廠，據《明史》載：「（永樂）十八年置東廠，令（中官）刺事」〔註 72〕東廠是另一個與錦衣衛同性質的特務機構。但不同於錦衣衛的是，它完全由宦官來掌握運用。由於東廠由司禮監秉筆太監兼掌，等於是由宦官主掌的司法特務機關。據《明通鑑》載：

　　　　（永樂十八年八月）……置東廠于北京。初，上命中官刺事，皇太
　　　　子監國，稍稍禁之。至是北京初建，尤銳意防奸，廣布錦衣官校，
　　　　專司緝訪，復慮外官瞻徇，乃設東廠于東安門北，以內監掌之，自
　　　　是中官益專橫，不可復制。〔註 73〕

知北京初建，爲銳意防奸，成祖遂廣佈錦衣衛官校緝訪，又因恐外官瞻徇，故復置東廠，專由宦官擔任，此後，宦官權勢更爲專斷，遂至不可制。

　　東廠由皇帝直接指揮，因此除皇帝外，所有的臣民都在他的督察範圍之內，責任相當重大，也非常的機密。皇帝對擔任其職的宦官非常重視，通常都是親自挑選心腹去擔任。提督東廠的太監其用印亦隆於其他官職。據《酌中志》載：

　　　　提督太監一員，關防一顆，敕諭最爲隆重，凡內官奉差關防，皆曰
　　　　某處內官關防，惟此處篆文曰：欽差總督東廠官校辦事太監關防……
　　　　天啓六年以後，內臣紛紛出鎮，值陶文討鑄關防，不過曰內臣、內
　　　　官足矣。不意閣票欠詳，先帝御礼於閣票內誤增太監二字。〔註 74〕

即一般宦官關防爲 "某處內官官防"。提督東廠的關防則爲 "欽差總督東廠官校辦事太監"。〔註 75〕

〔註 70〕同上註。
〔註 71〕參閱丁易《明代特務政治》（北京：群眾出版社，1983 年出版）頁 28～34。
〔註 72〕同註 69，卷三〇四，〈宦官傳序〉，頁 2。
〔註 73〕夏燮《明通鑑》（臺北：世界書局，1978 年出版），卷十七，紀十七，成祖永
　　　　樂十八年，頁 741。
〔註 74〕劉若愚《酌中志》（臺北：藝文印書館，1968 年出版），卷十六，〈內府衙門職
　　　　掌〉，頁 11～12。
〔註 75〕劉若愚《酌中志》（臺北：藝文印書館，1968 年出版），卷十六，〈內府衙門職
　　　　掌〉，頁 11 載，「不意閣票欠詳，先帝御禮于閣票內誤增太監二字，王體乾等不

除用印隆於他監外，東廠太監還配有密封的象牙章一枚，如有要事上奏，便以此印密封書信後送入宮內，直接上呈皇帝而不經由他人，所以一切章奏可不經任何手續，直接傳到皇帝手上，這樣的權力除內閣辦事閣臣之外，沒有任何一個衙門可以做到。〔註76〕

負責東廠業務的宦官，是為提督太監，又稱為「提督東廠」。〔註77〕廠內的人則稱其為廠公或是督主。〔註78〕其下有掌刑千戶一員，貼刑百戶一員，二者合稱為掌貼，是從錦衣衛官校中挑選的，以配合廠公協同辦事。再下分為，掌貼、領班、司房四十餘人，再下則有十二顆管事，下轄擋頭辦事百餘名及番役千餘名。〔註79〕在外面從事訪察探視工作的探子，就稱為役長和番役。役長又稱為擋頭辦事，或稱大擋頭。組織中有百餘名的配置，分屬子、丑、寅、卯十二顆管事。〔註80〕番役也叫番子，又叫幹事，全額有一千多人。如同掌貼一般，他們都是由錦衣衛中精挑細選出來，必須符合"最輕黠獷巧者"的特點才能獲選。〔註81〕

東廠番子偵察探訪的範圍非常廣泛，除皇帝外，幾乎所有的人都是他們探訪的對像。可謂是上至官府、下至民間都有他們的蹤跡，如《明史》載：

> 每月旦，廠役數百人，掣籤庭中，分瞰官府，其視中府請處會審大獄，北鎮撫司考訊重犯者曰聽記。他官府及各城門訪緝曰坐記。某官行某事，某城門得某奸，胥吏疏白坐記者上之廠，曰打事件。〔註82〕

達體制，含糊奉行，未之奏正。」故有此稱。而參閱何冠標〈宦官通稱太監考〉：（《漢學研究》第八卷二期，臺北，漢學研究中心，1990 年出版）頁 206，一文認為，「明代太監一詞係指宦官職位中各長官之稱，如十二監之首長皆為太監一職，而東廠出差的宦官也可用太監一名，實為太監職稱濫稱之故。」

〔註76〕同上書，同卷，頁 14。另據黃佐《翰林記》（北京：中華書局，1985 年出版），卷二，〈參預機務〉，頁 14 載：「仁宗繼統……上每退朝還宮，遇有機務須計議者，必親御翰墨書（楊）榮等姓名，識以御寶，或用御押封出，使之規畫。榮等條對用文淵閣印封入，人不得聞。」東廠象牙章功能同於上述文淵閣印，故知東廠宦官亦擁有與閣臣般的權力。

〔註77〕張廷玉《明史》（臺北：臺灣商務印書館，1976 年出版），卷七十四，〈職官三〉，頁 26。

〔註78〕劉若愚《酌中志》（臺北：藝文印書館，1968 年出版），卷十六，〈內府衙門職掌〉，頁 14。

〔註79〕同上書，同卷，頁 12。

〔註80〕同上註。

〔註81〕同註 77，卷九十五，〈刑法三〉，頁 5。

〔註82〕張廷玉《明史》（臺北：臺灣商務印書館，1976 年出版），卷九十五，〈刑法三〉，

官衙方面，東廠特別注意兵部，每天都派人至兵部訪察"有無進部，有無塘報"。〔註 83〕所謂的各城門，則是包括京城各門和皇城各門在內，訪察追緝的也不是僅止於"得某奸"而已，一些連關防出入或人命事件等，皆須上報，甚至地方發生火災，或某處發生雷擊等也要一并上奏。其中京城內的物價，如雜糧、油、豆、米、麵等的價錢也要上報。〔註 84〕探子以打事件上報後，要擬定書面報告書，以便回到廠內時交給廠公。廠公批閱後，發下交由司房或文書房處理，重新謄寫潤色後，立即面呈皇帝。〔註 85〕所以皇帝對於民間或臣子之間的大小事，通常都是一清二楚。

東廠偵事範圍廣大，因此就前面所言的一千餘人的編制，還是會感到吃力與力不從心。因此東廠除借重原本就有的錦衣衛系統外，自然也與地方勢力結合。這是東廠的弊端之一。〔註 86〕

在明代，廠衛一向是相提並論的。〔註 87〕這兩個組織的區別是，錦衣衛負責偵察一切臣民，而東廠則是負責偵察一切臣民與錦衣衛。兩者勢力之消長，主要取決於皇帝個人的信任，如果皇帝較信任錦衣衛，則錦衣衛的權力便會大過東廠，反之亦然。〔註 88〕

但錦衣衛與東廠大體上是相互勾結的，如《明史》載：

　　然廠衛未有不相結者，獄情輕重，廠能得於內，而外廷扞格者，衛則東西兩房訪緝之，北司拷問之，鍛煉周納，始送法司。即東廠所獄，亦必移鎮撫而再鞫，而後刑部得擬其罪，故廠勢強，則衛附之，

〔註83〕劉若愚《酌中志》（臺北：藝文印書館，1968 年出版），卷十六，〈內府衙門職掌〉，頁 12。
〔註84〕同上書，同卷，頁 12～13。
〔註85〕同上註。
〔註86〕參閱丁易《明代特務政治》（北京：群眾出版社，1983 年出版）頁 24。據《明史》卷九十五，〈刑法三〉，頁 5 載，東廠番子常突入抓人執訊，卻又無佐證的符或牒出示，如行賄其一定數目金錢便離去。但稍有不如其意者，便榜治之，名為干醉酒，或稱搬　兒，較官刑十倍為苦，番子多為授意專治有錢有勢者，如能以多金行賄即可無事放行，若給得不夠，則必立即上報，下鎮撫司獄而冤死獄中。在有野心的宦官擅權干政之後，便利用這些特務機構迫害忠良，處死敵對人士與殘害異己。
〔註87〕同註82，同卷，頁 3 載：「永樂時，廠與衛相倚，故言者并稱廠衛。」
〔註88〕參閱徐連達：〈明代錦衣衛權勢的演變及其特點〉（《復旦學報》1992 年第六期，滬：社科版，1992 年 6 月）頁 8～9。

廠勢稍弱，則衛反氣凌其上。〔註89〕

知廠衛是相通的，消長的關鍵，端看孰強孰弱。

　　由於錦衣衛裏的高級官員，至王振擅權時，已多是司禮太監私人的僚屬。〔註89〕而東廠的番役又多是由錦衣衛中所挑選出來。因此司禮監、錦衣衛、東廠三組織在英宗時，已漸形成一個緊密結合的團體。〔註90〕正統年間，王振由於得到皇帝的信任，因此常於錦衣衛內任用私人，以控制錦衣衛。據《錦衣志》載：

> 上（英宗）年少，中貴人用事者王振張甚，弟山、海俱緣振官指揮，治錦衣事，貴顯矣……馬順者亦指揮也，以義子事王振，見必膝行，遽蒢戚施，振甚暱辟之。〔註91〕

即王振之弟王山、王海皆因王振的關係，而任錦衣衛指揮。馬順以義子之名媚事王振，亦任錦衣衛指揮。又《明史紀事本末》載：

> ……兵科給事中王永和劾錦衣衛事指揮馬順怙寵驕恣，欺枉不法，不報，順，王振黨也。〔註92〕

由此似亦可推測錦衣衛中有不少王振的黨羽，又《明史紀事本末》載：

> ……時，振權日重……振姪千戶林爲錦衣衛同知世襲，尋命侍經筵。〔註93〕

即王振姪兒王林，也依附其勢而任錦衣衛同知世襲。由於錦衣衛中有不少王振的家人及黨羽，因此其掌控錦衣衛的事實至爲明顯。

　　王振對東廠的運用，史書中鮮有記載，究其原因，或可推測王振自己雖是閹人，但其家人親屬不一定是閹人。東廠爲宦官所專掌，不具閹人身份的人無法到東廠任職，故王振只得以其親人任錦衣衛職，而另由宦官中的親信任職東廠，自己則從中控制兩者。王振掌控司禮監，廠衛則是其延伸出去的控制之器。據《明史》載：「及後中官愈重，閣勢日輕，閣臣反比廠爲之下，

〔註89〕張廷玉《明史》（臺北：臺灣商務印書館，1976年出版），卷九十五，〈刑法三〉，頁12。

〔註89〕王世貞《錦衣志》（北京：中華書局，1985年出版）頁9～10。

〔註90〕參閱丁易《明代特務政治》（北京：群眾出版社，1983年出版），頁35～37。

〔註91〕同註90。

〔註92〕谷應泰《明史紀事本末》（臺北：三民書局，1969年出版），卷二十九，〈王振用事〉，頁313。

〔註93〕同上書，同卷，頁314。

而衛使無不競趨廠門，干爲役隸矣。」〔註94〕雖然此爲嘉靖年間之情事，但乃可看出明代中期自王振起錦衣衛指揮人員多出自宦官親信，東廠貼刑官皆用錦衣衛千百戶爲之，番役無不出自錦衣衛，錦衣衛便成爲司禮監的專屬組織，唯命是從，廠衛又結合形成獨立完整的司法體系，司禮監便成爲這整個系統的最高指揮，而王振又掌有司禮監，並控制錦衣衛及東廠，因此其藉機干政就成爲無法避免。〔註95〕

〔註94〕張廷玉《明史》（臺北：臺灣商務印書館，1976年出版），卷九十五，〈刑法三〉，頁12。

〔註95〕參閱徐連達〈明代錦衣衛權勢的演變及其特點〉：(《復旦學報》1992年第六期，滬，社科版，1992年6月。) 頁10。

第三章　王振的竊權

　　王振的擅權，對明代政局而言，是一重大轉變。明代開始步入宦官干政的局面，並且越演越烈。王振能擅權與其受英宗寵信有關。英宗自小便由王振照顧侍從，據《明史》言：「王振……少選入內書堂，侍英宗東宮，為局郎。」〔註1〕因此久而久之便博得皇帝的尊敬與信任。

　　王振雖然得到皇帝的信任，但正統初年，內有太皇太后張氏監國，外有內閣三楊輔政，一時之間，王振仍無法輕易竊權。但正統七年，太皇太后死後，英宗亦逐步掌握政權，王振便不再有所顧忌，除藉故使三楊先後離開內閣，並進一步培養、扶植親信，終致奪取內閣閣權。

　　王振除得到皇帝的信任及取得內閣的權力之外，亦想控制滿朝文武大臣，特別是士大夫階級的各級官員。王振是宦官，在中國傳統的觀念中，其身份地位是不被人所看重的，中國人自古受傳統儒家思想的影響，《孝經》中言：「身體髮膚，受之父母，不敢毀傷，孝之始也。」〔註2〕；及《孟子·離婁》：「不孝有三，無後為大」〔註3〕的觀念深植人心，尤其是以讀聖賢書為任的士大夫階級。王振一方面拉攏士大夫尊重他們，另一方面則利用司禮監的地位和廠衛組織，以整肅反對他的朝中大臣、士大夫。本章主要就王振與英宗、內閣、士大夫三方面的關係加以分析。

〔註 1〕 張廷玉《明史》（臺北：臺灣商務印書館，1976 年出版），卷三〇四，〈王振傳〉，頁 7。

〔註 2〕 黃得時《孝經今譯今註》（臺北：臺灣商務印書館，1972 年出版）開宗明義章第一，頁 1。

〔註 3〕 趙岐《孟子註疏》（臺北：中國子學名著集成編印基金會，1981 年出版），卷七，頁 517。

第一節　王振與英宗

　　王振能干預朝政，肇因於服侍英宗身旁而得寵。關於王振的出身，史籍有數種不同的說法。但可以確定的是王振的出身並非名門之後，所以史書中並無太大篇幅的記錄。中國自古以來關於宦官的來源，除在改朝換代時接受前朝宮中所遺留下來的宦官，及各貴族、親王府等選進閹人外，主要有兩大類，一是被處宮刑者，另一類是願自宮者，王振似是屬於後者。〔註4〕

　　關於王振之侍英宗，據《明史》載：「王振，蔚州人，少選入內書堂，侍英宗東宮，爲局郎。」〔註5〕《明史》只說王振是蔚州人，而沒有其他詳細的記錄。又，《明史紀事本末》載：「振，山西大同人，初，侍上東宮。」〔註6〕即王振是大同人。根據明代疆域的劃分，山西府屬於山西布政使司，蔚州則屬於大同府，因此王振應是山西大同府蔚州人。〔註7〕

　　王振服侍英宗，由《明史》中「少選入內書堂，侍英宗東宮」〔註8〕之記載，知王振當時的年紀應該不會太大。又《明紀》言：「帝爲太子時，中官王振給事東宮爲局郎，狡黠得帝懽。」〔註9〕《明史紀事本末》更言及英宗對王振：「呼爲先生而不名。」〔註10〕由此推測，則王振應是有一定的年記。另據《明鑑》載：「振狡黠多智，事仁宗於東宮，宣德初，寖用事，帝爲太子，朝夕侍左右。」〔註11〕即王振早在仁宗尚爲太子時便已入宮。若由此判斷，則到英宗即位時，王振已有相當的年紀，絕非年少之人。《殊域周咨錄》載：

　　永樂末，詔許學官考滿乏功績者，審有子嗣，願自淨身，令入宮中

〔註4〕參閱查繼佐《罪惟錄》（臺北：藝文印書館，1965年出版），卷二十九，〈王振傳〉，頁27。

〔註5〕張廷玉《明史》（臺北：臺灣商務印書館，1976年出版），卷三〇四，〈王振傳〉，頁7。

〔註6〕谷應泰《明史紀事本末》（臺北：三民書局，1969年出版），卷二十九，〈王振用事〉，頁312。

〔註7〕張式苓《中國古代的宦官之禍》（北京：北京科技出版，1994年出版）頁78載，蔚州即今河北蔚縣。

〔註8〕同註5。

〔註9〕陳鶴《明紀》（臺北：世界書局，1967年出版），卷十二，〈英宗睿皇帝〉，頁29。

〔註10〕谷應泰《明史紀事本末》（臺北：三民書局，1969年出版），卷二十九，〈王振用事〉，頁312。

〔註11〕托津等奉敕撰《明鑑》（北京：中國書店，1985年出版），卷二，〈宣宗章皇帝〉，頁135。

訓女官輩，時有十餘人，後獨王振官至太監，世莫知其由教職也。
〔註12〕
此不僅說明，王振在永樂年間已入宮，而且還說明，其入宮前曾擔任學官一職，入宮之由，是因為考察缺乏功績，不得已才淨身入宮訓女官。王振在入宮之前便已有所學，也因此在服侍英宗時，能得到英宗的尊敬。

正統十一年（1446）正月，英宗因感王振輔佐有功，特頒賜白金、寶楮、綵幣諸物，並賜敕文，其中有云：

> ……昔皇曾祖（指成祖）時，特用內臣，選拔事我皇祖（仁宗），教
> 以詩書，玉成令器，眷愛既隆，勤誠彌篤，肆我皇考（宣宗），以爾
> 先帝所重，簡朕左右。〔註13〕

敕文亦提到成祖時王振已入宮奉侍時為太子的仁宗，並教仁宗詩書。仁宗去世後，又被宣宗簡選以侍英宗，可見王振並非不識文墨之人。

英宗出生於宣德二年（1427）十一月乙未，出生後隨即被立為皇太子，其被立為太子的過程中，有許多波折，其中牽涉到明宣宗的廢后與襄王（朱瞻基弟）的迎立諸問題。宣宗即位之初，由於元配胡皇后一直無子嗣，且體質善病，因此優寵貴妃孫氏，據《明鑑》言：

> 帝（宣宗）年三十，胡皇后未有子，而孫貴妃有寵，乃陰取宮人子
> 為己子。帝以長子生，大喜，寵貴妃有加。〔註14〕

知宣宗年至三十，由於胡后體弱猶未有子嗣。因此其特別寵信孫貴妃，如本來只有皇后才能擁有金寶金冊的賜予，貴妃以下的妃子只能賜冊，但宣宗即位之初，即將孫氏由嬪妃晉封為貴妃，並於宣德元年（1426）五月，請命於太后（張氏），製造金寶賜予孫氏。〔註15〕

據《明書》言：「既生（英宗），宣宗大喜，胡后亦喜曰：『上有子矣。』

〔註12〕嚴從簡《殊域周咨錄》（臺北：臺灣華文書局，1968年出版），卷十七，〈韃靼〉，頁16。

〔註13〕谷應泰《明史紀事本末》（臺北：三民書局，1969年出版），卷二十九，〈王振用事〉，頁316。

〔註14〕清托津等奉敕撰《明鑑》（北京：中國書局，1985年出版），卷二，〈宣宗章皇帝〉，頁125～126。另《明史后妃列傳》卷一一三，頁11～12載：「妃（孫氏）亦無子，陰取宮人子為己子，即英宗也……而英宗生母，人卒無知之者。」

〔註15〕張廷玉《明史》（臺北：臺灣商務印書館，1976年出版），卷一一三，〈后妃列傳〉，頁11載：「故事，皇后金寶、金冊，貴妃以下有冊無寶，（孫）妃有寵，宣德元年五月，帝請於太后製金寶賜焉，貴妃有寶自此始」。

私謂孫妃生子，吾安得久據，妨母以子貴之誼。」〔註16〕又據《明通鑑》載：「皇子生之八日，群臣即上表請立為太子。皇后亦上表請早定國本，孫貴妃佯驚曰：『后病瘁，自有子，吾子敢先后子邪！』上不允，至是遂立，于是胡皇后始請遜位。」〔註17〕知孫貴妃生子後，胡皇后即請遜位。《明史》載：「（宣德）三年春，帝（宣宗）令后（胡氏）上表辭位，乃退居長安宮，賜號靜慈仙師，而冊（孫）貴妃爲后。」〔註18〕即宣德三年，宣宗令胡后辭位，而改立孫貴妃爲后。

宣宗廢后的過程，各書記載不同。《明史》言，諸大臣皆不能與帝爭議，朱瞻基心意已決，廢后之事無人能挽回。〔註19〕《明書》說：「先是宣宗猶遲疑不能決，謀於閣臣，楊士奇力贊，遂廢之。」〔註20〕兩書說法略有出入，據《明史紀事本末》載，朱瞻基爲讓孫貴妃爲后，曾經先召張輔、蹇義、夏原吉、楊士奇、楊榮五人面議。他說：「朕年三十未有子，今幸貴妃生子，母從子貴，古亦有之，但中宮宜如何處置？」〔註21〕他又列出胡皇后的數件過失，並問諸臣廢后一事，是否有先例可循？〔註22〕顯見其內心意向早定，其求諸輔臣之意見，主要的徵結只在於如何處置胡氏，而不導致非議。五輔臣中，只有楊榮一開始便表態支持，他認爲以皇帝所舉的數項中宮的過失，就足以廢后。蹇義則回答說，宋仁宗時，確實曾有降郭后爲仙妃的先例。其他諸臣則不表意見，無言以對。在朱瞻基的追問下，楊士奇回答說：「臣於帝后，猶子事父母，今中宮母也，群臣子也，子豈當議廢母？」〔註23〕楊士奇認爲，胡氏以皇后身份母儀天下，身爲臣子的他怎敢議廢后？夏原吉、張

〔註16〕傅維鱗《明書》（臺北：華正書局，1974年出版），卷八，〈英宗睿皇帝本紀〉，頁1。

〔註17〕夏燮《明通鑑》（臺北：世界書局，1974年出版），卷二十，紀二十，宣宗宣德三年，頁824。

〔註18〕張廷玉《明史》（臺北：臺灣商務印書館，1976年出版），卷一一三，〈后妃列傳〉，頁10～11。

〔註19〕同上書，同卷，頁11載，「諸大臣，張輔、蹇義、夏原吉、楊士奇、楊榮等不能爭」。

〔註20〕傅維鱗《明書》（臺北：華正書局，1974年出版），卷八，〈英宗睿皇帝本紀〉，頁1。

〔註21〕谷應泰《明史紀事本末》（臺北：三民書局，1969年出版），卷二十八，〈仁宣致治〉，頁300。

〔註22〕同上註。

〔註23〕同上註。

輔二人則以：「此大事，容臣詳議以聞！」〔註24〕並提出眾人暫時退下商議
來推辭避答。朱瞻基於是改問道，廢后之事是否會遭致非議？蹇義認為此事
古已有之，沒有可議之處。楊士奇則提出，宋仁宗降郭后，曾遭其臣下孔道
輔、范仲淹率臺諫十多人入諫，仁宗則罷黜處分他們，至今史書談論尚以此
貶仁宗，怎會無所非議？在眾人無決議與共識的情況下，面議暫止。退朝之
後，五人聚集討論此事，楊榮、蹇義告訴楊士奇、夏原吉說：「上有志久矣，
非臣下所能止！」〔註25〕勸二人不要再反對，但楊士奇仍然認為，今天皇上
所提的中宮過失，實不足以構成廢后的的罪名，即使是出自上命，還是要處
之得當。《明通鑑》言及楊士奇至此意亦動矣。〔註26〕五人最終還是未能做
出任何決議，惟一的共識只有蹇義提出：「但當議處置中宮。」〔註27〕的提
議。

　　第一次面議未能有所決定，眾人暫退協商亦無結果。第二天早朝，宣宗
再度面召楊榮、楊士奇二人到宮內西角門商議，問二人昨日可有任何決議？
此時楊榮拿出懷中準備好的紙張，內容羅列胡皇后的過失二十件，皆詆毀誣
陷之事，認為以此可以名正言順的廢后。宣宗略為閱覽二三件後，對此表示
驚訝的說，何來此事？再轉問楊士奇，楊士奇提出東漢光武帝廢后時詔書中
所說的一句話：「異常之事，非國休福。」〔註28〕並且說宋仁宗在廢后後，
亦有後悔之意，希望皇上三思。宣宗聽完之後，有些不悅的停止此次面議。
數日後，皇帝又面詔五人，張輔、夏原吉仍是希望皇上謹慎處理，一定要得
當。楊士奇提議說或許可問太后的意見，宣宗說正是太后之意方與諸臣議，
此次面詔又未決而罷。某日，宣宗再度單獨召見楊士奇於文華殿中，屏退左
右侍從之後，問其廢后之事至今到底該如何處置為當？楊士奇於是問道，貴
妃與皇后相處如何？宣宗回答說二人相處和睦且親愛，並說：「朕但重皇子，
而中宮祿命不宜子，故欲正其母以別之。中宮今病踰月矣，貴妃日往視，慰
藉甚勤也。」〔註29〕楊士奇聽後便告訴宣宗：「曷若乘今有疾，而導之辭讓，

〔註24〕同註17，同卷，頁825。
〔註25〕夏燮《明通鑑》（臺北：世界書局，1974年出版），卷二十，紀二十，宣宗宣
　　　　德三年，頁825。
〔註26〕同上註，「士奇意亦動」。
〔註27〕谷應泰《明史紀事本末》（臺北：三民書局，1969年出版），卷二十八，〈仁宣
　　　　致治〉，頁300，「（夏）原吉曰，但當議處置中宮」。
〔註28〕同註25。
〔註29〕同註27。

間處則進退以禮,而恩眷不衰。」〔註30〕宣宗聽後點頭表示同意。宣宗因而下敕:「皇后胡氏自惟多疾,不能承祭養,重以無子,固懷謙退,上表請閑,朕念夫婦之義,拒之不從,而陳詞再三,乃從所志,就閑別宮,其稱號服食侍從悉如舊。」〔註31〕正式廢后,賜號靜慈仙師,宣德三年癸未立貴妃孫氏為后。

綜上所述,知廢后一事,宣宗早有決定,事在必行。他以母以子貴的理由,認為孫貴妃有權可封為后。胡氏由於無子嗣,所以雖是元配,貴為皇后之尊,但還是必須退位,讓位給皇太子的生母孫氏。這是中國人傳統母以子貴的觀念,諸大臣雖然反對廢后,但都不能堅持己見,見皇帝心意堅決,只有配合而謀求如何適當處置胡氏。最後在楊士奇因勢利導的情形下,利用胡氏體弱有疾,導之辭讓,使進退有禮有據。胡后遂在自知天命的情況下,承帝命上表辭讓,退居長安宮。〔註32〕《明書》中所謂楊士奇力贊一事的說法有誤,一直力贊皇帝廢后的是楊榮等而非楊士奇,但諸臣中較能予皇帝決定意見的還是屬楊士奇。〔註33〕太后亦嘗指示宣宗,廢后之事宜聽其意見。談遷遂以此認為楊士奇諸人未能善盡人臣之責,如《國榷》載:

> 諸臣順旨,望風結舌……宋猶有孔道輔、范仲淹,至於今日,直曰
> 有漢宋之故事,不足異也,楊文敏(榮)首進謅說,重玷主德,楊
> 文貞(士奇)彌縫其失,亦規亦隨,脫五人執義以爭,如出一口,
> 則帝終遲疑。〔註34〕

知如果諸大臣能夠有宋范仲淹直言的勇氣,也許不至於廢后,三楊的個性於此處一覽無遺。〔註35〕

〔註30〕 徐學聚《國朝典彙》(臺北:學生書局,1965年出版),卷九,〈后妃〉,頁6。

〔註31〕 谷應泰《明史紀事本末》(臺北:三民書局,1969年出版),卷二十八,〈仁宣致治〉,頁300~301。

〔註32〕 參閱張廷玉《明史》(臺北:臺灣商務印書館,1976年出版),卷一一三,〈后妃列傳〉,頁10~11。

〔註33〕 尹守衡《明史竊》(臺北:華世出版社,1978年出版),卷四十四,〈三楊傳〉,頁3載:「(宣宗)語士奇曰:『……賴爾(士奇)獨能知朕心……朕往往取衷士奇』……時諸大臣類多依違,獨士奇肯任事,上(宣宗)雖信重蹇(義),而蹇受事常持兩端,上待士奇乃決。」

〔註34〕 談遷《國榷》(臺北:鼎文書局,1978年出版),卷二十,宣宗宣德三年,頁1342。

〔註35〕 參閱韋慶遠:〈三楊與儒家政治〉(《史學集刊》1988年第一期,長春:中國人民大學書報資料中心,1988年4月)頁12。

　　廢后一事，日後宣宗亦表後悔之意。《明史》載，宣宗日後對此自我解嘲
爲：「此朕幼年事」〔註36〕而英宗直到天順六年（1462），在其母孫太后已死
及其妻錢皇后的勸說下，其才爲胡后立墓。〔註37〕

　　英宗繼承帝位一事，亦頗爲曲折。據《明史》載：「宣宗崩，英宗方九歲，
宮中訛言將召立襄王矣，太后趣召諸大臣至乾清宮，指太子泣曰：『此新天子
也。』群臣呼萬歲，浮言乃息。」〔註38〕由於英宗疑非孫后所生，因此在宣
宗崩逝時，宮中便有謠言傳出，將立襄王爲新君。太后張氏於是將年僅九歲
的朱祁鎮帶到乾清宮中，速召諸輔政大臣來見，當面宣告朱祁鎮爲新君，太
后此舉一出，浮言即止，也才確保英宗的地位。〔註39〕

　　英宗九歲登基，王振由於服侍之便，加上頗有心機，英宗對他逐漸信賴，
並尊敬他，以至於稱其爲先生而不敢直乎名諱。〔註40〕王振由於讀過書，在
皇帝面前表現也與其他宦官不同。英宗有一次與內臣於宮中擊球玩樂，當看
到王振出現便立即停止。次日王振以此事當著諸大臣面前，向英宗跪奏「先
皇帝（宣宗）爲一毬子，幾誤天下，陛下復踵其好，如社稷何？」〔註41〕使
英宗在殿上無地自容。三楊亦見而嘆曰：「宦官中寧有是人。」〔註42〕而王振
在此時，亦頗懂掩飾自己，其每次至內閣傳旨時，皆站立於內閣門外，不敢
擅入，必待三楊呼而後入閣，故而贏得三楊對其尊重。由於英宗的成長過程
中皆由王振照顧，經此數事後，英宗對王振自是敬崇有加。

　　王振未能公開擅權前，史書記載太皇太后曾有殺他的念頭。據《國榷》
載：

　　……上即位二年，太監王振干寵，太后御便殿，召張輔、楊士奇、
　　楊榮、楊溥、胡濙入，女官左右侍，雜佩刀劍，上（英宗）東立，

〔註36〕沈德符《萬曆野獲編》（臺北：新興書局，1976年出版），卷三，〈宮闈，宣宗
　　　　廢后〉，頁76。
〔註37〕張廷玉《明史》（臺北：臺灣商務印書館，1976年出版），卷一一三，〈后妃列
　　　　傳〉，頁11載：「修陵寢不祔廟」。
〔註38〕同上書，同卷，頁10。
〔註39〕參閱傅維鱗《明書》（臺北：華正書局，1974年出版），卷八，〈英宗睿皇帝本
　　　　紀〉，頁2。
〔註40〕谷應泰《明史紀事本末》（臺北：三民書局，1969年出版），卷二九，〈王振用
　　　　事〉，頁312載，「初，侍上東宮，及即位……寵信之，呼爲先生而不名」
〔註41〕查繼佐《罪惟錄》（臺北：藝文印書館，影印四庫善本叢書續編），卷二十九，
　　　　〈王振傳〉，頁27。
〔註42〕同上註。

> 輔等立西下，太后顧上曰：「此五臣先皇所簡，皇帝必與計。」頂召
> （王）振，振至，太后改色曰：「汝侍皇帝不律多，賜汝死。」女官
> 刃加頸，上跪請，五臣皆跪，太后曰：「此輩自古多悞人國，皇帝幼，
> 烏知之，且以皇帝故寬汝，毋再也。」振為少戢〔註43〕

即太皇太后張氏曾於便殿，當著英宗及諸位朝中重臣的面前欲殺王振，她指出
王振於服侍英宗時是如何的蠱惑皇帝。但英宗及諸大臣反而替王振求情，太后
最後只教訓王振一番，放他一條生路。關於此事其他史書亦有記載。〔註44〕但
明史學家王世貞考證此說後，否定這種所謂太皇太后曾經面召王振處死的記
載。其言：

> 王世貞曰：考史，正統中，絕不載太后召見諸大臣事，以太后召見
> 大臣，于朝廷爲盛事，于諸公爲盛遇，責數王振爲盛德，楊文敏行
> 實與聖諭錄，何故佚之。史于太后之盛政，王振之蠹國，蓋娓娓焉，
> 何所諱而不書，意者何文簡驟聞前輩之言，喜而筆之，不知其悞也。
> 〔註45〕

即太后召見大臣係大事，責數王振更是盛德，但史籍卻都沒有一點記錄，即
使是被召見的楊士奇，其傳中亦無記載，恐是何喬遠聽其前輩所言，一時欣
喜便記下，而不知這是個錯誤。但也因而得知，王振在英宗朝初期未被處決
或罷除，日後才能逐步奪得政權。〔註46〕

英宗初掌政權，王振對他的影響頗爲深遠。據《明史》載：「導帝用重典
御下，防大臣欺蔽，於是大臣下獄者不絕，而振得因以市權。」〔註47〕王振
導引英宗以嚴刑御下，以防欺瞞，英宗從之，而三楊等輔臣提議開經筵，勸
皇帝專心政務，但王振反導英宗偕文武大臣閱武於將臺，英宗無一不聽，故
其亦逐漸視自己如周公之輔成王，據《明史紀事本末》載：

> （正統六年）十月三殿工成，宴百官，故事，宦者雖寵不得預王庭

〔註43〕談遷《國榷》（臺北：鼎文書局，1978年出版），卷二十五，英宗正統七年，
　　　　頁1633。

〔註44〕參閱何喬遠《名山藏》（臺北：成文出版社，影印明崇禎刊本），卷二十六，〈王
　　　　振傳〉，頁1。

〔註45〕同註43。

〔註46〕參閱冷東：〈明初三楊與宦官關係論略〉（《明清史》第九期，北京：中國人民
　　　　大學書報資料中心，1992年9月）頁37。

〔註47〕張廷玉《明史》（臺北：臺灣商務印書館，1976年出版），卷三〇四，〈王振傳〉，
　　　　頁8。

宴，是日，上使人視王先生何爲，振方大怒曰：「周公輔成王，我獨
不可一坐乎？」使以聞，上爲憮然，乃命東華開中門，聽振出入，
振至，問故，曰詔命也，至門外，百官皆望風拜，振悅。〔註48〕

知王振以周公輔成王的典故，來看待自己與英宗的關係，而英宗也相當尊敬
這位形同其父親般的宦官。明制規定，宮中如有宴會，即使宦官再得皇帝寵
信，也不得參與。但是王振爲此規定感到不悅，而英宗聽到王先生不高興，
自己也感到氣悶，最後只好破除舊例，開東華中門聽任王振出入。當王振到
達時，百官則在外迎接，這等於給王振相當大的禮遇，從這裏也可看出英宗
對王振的寵信。另外，王振時，又盜去太祖時立於宮門前之禁宦官干政碑。
〔註49〕可見其心中頗爲介意此事，其不願予人口實，其心中視自己所爲乃輔
政而非干政。

英宗對王振的親信寵愛，尙可由其正統十一年春正月所頒予的敕文一窺
究竟，敕曰：

朕惟旌德報功，帝王大典，忠君報國，臣子至情，此恩義之兼隆，
古今之通誼也，爾振，性資忠厚，度量宏深，昔在皇曾祖時，特以
內臣，選拔事我皇祖，深見眷愛，教以詩書，玉成令器，委用既隆，
勤誠益至，肆我皇考，念爾爲先帝所器重，特簡置朕左右，朕自春
宮，至登大位，前後幾二十年，而爾夙夜在側，寢食弗違，保衛調
護，克盡乃心，贊翊維持，靡所不至，正言忠告，俾益實多，特茲
賜敕給賞擢爲爾後者以官，詩曰：「無德不報」書曰：「謹忠如始」
朕眷念爾賢勞，昕夕不忘，爾尙體至意，始終一致，我國家有無疆
之休，爾亦有無窮之聞。〔註50〕

即英宗贊美王振個性至忠至孝，度量深遠。在其由太子到即帝位的這些年，
朝夕相隨，無所鬆懈，保護贊輔，正言忠告，故特予敕賞。

英宗在正統朝期間，對於朝中內外的軍國大事皆未能親統。正統七年以

〔註48〕谷應泰《明史紀事本末》（臺北：三民書局，1969年出版），卷二十九，〈王振
用事〉，頁313。
〔註49〕張萱《西園聞見錄》（臺北：華文書局，1940年出版），卷一○二，〈內臣下〉，
頁16載：「洪武初嘗鑄鐵牌……曰內臣不得干預政事，振銳意專恣，怒其害
己，一夕忽失牌所在。」
〔註50〕《英宗實錄》（臺北：中研院史語所，1965年出版），卷一三七，正統十一年
正月庚辰條，頁2下～3上。

前，其年紀尚輕，朝政是由太皇太后監國，三楊輔政。正統七年以後，太皇太后去世，二楊也一一告老，權力應該回歸於皇帝手中，但由於英宗對政事處理上已養成依賴閣輔等人之心，加上信任王振，因此朝政也就由「王先生」輔佐，遂造成王振干政的局面。〔註51〕英宗朝也成為有利宦官權勢發展的時代，諸如邊方鎮守、京營掌兵、經理內外倉場、提督營造、珠池銀礦、市舶織染等事，無處無之。〔註52〕皆有宦官參與，範圍較成祖時更廣。

在英宗的心中，王振的地位實非一般大臣所能超越或抹煞，這對英宗而言究竟是福是禍，雖不得而知，但就日後的土木之變觀之，則王振對英宗而言，實係禍而非福也。英宗身陷虜營時，對其寵王振之舉，也曾有些許悔意，據《北使錄》載：

> 奏曰：「王振一宦官爾，因何寵之太過，終被傾危國家，以致今日蒙塵之禍。」上曰：「王振無事之時，人皆不說，今日有事，罪卻歸於朕，我亦知此人壞大事，不能去之，今悔莫及。」〔註53〕

知英宗被俘時，對臣子言，其亦知王振之過失，惟後悔亦晚矣。但日後"奪門"復辟後，英宗又懷念起王振，據《明書》載：「及土木之變，言官劾其擅權誤國，或有謂今陷寇中反為寇用者，振族黨並誅，第宅沒官，改京衛武學，至是振黨以聞，上大怒曰：『振為寇所殺，朕親見之』追責言者，皆貶竄。」〔註54〕知英宗並不怪罪王振，對於指責王振之過者皆貶官處罰，其不但詔復王振官職，並刻木形招魂葬之，備極哀榮，英宗之不悟，依賴王振而不能自立，後人也無可奈何。〔註55〕

〔註51〕參閱韋慶遠〈三楊與儒家政治〉：(《史學集刊》1988 年第一期，長春，1988年 1 月) 頁 19。

〔註52〕參閱陸容《菽園雜記》(北京：中華書局，1985 年出版)，卷四，頁 36。

〔註53〕李實《北使錄》(臺北：藝文印書館，1968 年出版) 頁 7。相同記載亦可見於《明書》卷八，〈英宗本紀〉，頁 14。

〔註54〕傅維鱗《明書》(臺北：華正書局，1974 年出版)，卷一五八，〈宦官傳〉，頁 8。

〔註55〕參閱張廷玉《明史》(臺北：臺灣商務印書館，1976 年出版)，卷十二，〈英宗後紀〉，頁 7 載：「抑何其惑溺之深也。」

表三之一：英宗朝宦官權勢發展表

皇帝	時 間	宦 官 權 勢 發 展
明英宗	宣德十年 （1435）	正月：宣宗崩，太子朱祁鎮即位爲英宗。 撤各省鎮守內臣。
		二月：行在都督府言，京衛七十七，官軍校尉總旗二十五萬三千八百，除屯守外，供役內府各監局十一萬六千四百，今營操僅五萬六千，乞還各監局役佔，英宗從之。 令內府倉粟出納俱平斛。 各罰金原皆入司禮監，令悉輸承運庫。 太監阮民、都指揮劉清等下於獄，以造松花江捕海青。
		五月：減光祿寺、內官監、供用庫、御馬監及巡視官役諸費。
		六月：給鎮守陝西行都司內官官防。
		七月：王振導英宗閱武將臺。
		八月：令王振出掌司禮監。
		十月：鎮守遼東太監亦失哈等請討朵顏三衛
	正統元年 （1436）	二月：太監李德同通政使李暹提督太倉並象房、牛羊等房倉場，巡視通州至臨清、徐州、淮安等倉。 南京內官求增軍臣。（*01）
		九月：都知監太監洪保度家人二十四人爲僧 刑部右侍郎何文淵同內臣督兩淮、長蘆、兩浙鹽法。
		十一月：遣太監阮安同都督沉清，少保吳中督造三殿。
	正統二年 （1437）	二月：太監阮安役一萬五千人往修河。
		四月：御史李彝等清南京中官外戚所佔之田，計六萬二千三百五十四畝。
		十月：太子太保成國公朱勇等同太監王景弘等大選京軍，得十五萬一千有奇。
	正統三年 （1438）	二月：工部左侍郎李庸同太監山濤專治兵器，軍匠五千七百七十人。
		三月：東平知府傅琳言，徐州、臨清等倉仍用內官收糧，淮浙等鹽仍遣內官及錦衣衛官校緝捕，收糧自有有司，巡研自有監察御史，內臣錦衣衛絡繹四出，瘠民膏血，安所用之。
		五月：遷甲乙丙丁等庫於內府。 御史張奏，張家灣宣課司宜專委內官抽分，崇文門分司宜內官兼管。
		九月：召太監王貴、尚書王驥還京議事。
		十二月：太監王貴鎮守甘肅。
	正統四年 （1439）	正月：遣太監吳誠，曹吉祥督諸軍討麓川宣慰司任發，敗績。（*02）
		閏二月：武定侯郭瑄、太監雷春修皇陵。
	正統五年 （1440）	以太監吳誠、曹吉祥監軍討麓川，不利，下獄論死，遇恤刑，宥之。（弇山堂別集）
		十二月：司禮監火者賈荅兒，干請吏部尚書郭、戶部尚書劉中敷。

	正統六年 （1441）	五月：兵科給事中王永和彈劾錦衣衛指揮馬順，不報，馬順，王振黨也。
		十月：三殿工成，太監阮安、僧保各賜黃金五十兩，白金一百兩，綵緞八表裏，鈔一萬貫。（*03）
		南京守備豐城侯李賢、太監劉寧提督修築江岸。
	正統七年 （1442）	正月：奉御肖保爲都知監左少監，仍振守廣南，鎮守雲南太監曹吉祥還京。
		陞太監王振姪千戶王山爲錦衣衛世襲指揮同知，尋命山侍經筵。 王振建大宅於皇城東，壯麗勝京師。
	正統八年 （1443）	十月：內使張環、顧忠匿名寫誹謗語，錦衣衛鞫實，詔磔於市，仍令內官俱出觀之。所誹謗者王振也，磔之者亦王振也。 禁內官內使私結外廷。 王振建智化寺。
	正統九年 （1444）	五月：州瓷器不堪，王振杖責提督官，仍責造。 獻陵神宮監少監阮菊擅罰陵樹。
		太監僧保出喜峰口，曹吉祥出界嶺口，劉永誠出劉家口，但住古北口，同成國公朱勇等各率精騎萬人征兀良哈，陞賞有差。
		內官陳景先送女官吳淑清還揚州，索取府衛白金綵幣等物，且治私事，踰期復命。詔錦衣衛鞫實。
		賜遼東鎮守太監亦失哈歲米四十石。（*04）
明英宗	正統十年 （1445）	正月：錦衣衛卒王永爲匿名書，數太監王振罪惡，揭之通衢，爲振逮下錦衣衛獄，詔於市。
		四月：工部右侍郎王佑、太監尚義修大功德禪寺。
		九月：戶部右侍郎張睿，內官阮忠巡視提督京、通、臨、清、徐、淮倉糧及象羊牛馬房。
		鎮守遼東太監王彥卒，上命太監喜寧檢閱其家財，彥妻吳氏訴喜寧私取其奴僕、駝馬、金銀器皿、田園、鹽引等物。詔宥寧罪，追取田園鹽引給主，餘物悉入官。
	正統十一 年（1446）	正月：賜司禮監太監王振并各監太監錢僧保、高讓、曹吉祥、蔡忠白金寶楮綵幣諸物。
		六月：內使阮愷擅啓寶藏庫銀。
	正統十二 年（1447）	二月：御用監太監喜寧乞青縣地四百十五頃，多民農，別賜七十九頃。
		四月：武功中衛指揮使華嵩與王振姪爭妓，被械，戍大同。 慶王朱秩留民間自宮者五人。
		閏四月：太監喜寧侵英國公張輔田宅，寧弟勝率淨身家奴毀張輔佃戶居室，毆家人妻墮孕死。
		給遼東鎮守太監亦失哈歲祿七十六石，十二石爲一級。
	正統十三 年（1448）	寧陽侯陳懋爲總兵官，率師討鄧茂七等。太監曹吉祥、王瑾監督神機火器。（*05）
	正統十四 年（1449）	二月：太監阮安、陳鼎巡視通州至南京漕運。
		三月：御馬監監丞李保住劾戶部尚書王佐。
		四月：遣監察御史李浚等同內使闔辦浙江、福建鹽場。

明英宗	正統十四年（1449）	五月：大理寺卿俞士悅等以春夏二時不雨，恐刑獄簿清所致，請會審刑部都察院獄，以消天變，上命太監金英同三法司上官審之。（*06）
		六月：四川會縣衛訓導詹英上邊務十三事，言靖遠伯王驥、都督宮聚等「虜蠻豎，輒閣之以為己役。」 平鄉伯陳懷等與太監高禮率營兵三萬往大同。
		瓦剌酋也先入寇德勝門外，敕太監興安、李永昌往，同武清伯石亨、尚書于謙整理軍務。（*07）
		七月：太監王振挾英宗親征瓦剌，令太監金英輔郕王監國。
		八月：英宗土木兵敗被俘。

*01：此內臣督工之可見者也。
*02：此內臣總兵之始也。
*03：此為內臣功賞之至厚者也。
*04：亦失哈之賜為內臣加祿之見於史書者。
*05：此監槍內臣之始也。
*06：此內臣五年審錄之始也。
*07：此內臣總京營兵之始也。

資料來源：1.《弇山堂別集》〈中官考〉卷九十～九十二
　　　　　2.《英宗實錄》
　　　　　3.《明史》卷十〈英宗前紀〉、卷三〇四〈王振傳〉

第二節　王振與內閣

　　王振用事實為英宗寵信所引起，英宗即位之初，由於有太皇太后監國，及三楊在內閣，因此王振尚無法擅權。正統七年以後，太皇太后去世，三楊亦先後離開內閣，朝中除皇帝外，已無人能制衡王振，王振遂開始侵奪內閣的權力。王振侵奪內閣閣權實為英宗朝無善政的要因之一。

　　明初仍行宰相制，元至正二十四年（1364），太祖尚稱吳國公時，訂定官制，仿元朝設中書省，並以李善長為右相國，徐達為左相國。至正二十七年（1367），改李善長為左相國，徐達為右相國。洪武元年，改相國為丞相，直至四年，皆由李善長獨相。洪武四年後，以胡惟庸出任左丞相，但洪武十三年發生胡惟庸謀反一事，遂造成太祖廢除宰相並集權中央。〔註56〕

　　《明通鑑》載：「始罷中書省，昇六部尚書秩正二品，改大都督府為中左右前後五軍都督府。上懲胡惟庸亂政，遂定制，不置丞相，仿古六卿制，以

〔註56〕參閱張廷玉：《明史》（臺北：臺灣商務印書館，1976年出版），卷七十二，〈職官一〉，頁5。

政歸六部，並著之祖訓。」〔註 57〕即太祖基於胡惟庸亂政之弊，罷中書省，提昇六部權力，《明通鑑》又載：

> 自古三公論道，六卿分職，不聞設立丞相。自秦始置丞相，不旋腫
> 而亡。漢、唐、宋雖有丞相，然期間亦多小人專權亂政。今我朝罷
> 丞相，設五府、六部、都察院、通政司、大理寺等署，分理天下庶
> 務，大權一歸朝廷，立法至爲詳善。以後嗣君毋得議置丞相，丞下
> 敢以此請者，置之重典。〔註 58〕

太祖以爲設五府、六部、都察院、通政司、大理寺等機關分理天下政務，大權歸於朝廷，立法可謂完善。由此或可推測，胡惟庸案只是廢相的一個藉口，集權中央才是其心中的想法。

丞相的設立，原是爲補救君主世襲制度的不足，因爲繼任之君並非個個都具有賢能之資，也非個個都有過人的精力。這個時候如果有丞相輔助，則朝政尚不致於紊亂。據《太祖實錄》載：

> 洪武十七年九月，乙未，給事中張文輔言，自九月十四日至二十一
> 日，八日之間，內外諸司奏箚，凡一千一百六十，計三千三百九十
> 一事。〔註 59〕

即洪武十七年，給事中張仁輔曾詳細統計太祖的工作量，據統計在八天的時間裏，即從該年九月十四日到二十一日，八天中，太祖一共處理三千三百九十一事的章奏，平均每天要處理四百餘事。以太祖過人的體力尚能負荷，但對其子孫而言，卻可能是繁重的負擔。〔註 60〕黃宗羲在回顧明代政局時也不禁嘆曰：「有明之無善政，自高皇帝罷丞相始也。」〔註 61〕

太祖廢除中書省及丞相一職，改由他自己一人來統轄全權。每天面對這樣繁重的事務，雖有過人的體力精力，也不免有「人主以一身統御天下，不

〔註 57〕 夏燮《明通鑑》（臺北：世界書局，1974 年出版），卷七，紀七，太祖洪武十三年，頁 372。

〔註 58〕 夏燮《明通鑑》（臺北：世界書局，1974 年出版），卷七，紀七，太祖洪武十三年，頁 372。

〔註 59〕 《太祖實錄》（臺北：中研院史語所，1965 年出版），卷一六五，洪武十七年九月乙未條，頁 2 下～3 上。另孫承澤《春明夢餘錄》（臺北：大立出版社，1980 年出版），卷二十五，〈六科〉，頁 2～3 也有相同記載。

〔註 60〕 參閱吳緝華〈論明代廢相與相權之轉移〉：《明代制度史論叢》上冊：臺北，臺灣學生書局，1971 年出版）頁 23。

〔註 61〕 黃宗羲《明夷待訪錄》（臺北：臺灣中華書局，1964 年出版）〈置相〉，頁 6。

可無輔臣」之感，其云：「朕一人處此多務，豈能一一周偏，苟治事有失宜，豈為一民之害，將為天下之害，豈為一人之憂，將為四海之憂」〔註62〕故十三年九月遂設置四輔官。惟四輔官多為耆儒，除了「敦僕」，別無可取之處。洪武十五年（1382）七月，太祖宣布廢除四輔官一職。〔註63〕

　　太祖廢除四輔官後，於洪武十四年起用翰林編修、檢討、典籍同左春坊左司直郎、正字、贊讀等官考駁諸司奏啓，命名為「翰林院兼平駁諸司文章事」。十五年又設立華蓋殿、武英殿、文華殿、文淵閣、東閣諸大學士，以這些「殿閣大學士」擔任輔助皇帝的工作。這些殿閣大學士「皆侍左右備顧問，然不得平章軍國事」〔註64〕。即只備顧問，重大的軍國大事皆無法參與，軍國大事由太祖親斷。

　　成祖時進一步加強殿閣大學士之責，據《明史》載：

　　　（建文四年）八月壬子，侍讀解縉、黃淮入直文淵閣。尋命侍讀胡廣，

　　　　修撰楊榮，編修楊士奇，檢討金幼孜、胡儼入直，並預機務。〔註65〕

知成祖時，殿閣大學士始預機務。又，內閣一詞亦始於成祖即位後。據《明會要》載：

　　　成祖即位，特簡解縉、黃淮入直文淵閣。胡廣、楊榮、楊士奇、金

　　　幼孜、胡儼同入直，預機務，謂之內閣。內閣之名及參預機務自此

　　　始。〔註66〕知成祖即位後（建文四年八月），命解縉、黃淮、胡廣、

　　　楊榮、楊士奇、金幼孜、胡儼等，入直文淵閣。文淵閣在午門之內，

　　　文華殿南面，地處內廷，於是稱內閣。文淵閣即內閣，內閣之名即

　　　自此始。惟此時之文淵閣係在南京。成祖後於北京亦設置文淵閣，

　　　其中「凡宮殿、門闕規制，悉如南京，壯麗過之。」〔註67〕

成祖時的內閣有兩點特點，第一是閣臣的品秩不高，只有五品。據《春明夢餘錄》載：

〔註62〕《太祖實錄》（臺北：中研院史語所，1965年出版），卷一六五，洪武十七年九月乙未條，頁3上。

〔註63〕張廷玉：《明史》（臺北：臺灣商務印書館，1976年出版），卷七十二，〈職官一〉，頁5。

〔註64〕傅維麟《明書》（臺北：華正書局，1974年出版），卷六十五，〈職官一〉，頁19。

〔註65〕同註63，卷五，〈成祖本紀〉，頁8。

〔註66〕《明會要》（臺北：世界書局，1963年出版），卷二九，〈職官一〉，頁466。

〔註67〕同註63，卷六十八，〈輿服四，宮室制度〉，頁12。

永樂之世，楊榮、楊士奇官止五品。〔註68〕

第二是殿閣大學士得以參預機務。所謂參預機務，如《明書》載：「日百官奏事退，內閣臣造御前密勿謀畫，率漏下數十刻始退，諸六部大政，咸共平章。」，「蓋閣臣之預機務自此始。」〔註69〕《明政統宗》亦載：

> 時上念機務殷重，欲廣聰明，措天下於理也，乃開內閣於東角門，簡諸臣為耳目。復每日百官奏事退，內閣臣造前密勿謀畫，率漏下數十刻。諸六部大政，咸平共章，秩五品，而恩禮賚，率與尚書並。
>
> 蓋內閣預機務，自此始。〔註70〕

此說明內閣已有協助皇帝參決政事的職能。太祖時僅備顧問之殿閣學士，至成祖時開始協助皇帝預機務，不過成祖是勤於政事的皇帝，事必躬親，「成祖簡翰林官直文淵閣，參預機務……其實，章疏直過御前，多自宸斷，儒臣入直，備顧問而已。」〔註71〕知成祖仍掌握全權，另據《明史》載：

> 明初罷丞相，分事權於六部。成祖始命儒臣直文淵閣，預機務。沿及仁、宣，而閣權日重，實行丞相事。〔註72〕

知內閣至仁、宣時，閣權才越來越重，所行實為宰相之事。

據《翰林記》載：

> 仁宗繼統……上每退朝還宮，遇有機務須計議者，必親御翰墨書（楊）榮等姓名，識以御寶，或用御押封出，使之規畫。榮等條對用文淵閣印封入，人不得聞。〔註73〕

知仁宗於每日朝退後，遇到重大機務大事，必以親筆墨書識以御寶或御押封出，交由楊榮等研議。而楊榮等亦條對再用文淵閣印加封送入宮中，君臣之間的往來論奏，旁人不得與聞。皇帝與閣臣對重大事情皆以密封文書往來，此已有條旨的雛形。

宣宗時，則確立了「條旨」制度。據《續通典》載：

〔註68〕孫承澤《春明夢餘錄》（臺北：大立出版社，1980年出版），卷二十三，〈內閣一〉，頁13。

〔註69〕傅維鱗《明書》（臺北：華正書局，1974年出版），卷六十五，〈職官一〉，頁20。

〔註70〕涂山《明政統宗》（臺北：成文出版社，1985年出版），卷七，頁4。

〔註71〕張廷玉《明史》（臺北：臺灣商務印書館，1976年出版），卷一〇九，表一〈宰輔年表一〉，頁1。

〔註72〕同上書，卷一四七，〈胡儼傳〉，頁15。

〔註73〕黃佐《翰林記》（北京：中華書局，1985年出版），卷二，〈參預機務〉，頁14。

> 宣德三年，敕宰臣楊士奇等，卿等春秋高，尚典繁劇，可綴所務，
> 朝夕在朕左右討論至禮，職各捧祿悉如舊。……是時帝亦屢幸內閣，
> 凡中外章奏，宰相俱用小票墨書貼各書面以進，謂之條旨，條旨之
> 名始此。〔註74〕

即宣德三年時，內閣諸臣對中外章奏，俱用小票墨書，貼於疏面以進，條旨之名即始於此時。由於條旨的形成，皇帝可以視條旨一一批答，而不必與閣臣面議。這就容易發生弊端，尤其增加了居中傳旨的宦官奪權的可能性。王振的干政，便是鑽此一漏洞而來的。

條旨的制度，增加了內閣的權勢。如《四友齋叢說摘抄》載：

> 然各衙門章奏，皆送閣下票旨，事權所在，其勢不得不重。後三楊
> 在閣既久，漸兼尚書，其後散官加至保傅，雖無宰相之名，而有宰
> 相之實矣。〔註75〕

宣宗時期內閣雖有票擬權，但皇帝對批答奏本之權還是沒有完全放手，遇有重大事件，仍親自處理，內閣亦為辦事而已，直至英宗即位，由於年幼，才將權力委予內閣。

英宗朝初期，上有太皇太后監國，朝政賴內閣三楊輔政，故朝政清明，猶保仁宣致治之遺風。三楊等人之作為，首先即是罷十三布政司之鎮守宦官，詔天下衛所皆立學。第罷一切不急務，並發京軍屯田畿輔。楊士奇等又於正統元年三月上疏請開經筵，導英宗向學，以勤政務，並擇老成重厚，識達大體者以供侍講之聽，太皇太后亦皆從之，一時之間，頗有治世之舉。但有數點值得注意，英宗即位之初，即命王振越金英等出掌司禮監要職。如《明史紀事本末》載：「及（英宗）即位，遂命（王振）掌司禮監，寵信之。」〔註76〕另一方面，英宗因年幼，對朝政尚不能有所掌，除暫罷午朝外，也廢除宣宗時與內閣面議朝政之舉，據《國朝典彙》載：「上（英宗）嗣位幼沖，面議遂廢。至是始命內閣官與各衙門會議大政，具本奏決。」〔註77〕閣臣至此遇事只需具本上奏，再

〔註74〕清高宗敕撰《續通典》（臺北：新興書局，1963年出版），卷二十五，〈職官三〉頁1269。

〔註75〕何良俊《四友齋叢說摘抄》（北京：中華書局，1985年出版，叢書集成初編）〈摘抄一〉，頁35。

〔註76〕谷應泰《明史紀事本末》（臺北：三民書局，1969年出版），卷二十九，頁312。

〔註77〕徐學聚《國朝典彙》（臺北：學生書局，1965年出版），卷三十二，〈輔臣考上〉，頁19。

待皇帝批決即可,遂使司禮監有從中奪權之機會。王振得英宗寵信,本欲藉此
竊權,但其心中明白,除得到皇帝的信任與握有司禮監的控制權外,如欲竊權
干政則內閣必須完全控制,如此對其竊權方能得心應手。此時內閣正由三楊所
掌,三楊是歷任四朝的元老,〔註78〕王振不能不有所顧忌,故亟欲去之,據《明
書》載:

> 一日振謂三楊曰:朝廷事賴三先生,高齡亦倦瘁矣,後當如何?又
> 一日,振以事謁閣,遂可否其間,榮等憤懣不平,不出視事,太皇
> 太后遣使問之,乃告以故,太皇太后怒鞭振,押至閣中伏罪,且戒
> 之曰:再爾,殺無赦!〔註79〕

知王振在正統初已試圖干預內閣閣權,對此,三楊並無表現堅決抵抗之意,
如楊榮心中雖不滿,但也只以不視事表示消極抗議。不過當太皇太后知道後,
大怒,並將王振抓來鞭打處罰,並押送其到內閣去向三楊道歉,同時告戒王
振,若再犯,則殺無赦。此多少使王振銳氣受挫,稍稍收斂。《明史紀事本末》
也有類似的記載,如:

> 初,宣宗崩,上沖年踐祚,事皆白太后然後行委用三楊,政歸臺閣(內
> 閣)每數日,太后必遣中官入閣,問施行何事?具以聞。或王振自斷
> 不付閣議者,必立召振責之,太后既崩,振益無所憚矣。〔註80〕

王振因為英宗的信任,遂想謀奪內閣之權,但太皇太后賢明,明辨是非,遇
王振有違紀的行為,即予以糾正,所以王振才不敢太過放肆。雖然正統初因
太皇太后賢明,權委內閣,三楊始能推行政事無礙。〔註81〕然其時三楊卻未
能識大體,慎謀遠思,為圖國家長遠之計而將王振由朝中去除。正統七年太
皇太后去世後,士奇等頓失屏障,時機已失,逐漸為王振所左右,對此,據
《明通鑑》載:

> 當閹豎擅權肆橫,留毒方深,大事無過於此者,士奇等寧當不以為

〔註78〕參閱《明史》,卷一四八,〈楊士奇、楊榮、楊溥傳〉頁15。另參閱趙翼《二
十二史劄記》卷三十三,〈明大臣久任者〉,頁760。
〔註79〕傅維鱗《明書》(臺北:華正書局,1974年出版),卷一五八,〈王振傳〉,頁
5。
〔註80〕谷應泰《明史紀事本末》(臺北:三民書局,1969年出版),卷二十九,〈王振
用事〉,頁314。
〔註81〕雷禮《國朝列卿記》卷十,〈三楊總論〉,頁13載,「用是數年,朝綱整飭,
海內又安。」或參閱冷東〈明初三楊與宦官關係論略〉《明清史》第九期,
北京:中國人民大學書報資料中心,1992年9月)頁35~38。

隱憂！及誠孝太后亦未嘗不慮其貽害，故爾倉猝垂詢。諸臣如果忠
于爲國，當思此事機難得，一去而不可復挽，即宜列王振罪惡，亟
舉入告，以請速除兇孽，或冀其萬一得行，猶可有禆國政。……士
奇等爲相，雖亦有小節足稱，而核其實，究不免阿容守位，至是而
老將及之，尤不過浮沈自全而已。〔註82〕

知即使是正統七年太皇太后臨逝垂詢之際，楊士奇等仍未能把握時機列王振
罪而去除之。楊士奇雖於正統元年三月上言開經筵時曾意有所指，其曰：

今皇上富于春秋，凡起居出入一應隨侍，及使用之人，皆宜選擇行
止端莊，立心行己正當者……伏望太皇太后陛下，皇太后殿下，皆
留聖心爲皇上愼選左右隨侍及使用之人，如或其人舉動輕佻，語言
褻慢，立心行己不正者，皆宜早去之，若不早去，隨侍既久，情意
相洽不覺其非，言聽計從，後來欲去，其勢難矣。〔註83〕

所言雖頗爲切中時弊，但可惜未能直指出所言者係指王振。三楊雖寄望太皇
太后能有所明瞭，可惜太皇太后亦未能行之。三楊等之爲臣，雖誠心盡力而
有所小成，但未能去除朝政禍源，實僅爲守成自全而已。

王振在英宗朝雖受到太皇太后限制而未能公開擅權，但對於三楊則開始
利用三人之間的嫌隙或小恩怨，予以打擊，以壞其威望。據《明書》載：

（正統）四年十月，福建僉事廖模，杖死驛丞，楊溥欲坐償命，楊
士奇欲擬因公致死，互爭不決，請裁於太后，王振因而進言，謂溥
與驛丞同鄉，士奇與僉事同鄉，未免皆有私情，償命過重，因公過
輕，宜對品降僉事爲府同知，太后韙（是）之，自是振漸撼內閣之
過，而權歸掌握矣。〔註84〕

即正統四年時，福建僉事廖模因故杖死驛丞，二楊各袒護其同鄉而發生爭執，
因爲被打死的驛丞是楊溥的同鄉，而僉事廖模卻是楊士奇的同鄉，二人爲了
該如何處置僉事而爭執不下，遂請太后裁決。此時王振提出，宜將僉事調降
爲府同知，太皇太后則同意其意見。此後王振便漸開始挑內閣三楊之過以奪

〔註82〕 夏燮《明通鑑》（臺北：世界書局，1974 年出版），卷二十三，紀二十三，英
　　　　 宗正統七年，頁 934。
〔註83〕 陳子龍等著《皇明經世文編》（臺北：國風出版社，1964 年出版），卷十五，
　　　　 楊文貞公文集，〈上開經筵疏〉，頁 5。
〔註84〕 傅維鱗《明書》（臺北：華正書局，1974 年出版），卷一五八，〈王振傳〉，頁
　　　　 5。

取閣權。

王振除打擊三楊威望外，更希望在內閣中取得優勢。據《明史紀事本末》載：

> （正統）五年春二月，命侍講學士馬愉、侍講曹鼐並直內閣機務。先是王振語楊士奇曰：朝廷事賴三位老先生，然三公亦高年倦勤矣，後當何如？士奇曰：老臣當盡瘁報國，死而後已。榮曰：先生安得為此言，吾輩老，無能效力，當以人事君耳。振喜，越日，即薦曹鼐、苗衷、陳循、高穀等，遂次第擢用。士奇因尤（怪）榮，榮曰：彼厭吾輩，吾輩縱自立，彼能容己乎？一旦內中出片紙命某某入閣，則吾輩束手矣。今四人竟是我輩人，何傷也？士奇是其言。〔註85〕

即王振利用機會試探三楊，謂三人年歲已大，不知將來做何打算？楊士奇說「老臣當盡瘁圖報，死而后已」〔註86〕，楊榮則回答說，其輩已老，還是應當推舉後輩入閣替朝廷效命才是。王振聞後悅之，因此推舉曹鼐、苗衷、陳循、高穀四人入閣。楊士奇為此責怪楊榮，但楊榮說王振討厭他們，容不下他們。如果皇帝出示片紙（中旨），直接命某人入閣，那他們又能如何？現在推舉的四人，皆是我輩之人，又何妨。三楊個性溫和，楊榮認定反對王振並無多大用處。又，若從太后欲殺王振而三楊卻為其求情之傳聞來看，三楊顯然不願與王振正面衝突，而三楊所保舉的人才如曹鼐、馬愉等也多是溫和持平之輩。閣臣多溫和之士，內閣遂難與王振相抗衡。〔註87〕

三楊歷任四朝，雖堪為朝中為官之模範，但其中之一的楊榮卻有一項缺點，即其對於士大夫等所送之禮，向來不予拒絕，因此外傳他有不廉之名。〔註88〕也因此使王振有藉口來限害他。據《國朝列卿記》載：

> 適宗室中有遺東楊（榮）土物者，振將發其事，西楊（士奇）以東楊不在京，辯解之，東楊聞報，兼程造朝，觸冒瘴疹，卒于錢塘，以此振權益專。〔註89〕

〔註85〕谷應泰《明史紀事本末》（臺北：三民書局，1969年出版），卷二十九，〈王振用事〉，頁313。

〔註86〕雷禮《內閣行實》（臺北：臺灣學生書局，1970年出版），卷二，頁59。

〔註87〕同註85，同卷，頁314載：「繼登庸者，悉皆委靡，於是大權悉歸振矣」。

〔註88〕張廷玉《明史》（臺北：臺灣商務印書館，1976年出版），卷一四八，〈楊士奇傳〉，頁7載，「然頗通饋遺邊將」。另據《明書》卷一二○，頁23載，「榮從不卻人之餽，必先詢訪其人之貧富，若貧則酬以別物，如所餽焉。」

〔註89〕雷禮《國朝列卿記》（臺北：文海出版社，出版年月不詳），卷十，〈三楊總論〉，

由於王振刻意的曲解，楊榮急欲回京辨解，但卻在回京的路上，因觸冒瘴疹而得病死去。正統五年楊榮死後，楊士奇與楊溥更是勢窮力孤，《國朝典彙》載：

> 張太后崩，楊榮既卒，士奇以子稷堅臥不出，溥惟一人當事，亦年老勢孤，繼登庸者，皆不能自樹，於是內閣之柄悉爲王振所攘，生殺予奪盡在其手矣。〔註90〕

知楊榮與太皇太后相繼死去後，楊士奇也因爲其子犯法遭彈劾，退隱不出，後亦於正統九年去逝。內閣至此，僅剩楊溥一人主事而已。由於之前未能掌握時機共謀去除王振，至此三楊凋零，其他新進閣臣尚不能自立，內閣逐漸爲王振所操縱。正統十一年時楊溥也去世，至此王振對閣臣更是無所顧忌，開始一意孤行，干預朝政。

第三節　王振與士大夫

王振於正統七年（1442）以前，對於許多軍國大事的決議，其早已介入，並展現過他的實力，如麓川之征，惟當時對朝中士大夫還不太敢濫罰濫殺。正統七年太皇太后張氏死後，王振開始主導朝政，對不服的士大夫也開始恃無忌憚濫殺濫罰。〔註91〕

正統年間朝中文武大臣與王振之關係，可以概分爲四大類。第一類是王振的親人，王振得勢之後，在「內舉不避親」的前提下，拉拔不少親人，主要有其胞弟任職錦衣衛指揮僉事的王山、王海及姪兒王林等人。〔註92〕第二類是趨炎附勢之徒，主要有工部右侍郎王佑、都指揮僉事紀廣，及眾文武百官等。〔註93〕第三類是不肯屈就王振的士大夫，如侍讀劉球、尚書王直、大理寺左少卿薛瑄、國子監祭酒陳敬宗等。〔註94〕第四類是一群不敢公開反對

頁 12。而《明史》，卷一四八，〈楊士奇傳〉頁 7，有相同記載。
〔註90〕徐學聚《國朝典彙》（臺北：學生書局，1965 年出版），卷三十二，〈輔臣考〉，頁 19。
〔註91〕參閱嚴從簡《殊域周咨錄》（臺北：臺灣華文書局，1968 年出版），卷十七，〈韃靼〉，頁 16。
〔註92〕王世貞《錦衣志》（北京：中華書局，1985 年出版）頁 9。
〔註93〕參閱谷應泰《明史紀事本末》（臺北：三民書局，1969 年出版），卷二十九，〈王振用事〉，頁 313。
〔註94〕參閱張廷玉《明史》（臺北：臺灣商務印書館，1976 年出版），卷一六二，〈劉球傳〉，卷一六三，〈陳敬宗傳〉，卷一七〇，〈薛瑄傳〉。

王振，也顯少支持抗拒王振之士大夫的沉默多數，如內閣三楊等。〔註95〕

就第一類而言，王振逐步掌握政權後，自然而然便提拔自己的親人，而其親人主要皆任職錦衣衛。錦衣衛主控查察，王振以自己的親人任職錦衣衛，因此更易掌握特務機構並將特務機構納爲己用。

關於第二類士大夫，於王振掌司禮監後（宣德十年七月），即已出現。《明史紀事本末》載：

> （宣德十年）時撫臣方議開經筵，而振乃導上閱武將臺……紀廣者，
> 常以衛卒守居庸，往投振門，大見親暱，遂奏廣第一，超擢之，宦
> 官專政自此始〔註96〕

即原是守居庸關的衛卒紀廣，由於投靠王振，得王振歡心，而得超擢升官。〔註97〕又如工部郎中王佑，最善於侍候王振的臉色，據《菽園雜記》載，王佑臉上沒有蓄鬚，有一天，王振好奇問他說，王侍郎（此時已昇任爲工部右侍郎）爲什麼沒有留鬍鬚呢？他馬上回答說，老爺（指王振）都沒有鬍鬚，兒子（自己）怎麼敢有呢？〔註98〕其事王振如己父。另如徐晞，由於媚振，被王振矯旨晉昇爲兵部尚書。諸人見狀亦仿效之以盼擢。府部院諸大臣，及百執事在外方面各官，皆舉金要求進見。欲進金者至少須奉百金爲標準，而奉千金者才得進入府中，飲宴而得醉飽出，因此大家都趨之若鶩。蔚爲風尚。〔註99〕

第三類士大夫，幾乎都遭迫害。如戶部尚書劉中敷、侍郎吳璽、陳嫶等人。其因京師缺乏糧草，欲將御用的牛馬分發到民間由民間飼養，此舉卻遭到言官彈劾，認爲是破壞體制，王振遂藉機立威，將彼等械捕，前後歷時十六天才釋放。〔註100〕

〔註95〕同上書，卷一四八，〈三楊傳〉，頁1～15。

〔註96〕同註93，同卷，頁312。

〔註97〕黃瑜《雙槐歲鈔》（北京：中華書局，1985年出版），卷五，〈閱武將臺〉，頁69載，「紀廣由隆慶右衛指揮僉事昇爲都指揮僉事。」

〔註98〕據陸容《菽園雜記》（北京：中華書局，1985年出版）〈無鬚〉頁7載，「（王振）一日問某曰『王侍郎，爾何無鬚？』某對云『公無鬚，兒子豈敢有鬚』人傳以爲笑」。

〔註99〕谷應泰《明史紀事本末》（臺北：三民書局，1969年出版），卷二十九，〈王振用事〉，頁314。

〔註100〕參閱張廷玉《明史》（臺北：臺灣商務印書館，1976年出版），卷一五七，〈劉中敷傳〉，頁8。

　　與王振發生衝突且被害最烈的士大夫，當屬侍講劉球，其於正統六年
（1441）上言十事反對征麓川，結怨於王振，日後遭人誣陷，為王振唆其黨
馬順肢解死於錦衣衛獄中。〔註101〕在劉球事件後，朝中諸臣多不願與王振正
面衝突，皆力求自保，諂媚之風更盛。據《海上紀聞》載：

　　　　王振擅權，聲勢烜赫，自劉忠愍（球）之死，公卿大臣多出其門，

　　　　無不望塵下拜，恬不知愧，儼然自重不為所屈者，魏文靖（驥）、陳

　　　　祭酒（敬宗）、薛文清（瑄）三公而已。〔註102〕

知正統朝惟魏驥、陳敬宗、薛瑄三人能自重而不為所屈。然除魏驥未為王振
所害，〔註103〕他如大理寺卿薛瑄、南京國子監祭酒陳敬宗、祭酒李時勉、
司業趙琬、掌饌金鑑、駙馬都尉石璟等人皆遭王振迫害。〔註104〕薛瑄因為
辦理武吏妻妾之案，事涉王振姪王山，都御史王文諂事王振，王文因此唆使
御史彈劾薛瑄受賄，薛瑄遂被判死罪。後因侍郎王偉申之救而得釋，但遭除
名放歸田里。陳敬宗則是不願為王振所用而為王振銜恨，歷祭酒職十八年而
不昇。李時勉則是於王振詣國子監時，對王振無所加禮，為王振所銜恨，後
以其修剪國子監樹木，被誣告為伐官木私用，枷於國子監門前。最後由於國
子監生數千人上疏求解與會昌伯言於孫太后，始得以釋放。此外王振還利用
言官彈劾諸大臣，立威朝中，《明鑑》載：「……言官承（王）振風指，屢摭
大臣過，自公、侯、駙馬、伯及尚書、都御史以下無不被劾，或下獄或荷校，
甚至遣謫，殆無虛歲。」〔註105〕知王振開始以言官來整肅朝中大臣，樹立
自己的威望，在太皇太后死後更是如此。王振對士大夫的打擊行動中，仔細
分析可以發現，除非與他有直接衝突，如侍讀劉球上言數王振罪，王振以為
劉球係針對其個人所為，才忿而殺之。否則如薛瑄等雖入獄判死罪，但最後
還是以處罰、謫邊或除名了事。關於王振擅罰朝中大臣士大夫尚有多起，請
參閱附表。

〔註101〕同上書，卷一六二，〈劉球傳〉頁6～9。另傅維鱗《明書》（臺北：華正書局，
　　　　1974年出版），卷一〇七，〈劉球傳〉，頁1也有相同記載。

〔註102〕闕名《海上紀聞》：（《續說郛》卷七，臺北，新興書局，1964年出版）〈自重〉，
　　　　頁2～3。

〔註103〕同註100，卷一五八，〈魏驥傳〉，頁10載：「正統中王振怙寵凌公卿，獨嚴
　　　　重驥，呼先生。」

〔註104〕同註99，同卷，頁313～316。

〔註105〕清托津等奉敕撰《明鑑》（北京：中國書店，1985年出版），卷三，〈英宗睿
　　　　皇帝〉，頁138。

　　第四類士大夫，除三楊外，如兵部尚書王驥、鄺埜、張輔等皆是。王驥與鄺埜於正統初期受命防邊，王驥因為延遲五日未回報邊務，王振教英宗召王驥當面指責「卿等欺朕年幼邪？」〔註106〕而將王驥與鄺埜下獄。雖然不久二人即被釋放，但王驥日後在麓川之征時便偏於王振，鄺埜也憚於王振的威勢，對邊務皆少議論以求自保。〔註107〕另外英國公張輔，亦曾遭王振陷害。王振利用言官右都御史陳智彈劾張輔回奏時稽延，欲坐其罪。但英宗以其為四朝重臣，釋而不問，此事使張輔對王振存有戒心，以至日後張輔對王振主導的麓川之役及土木之役皆無反對之議。〔註108〕

　　王振打擊朝臣士大夫，實係欲將朝中諸臣皆納入其門下。初期他是相當禮遇士大夫，但因其身為宦官，故反而不得士大夫尊敬。王振羞忿之餘，改採整肅之策。因此見風轉舵的士大夫，也逐漸向其靠攏。稍有風骨，擇善固執的士大夫，則被殺，或被罰，或被謫於僻遠處。留下者除其親信外，多為沉默以對，敢怒不敢言的文武百官。據《沂陽日記》載：

> 正統時，王振雖跋扈，大臣猶加禮，王尚書直遇振未嘗少降詞色，同坐時振欲奪尊席，公曰：「太監職四品，吾尚書二品。」岸然凝坐，振無如之何。〔註109〕

像尚書王直這樣，即使知王振得寵，對其亦不假以顏色的朝臣實在太少，故實不足以對王振構成威脅。

　　王振以其黨錦衣衛使馬順用刑肢解侍讀劉球後，為乘勢打擊反對者，建立威望。凡朝中內外大臣見其揖而不拜，不跪、不加禮者，則下錦衣衛獄或荷校、繫械、謫戍、箠楚幾死罰之。不論尚書、侍郎、祭酒、駙馬都尉等重臣，亦或是地方知州、錦衣衛卒，凡忤其意，意圖告發其竊權罪名、誹謗者，亦皆繫以重典，甚或殺害。〔註110〕士大夫被其摧殘至此，勢必影響明朝的政風。

〔註106〕同上註。
〔註107〕參閱夏燮《明通鑑》（臺北：世界書局，1974 年出版），卷二十三，紀二十三，英宗正統十二年，頁 959。
〔註108〕參閱《明史》（臺北：臺灣商務印書館，1976 年出版），卷一五四，〈張輔傳〉，頁 6。
〔註109〕闕名《沂陽日記》：（《續說郛》卷七，臺北：新興書局，1964 年出版），〈王尚書〉，頁 4。
〔註110〕參閱徐學聚《國朝典彙》（臺北：臺灣學生書局，1965 年出版），卷三十三，〈中官考上〉，頁 18～21。

表三之二：媚事王振之士大夫表

人　物	官　職	時　間	行　　為	結　　果
紀　廣	衛卒	正統元年秋七月	嘗以衛卒把守居庸關，見王振攬權，便前往投入王振門下，王振大見親暱。	明英宗閱武於將臺，試諸將士騎射之技術，王振上奏紀廣第一，越級拔擢之。
王　佑	工部郎中	正統六年夏四月	王振弄權以後，王佑以諂媚而被拔擢。一日，振問曰：「王侍郎何無鬚？」對曰：「老爺所無，兒安敢有！」聞者鄙之。	由工部郎中擢升為工部右侍郎（為工部尚書之副）
澎德清	欽天監正		媚事王振而得寵，朝中大臣皆禮之，惟劉球不禮，故後誣陷劉球上言辱王振，王振怒下劉球於獄	土木之役後遭彈劾，本坐死罪，後得病疾。
宋　新	左布政使		嘗以萬金賄賂王振，為王振所納。	得遷左布政使。後福建鄧茂七之亂係其賄王振萬金，欲收其金，壓榨百姓而引起民亂。
王　文	都御史		嘗因不禮王振為王振所罰，跪於門前。	後皆委於王振之下。
馬　順	錦衣衛指揮	正統六年五月	兵科給事中王永和劾掌錦衣衛事指揮馬順估寵驕恣，欺罔不法。	馬順王振黨也，不報。
		正統八年	侍講劉球及編修董璘因上疏諫麓川之征，遭王振與劉球俱逮下獄。	令馬順以計殺劉球。
徐　晞	兵部侍郎	正統七年十二月	王振權勢日重，徐晞以諂見擢。	王振矯旨將其由兵部侍郎擢升為兵部尚書
周　忱	南畿巡撫		王振素慕陳敬宗名，欲攬陳敬宗於門下，托其告之。	
王　佐	戶部侍郎		為王振所用。	
石　璞	工部尚書		石璞善媚王振，為王振所善。	遂召為尚書。
任　信	指揮		二人皆王振黨羽。	
陳　斌	指揮			
奈　亨	戶部侍郎		為王振黨，附王振之勢。	
楊　善	右都御史		王振用事時，楊善以媚事王振	

表三之三：王振親屬故舊表

人　名	官　職	時間	經　　過	結　　果
王　山	錦衣衛		王振之弟。	昇為錦衣衛指揮（＊01）
王　林	都督指揮		王振姪兒。嘗與武功中衛華嵩爭娼，華嵩因而遭枷，乃王振之勢所為。	昇為錦衣衛指揮（＊01）
王　海	錦衣衛指揮		王振之弟	昇為錦衣衛指揮土木之役後遭族誅。（＊01）
郭　敬	大同鎮守太監		鎮守大同時嘗暗中與也先交易，露中國虛實。	
吳　誠	監軍太監		出任征麓川監軍	
曹吉祥	監軍太監		嘗出任征麓川等役監軍，征兀良哈、征鄧茂七於福建。為王振之黨羽。	後擁英宗復辟有功，出掌司禮監，總督三大營，後以謀反遭誅
王長隨	內宦		皆宦官中王振黨羽	王振死於土木之變後，景帝臨朝，二人遭王竑等於朝中捶殺之。
毛　貴	內宦			
陳　官	內宦			
唐　童	內宦			
跛兒干	內宦		依勢於王振。	土木之變降敵，後引敵反攻，入使於明時遭景帝執而殺之。
亦失哈	內宦		嘗鎮守遼東。	虜犯廣寧，亦失哈禁官軍勿出擊。
喜　寧	中官		侍英宗左右。	土木之變時降也先，盡告其中國虛實，為也先策，導入邊寇，後為明所擒殺。
韋力轉	內宦		出鎮守大同，皆依王振之勢。	個性淫毒，鎮守大同時，多過惡。衛軍妻不與宿，杖死其軍。又與養子妻淫。

＊01：土木之役後，王振死，其皆遭誅。

表三之四：遭迫害之士大夫表

人　名	官　職	時　間	經　　過	結　　果
薛　瑄	大理寺左少卿	正統八年	薛瑄素不為王振所屈，王振銜之，會有武吏病死，其妾有色，王振姪王山欲奪之，妻持不可，妾因誣告妻毒其夫，都御史王文究問，已誣服，瑄辨其冤，屢駁還之，王文諂事振，唆御史彈劾薛瑄受賄，遭王振下獄。	廷訊竟坐死罪，下獄。臨刑，王振老僕哭於廚，王振疑之，乃告之薛瑄生平，王振稍解，會侍郎王偉申救之，後乃除名放歸田里。

賀祖嗣	左少卿	正統八年	皆因薛瑄案被王文承王振旨而逮下獄。	賀祖嗣等未減有差。
顧惟敬	右少卿			
劉中縛	戶部尚書	正統六年	劉、吳、陳三人以京城缺乏糧草，御用牛馬欲分牧民間，言官劾其紊制，遭王振命械罰之。	歷時十六日得釋，並改以侍郎王佐署部事。
吳璽	戶部侍			
陳嫦	郎			
陳鑑	都御史	正統七年十二月	見王振而不禮。	陳鑑與王文俱跪門俯首焉。後王文遂爲振所用
王文	都御史			
劉球	侍讀	正統八年	上疏諫罷征麓川，宜加強西北，蒙古部之防，王振銜之，後復進言十事，遭錦衣衛指揮彭德清告王振其文辱王振，王振怒逮其下錦衣獄。	王振暗中遣其黨羽錦衣衛指揮馬順，入獄殺之，支解後埋衛後隙地。
董璘	編修		編修董璘自陳願爲太常，而劉球上疏十事中有太常不可用，道士宜易儒臣語，乃與劉球俱逮，下錦衣衛獄。	董璘於球遭殺害時，從旁匿劉球血裙，尋得釋，密歸球家。
陳敬宗	南京國子監祭酒	正統八年	陳敬宗考績至京，王振慕其名，欲致之門下不可，求字畫不允，不往見，王振銜之。	陳敬宗爲祭酒一職十八年不見遷。
李時勉	國子監祭酒	正統八年秋八月	王振嘗詣監，銜李時勉對其無所加禮。後以李時勉修國子監木爲由，誣其盜官木私用。	枷於國子監門，尋釋之。
趙琬	司業			
金鑑	掌饌			
石璟	駙馬都尉	正統九年秋七月	石璟處罰家中所養家閹呂寶，王振惡之。	下錦衣衛獄。
李儼	監察御史		李儼監收光祿寺祭物，見太監王振不跪，遂得罪。	下錦衣衛獄，後戍鐵衛嶺。
張需	霸州知州	正統十年秋七月	牧馬官擾民，張需置其法，牧馬官僭王振，遂逮張需	下錦衣衛獄，箠楚幾死，後戍邊。
王鐸	順天府丞		坐張需罪，張需係王鐸所舉昇。	下於刑部大理寺審決。
于謙	山西巡撫河南兵部侍郎	正統十一年三月	于謙未曾賄王振金，且有御史名似于謙，常忤振，遂得罪振。	降謙爲大理少卿仍兼巡撫，後復之。
羅綺	大里右寺臣		以事劾指揮任信、陳斌，二人皆王振黨。	正統十一年任信、陳斌舉羅綺不法事，下總兵官黃眞覆覈，眞謂綺常宦官爲老奴，以激怒振，謫戍遼東。
范霖	御史			本坐絞死，後減死。
楊永	御史			

尚 遞	御史		王振素惡言官，盡逮	謫爲雲南虛仁驛丞。
盧 祥	御史		下詔獄。	事白留任
劉 煒	刑科給事中（*01）	正統十一年三月		
汪 澄	御史		坐柳華案罪，得罪。	
柴文顯	御史			
柳 華	山東副使		王振方欲殺朝士威眾，因浙閩盜事件誣柳華，命逮華。	華聞命，仰藥死，詔籍其家，男戍邊，婦女沒入浣衣局。
趙 敏	郎中	正統十一年	戶部侍郎奈亨附王振，構	並下獄，後得放。
曹 義	侍郎		郎中趙敏，詞連曹義、趙	
趙 新	侍郎		新、王直。	
仰 瞻	大理寺丞		與薛瑄辦殺夫冤獄，益忤王振。	下獄。謫戍大同。
華 嵩	武功中尉		與王振姪爭妓	枷示教坊門前。

*01：劉煒累進都給事中。

資料來源：1. 《明史》卷三〇四〈王振傳〉，卷一六二～一六八。

　　　　　2. 《明書》卷一五八〈宦官傳〉

　　　　　3. 《明史紀事本末》卷二十九〈王振用事〉

　　　　　4. 《明史竊》卷二十五〈宦官傳〉

　　　　　5. 《國榷》

第四章　王振與土木之變

　　土木之變是明代國勢中衰的轉捩點，對明代國勢的發展有負面的影響。土木之變的發生，肇因於王振竊權後於外交上的處理不當，結果造成英宗「北狩」，王振本人也死於是役，所以土木之變也可說是王振竊權後所導致的不良結果。

　　得到皇帝寵信的王振，在逐步掃除對其竊權不利的人、事、物之餘，便積極的鼓勵明英宗對外出兵。一方面是要為其個人立下功名，另一方面則是藉機對滿朝的文武百官立威，以達成完全控制之實。《明史紀事本末》載：

　　　　乃從來嚬笑竊弄者，必須假禦侮以固主恩，而勢焰炙手者，易于倖

　　　　邊功以邀富貴，此振所以據鞍顧盼，走死地如鶩耳。〔註1〕

即王振假托防禦外侮討邊，主要是為了固寵。土木之變的起因，史書有各種不同的說法，但主要是蒙古瓦剌部長也先，謊報朝貢人數，而王振卻處理不當所造成。〔註2〕結果造成皇帝北狩，國勢大衰。

　　本章主要由麓川之征分析王振的對外態度，再探討王振與土木之變的關係及影響。

第一節　王振的對外態度

　　英宗以九歲的稚齡即位，由於上有張太皇太后監國，下有三楊輔政，故

〔註1〕谷應泰《明史紀事本末》（臺北：三民書局，1969年出版），卷三十二，〈土木之變〉、頁335。

〔註2〕同上書，同卷、頁332載，「十四年春二月，也先遣使二千餘人進馬，詐稱三千人，王振怒其詐，減去馬價，使回報，遂失和好」。

內政上能保其父祖仁、宣致治之遺風。但他馬上就必須面對不斷的內憂與外患，如宣德十年（1435）三月有江西樂安曾子良等據大盤山起事。〔註3〕同年十二月壬子，阿爾臺等寇甘肅、涼州。〔註4〕同年又有大藤峽蠻之亂。正統元年十二月乙酉，有廣西蒙顧十六洞賊之亂。〔註5〕正統七～十三年有浙、閩盜亂。〔註6〕另外在西南邊境便發生麓川蠻思任的叛變。當王振在逐步侵權之後，對於內亂與外患的處理態度，是想藉平亂之功名立威朝中。其中最重要的是麓川之征，明朝為此出兵十餘萬，轉餉半天下，費時八年才算結束此役。然面對這樣大的行動，其所獲的效果卻是微乎其微，更由於忽略北方瓦剌之患，而專務於西南小夷，遂導致日後土木之役的發生，而其策動者即為王振。

正統二年（1437）冬十月，雲南的麓川宣慰司思任叛明為亂，入侵南甸州。〔註7〕關於麓川宣慰司思任，許多史書或稱其為思任發，之所以有這樣的記載，主要是他在正統三年（1438）攻掠騰衝並據有潞江，取代原來的孟養宣慰使刁賓玉（又說刀賓玉）的地位後，自稱為「法」，所謂的法是指滇王的名號，其音與「發」字近似，所以中國便因此訛傳為思任發之名，部份史書不察，遂從其名而記錄於冊，故有此說法。〔註8〕

思任之所以叛明，主要是為替他的父親思倫（亦訛誤為思倫發）收復失地。思任一族的由來，《明史》與《明史紀事本末》記載不同。《明史紀事本末》載：

> 按思倫所居，本麓川地，與緬接境，皆在金沙江之南，在元時為平
> 緬宣慰司，思倫不言麓川，蓋已據緬為己有。〔註9〕

即思任所居為麓川，麓川與平緬相接，皆位在金沙江南邊，元朝時為平緬宣慰司所管轄，思倫之所以沒有說出麓川，主要是因為當時他已經據平緬為己有。太祖於洪武十五年派大軍南下雲南時，將平緬宣慰司改置為麓川平緬軍

〔註3〕 參閱托津等奉敕撰《明鑑》（北京：中國書店，1985年出版），卷二，〈宣宗章皇帝〉，頁134。

〔註4〕 同上書，同卷，頁135～136。

〔註5〕 參閱張廷玉《明史》（臺北：臺灣商務印書館，1976年出版），卷十，〈英宗前紀〉，頁2。

〔註6〕 參閱谷應泰《明史紀事本末》（臺北：三民書局，1969年出版），卷三十一，〈平浙閩盜〉，頁326。

〔註7〕 同上書，卷三十，〈麓川之役〉，頁319。

〔註8〕 同上註。

〔註9〕 同上註。

民宣慰司，於是麓川之名才開始出現在史書中。〔註10〕洪武二十九年（1396）時，因爲當年平緬也入貢於明廷，明爲加以區分，於是更立其爲麓川宣慰使司，以避免混淆。〔註11〕

又，《明史》載：

> 麓川、平緬，元時皆屬緬甸……緬在雲南之西南，最窮遠，與八百國、占城接境……麓川與平緬連境，元時分置兩路以統其所部。〔註12〕

即麓川與平緬元時皆屬緬甸，平緬在雲南的西南，與八百國、占城等相接，麓川則與平緬相連。元朝時爲管理方便，分置兩路管理。元亡後朱元璋派兵南下雲南時，思倫因爲懼明，遂降明朝，而被授予平緬宣慰使司職。〔註13〕《明史》又載：

> （洪武）十五年，大兵下雲南，進取大理，下金齒，平緬與金齒壤地相接，土蠻思倫發（思倫之訛誤）聞之懼，遂降，因置平緬宣慰使司，以倫發爲宣慰使……十七年，詔改平緬宣慰使爲平緬軍民宣慰使司……以倫發（思倫之訛誤）遣使貢，命兼統麓川之地。〔註14〕

即洪武十五年以思倫爲平緬宣慰使。十七年改平緬宣慰使爲平緬軍民宣慰使司，思倫亦兼統麓川。〔註15〕洪武十八年思倫又叛，明派遣黔國公沐英討伐，亂事平定後去其官職，改以刁氏取代其地位，並更麓川名爲孟養宣慰使，思倫遂失去領導的地位。而後刁氏一族中衰，思倫子思任便趁機起兵，謀求恢復其父親時的地位。

正統二年，由於刁賓玉不能制衡諸夷，於是思任趁機爲亂。時正值緬甸危急，遂侵有其地，擁衆叛於麓川。〔註16〕正統三年（1438）冬十二月，思任進一步侵略騰衝與南甸地，並取得孟養，孟養宣慰司刁賓玉逃至永昌，後

〔註10〕同上註。

〔註11〕同上註。

〔註12〕張廷玉《明史》（臺北：臺灣商務印書館，1976年出版），卷三一四，〈雲南土司二麓川〉頁20～21。

〔註13〕同上註。

〔註14〕同上書，同卷，頁21。

〔註15〕《太祖實錄》，卷一六四，洪武十七年八月丙子條，頁2上載：「改平緬宣慰使爲緬軍民宣慰使司，仍以思倫發爲宣慰使。」同卷甲午條頁3下載：「改平緬軍民宣慰使司爲麓川平緬宣慰使司，麓川與平緬連境，元時分置爲兩路，以統屬其所部，至是以思倫發遣使來貢，乃命兼統麓川之地，故改之。」

〔註16〕參閱谷應泰《明史紀事本末》（臺北：三民書局，1969年出版），卷三十，〈麓川之役〉、頁319。

死於該地，由於他無子嗣，所以思任在攻掠騰衝並據有潞江之後，遂起而代之，自稱爲「法」。事情傳回京師，英宗派遣刑部主事楊寗前往麓川，告其回歸明制，但思任不從。〔註17〕

明朝內部對於麓川蠻的叛亂的處置，起初是採安撫的策略，此時，由於思任不服明的居中協調，遂改採進勦的策略。〔註18〕正統四年（1439）正月明朝正式下令駐守雲南的黔國公沐晟，左都督方政，右都督沐昂率師討思任，中央並派遣太監吳誠、曹吉祥二人隨同監軍。此次明軍的進勦，由於將領間的不合，方政戰死，沐晟兵敗自殺，可謂損兵折將，無功而返。〔註19〕

明廷於同年五月復令沐昂爲左都督征南將軍，吳亮爲副將軍，馬翔、張榮爲左右參將，再度進討思任，但也是無所功。至正統五年七月，思任終於遣其部將流目陶孟忙怕等入貢於明。是時禮部建議應減其饗賚以茲懲戒，英宗則認爲，雖然思任此舉係緩兵之計，但是他並不會因此而詐騙對方，於是賚而不宴，並賜敕諭之。另有一說是，思任乞入朝謝罪之時，廷議主張撫之，但王振力贊興兵征伐，於是撫夷之議遂罷。〔註20〕

正統六年（1441）以前的勦蠻工作，主要以西南邊境的公侯伯爲主，明廷並未插手其間。正統六年春正月，始以定西伯蔣貴爲征蠻將軍，總兵討麓川蠻思任，另以太監曹吉祥監督軍務，兵部尙書王驥提督軍務，侍郎徐晞督軍餉。這是明朝對麓川的正式討伐，促成此事的人是王振，據《明鑑》載：「王振方用事，欲示威四夷。」〔註21〕王振此時由於英宗親信而稍用事，爲求於朝中立威，於是藉機揚威異域來彰顯其功。〔註22〕正統六年征麓川之役路線圖參看附圖一。

英宗聽從王振之議，命王驥及蔣貴先赴雲南，然後命副總兵李安、參將

〔註17〕同上註。

〔註18〕參閱谷應泰《明史紀事本末》（臺北：三民書局，1969年出版），卷三十，〈麓川之役〉、頁319。

〔註19〕同上書，同卷，頁319～320。

〔註20〕參閱張廷玉《明史》（臺北：臺灣商務印書館，1976年出版），卷一七一，〈王驥傳〉，頁3載「思任發之竄緬甸也，其子思機發復帥師餘眾居者藍，乞入朝謝罪，廷議因而撫之，王振不可。」

〔註21〕清托津等奉敕撰《明鑑》（北京：中國書店，1985年出版），卷三，〈英宗皇帝〉，頁143。

〔註22〕參閱王圻《續文獻通考》（臺北：文海出版社，1984年出版），卷二三一，，頁19。

宮聚率領四川、貴州兵，副總兵劉聚、參將冉保率領南京、湖廣兵馳援，總計出動兵力達十五萬人，籌備糧餉幾乎動員半個中國的財力、人力、物力。〔註23〕臨行之前，英宗賜諸將金兜鍪、細鎧弓箭、蟒衣等物，以示隆重。此次征討，雖然打敗思任，逼其遠遁緬甸，但卻未能生擒思任，以致正統七年（1442）思任又復爲亂，同年冬十月，命定西侯蔣貴，靖遠伯王驥征麓川、緬甸，此次又因思任的遁逃而無功，此爲二次麓川之征。〔註24〕正統九年（1444）春二月，王驥會合木邦等諸部再度進兵緬甸，仍是未能生擒思任。〔註25〕直到正統十年（1445）冬十二月，雲南千戶王政奉敕，以幣諭緬甸宣慰男仆剌浪馬哈省索思任。仆剌浪馬哈省畏懼明兵，於是主動獻出思任及其妻孥、部屬三十二人給王政，思任因絕食反抗而死，王政只好斬其首級回報朝廷。思任自正統二年叛明以來，經過八年的時間終於被明制服。〔註26〕

　　思任雖死，但其子思機於正統十三年（1448）春三月，復據孟養爲亂，由於屢諭不聽，復命靖遠伯王驥提督軍務，都督宮聚爲總兵，張軏、田禮爲左右副總兵，方瑛、張銳爲左右參將，率南京、雲南、湖廣、四川、貴州土漢軍十三萬兵力討伐，其後思機遁逃，此爲第三次麓川之征。〔註27〕

　　明廷對麓川的征伐有兩派看法，即主戰與主和。主和派的意見最後終不敵主戰派，其間主要的關鍵是王振的支持。〔註28〕對於是否征伐麓川，英宗將此交由廷議議決，武將方面多支持出兵，文官方面則傾向於緩兵之策。武將基於本身職務，主張出兵無可厚非。英國公張輔以爲思任任宣慰使一職達六十年之久，承蒙皇恩，但卻屢屢與明朝作對，如果此次又將其放過不責其罪，恐怕會引起同屬其地之木邦、車里、八百、緬甸等以爲有機可趁，日後橫生亂數，此舉如同明朝示弱於諸小夷，不可不慮。他又提出：「分兵勢孤，彼（思任）或扼險邀我，非萬全計，宜擇大臣往雲南專征。」〔註29〕即認爲應該由中央派遣大臣前往專責征伐之事。兵部尚書王驥也傾向於此，王驥於

〔註23〕同註18，同卷，頁321。

〔註24〕參閱張廷玉《明史》（臺北：臺灣商務印書館，1976年出版），卷三一四，雲南土司二〈麓川〉，頁27～28。

〔註25〕參閱谷應泰《明史紀事本末》（臺北：三民書局，1969年出版），卷三十，〈麓川之役〉，頁322。

〔註26〕同註24，同卷，頁29。

〔註27〕同上書，同卷，頁30。

〔註28〕同註25，同卷，頁321載：「蓋王振專政，欲示威荒服也」。

〔註29〕同上書，同卷，頁320～321。

正統初年曾爲王振所陷下獄，心中對王振已有顧忌。〔註30〕王驥知道王振此時極欲立威外朝，遂藉機媚之。於是順水推舟，也大力支持麓川之征。〔註31〕

文臣方面，有刑部侍郎何文淵上言主撫，《明史紀事本末》載其言：

> 麓川之在南陲，彈丸耳，疆里不過數百，人民不滿萬餘，宜寬其天討，官軍於金齒且耕且守，舜德格苗，不勞征伐，而稽首來王矣。〔註32〕

何文淵認爲，麓川地處偏遠，地小人也少，何妨利用此機會，寬恕其罪，只令官軍於金齒屯守，如此不必勞大軍征伐，其亦必來歸。何文淵本儒家思想爲出發，以爲興麓川之役，必有得之不爲有、興師多費帑幣及移師動邊防恐傷國家元氣等弊端。〔註33〕對於何文淵的上言，楊士奇亦表贊同。楊士奇與楊榮於宣德年間曾聯手贊同罷交阯兵事，是時其主張「恤民命以綏荒服，不爲無名，漢棄珠崖，前史以爲美談，不爲示弱。」〔註34〕當時還得到滿朝文武大臣的支持，但此時，面對王振之用事於朝，楊士奇已無所爭。廷議至此，爲顧及國家長遠之計，英宗於是聽從武將派的建議，並在王振的力贊下，決定出兵征麓川。據《明書》載：「六年麓川反，太監王振主征討，命王驥爲總督……士奇以爲不可，贈詩有征夷勿遠圖之句，後師雖有功賞，實爲南方大病」〔註35〕知楊士奇雖反對，但終究不能堅持，只有消極表達看法，此或與正統五年楊榮已先去逝及王振得寵有關。

廷議已決，英宗遂決意出征，但仍有大臣持反對意見，據《明史》載：

> 劉球上疏曰……今麓川殘寇思任發素本羈屬，以邊將失馭，致勤大兵，雖渠魁未殲，亦多戮群醜，爲誅爲舍，無繫輕重。璽書原其罪釁，使得自新，甚盛德也。邊將不達聖意，復議大舉，欲屯十二萬

〔註30〕 據托津等奉敕撰《明鑑》（北京：中國書店，1985 年出版），卷三，〈英宗皇帝〉，頁 138 載：「王振初用事，欲令朝臣畏己，會驥議邊事，五日未奏，振教帝召驥面責之曰：『卿等欺朕年幼邪？』遂執驥……尋釋之。」

〔註31〕 張廷玉《明史》（臺北：臺灣商務印書館，1976 年出版），卷一七一，〈王驥傳〉，頁 2：「中官王振方用事，喜功名，以驥可屬，思大舉，驥亦欲自效」。

〔註32〕 谷應泰《明史紀事本末》（臺北：三民書局，1969 年出版），卷三十，〈麓川之役〉，頁 321。

〔註33〕 參閱托津等奉敕撰《明鑑》（北京：中國書店，1985 年出版），卷三，〈英宗皇帝〉，頁 143。

〔註34〕 同註31，卷一四八，〈楊士奇傳〉，頁 5。

〔註35〕 傅維鱗《明書》（臺北：華正書局，1974 年出版），卷一二〇，楊士奇傳，頁 15。耿定向《碩輔寶鑑》（臺北：文海出版社，1970 年出版），卷十一，〈楊士奇傳〉，頁 1078 也有相同記載。

眾於雲南，以趣其降，不降則攻之，不慮王師不可輕出，蠻性不可
驟馴，地險不可用眾，客兵不可久淹。況南方水旱相仍，軍民交困，
若復動眾，紛擾爲憂，臣竊謂宜緩天誅如周漢之於崇越也。至於瓦
剌，終爲邊患，即其未即騷動，正宜以時防禦，迺欲移甘肅守將，
以事南征，卒然有警，何以爲禦？臣竊以爲宜慎防過如周漢之於獫
狁匈奴也，伏望陛下罷大舉之議，推選智謀將帥，輔以才識大臣，
量調官軍分屯金齒諸要害，結木邦諸蠻以爲援，乘間進攻，因便撫
諭，寇自可服。至於西北障塞，當敕邊臣巡視，濬築溝渠，增繕城
堡，勤訓練嚴守望，以防不虞，有備無患之道也。〔註36〕

劉球上言，西北邊境的蒙古殘部實爲中國潛在的外患，應該積極備兵儲糧以
抗之，西南麓川叛蠻不過小夷，且地處偏遠（以就北京遠近而言），權衡輕重
之餘，當以西北邊務爲先才是。但劉球此一上疏，卻爲人所攔，並未能上呈
給英宗。〔註37〕

劉球上言北邊防務一事，陳子龍說：「公上此疏，王振不從，其後北邊空
虛，釀土木之變者，亦半繇於此。」〔註38〕知土木之變與王振忽視北邊防務
有莫大關係。〔註39〕

麓川之征是王振所主導，當時王振漸掌大權，想要以此役突顯其功名，
並立威於百官與外邦之間。王振雖得武將之支持，但麓川之爭曠日費時，即
使是王驥亦疲於奔命，當三征麓川皆未果時，遂遭彈劾。《明史》載：「驥凡
三征麓川，卒不得思機發。議者咎驥等老師費財，以一隅騷動天下，而會川
衛訓導詹英抗疏劾之……奏下法司，王振左右之，得不問。」〔註40〕知王振

〔註36〕張廷玉《明史》（臺北：臺灣商務印書館，1976年出版），卷一六二，〈劉球傳〉，
　　　　頁6～9。《明史紀事本末》，卷三十，〈麓川之役〉，頁321亦載：「……麓川荒
　　　　遠偏隅，即叛服，不足爲中國輕重，而脫歡也先併吞諸部，侵擾邊境，議者
　　　　釋豺狼攻犬豕，舍門庭之近，圖邊徼之遠，非計之得也，請罷麓川兵，專備
　　　　西北。」
〔註37〕據高岱《鴻猷錄》（北京：中國書店，1985年出版），卷九，〈麓川之役〉，頁
　　　　117載：「請罷麓川兵，專備西北，不報，蓋振主之也。」
〔註38〕陳子龍《皇明經世文編》（臺北：國風出版社，1964年出版），卷三一，〈劉忠
　　　　愍公奏疏一‧諫伐麓川〉，頁6。
〔註39〕《明史》，卷一六七，〈鄺埜傳〉，頁3，「瓦剌也先勢盛，鄺埜請爲備，又與廷
　　　　臣議，上方略請增大同兵，擇智謀大臣巡視西北邊務。尋又請罷京營兵修城
　　　　之役，令休息以備緩急，時不能用。」
〔註40〕張廷玉《明史》（臺北：臺灣商務印書館，1976年出版），卷一七一，〈王驥傳〉，

循私偏袒，執意完成是役。此役雖然明朝損失不少的人力和物力，但終究還算是成功。〔註41〕王振的力持征議，據《明史》載：「當是時，緬人已以思機發竊駐孟養地，屢遣使入貢謝罪，中外咸願罷兵，振意終未怯，要思機發躬入朝謝，沐斌帥師至金沙江招之，不至，孟養執之以獻，亦不聽命，於是振怒，欲盡滅其種類。」〔註42〕知其並非全為社稷國家，反有個人之恩怨牽涉其中。麓川之役使王振志得意滿，誤以為是自己的功勞，此增加他對處理異族問題上的自大，日後發生土木之變，即與他這種對外心態有關。

第二節　土木之變的原因

　　麓川之征聲勢雖浩大但徒具虛名，如上所述，陳子龍即以為麓川之征實為正統十四年土木之變的導因。〔註43〕當正統九年成國公朱勇奉命征兀良哈時，〔註44〕監軍的太監曹吉祥「每出輒選達官跳蕩卒隸帳下，師還，畜於家。」〔註45〕。其中的達官，實為降明的塞北部族，其中也包含瓦剌一族，曹吉祥將其輩選為帳下親兵而養之，此輩亦隨曹吉祥參與監軍麓川，遠征西南各地，對明軍的虛實及行軍的紀律皆有所窺。此外明京師內，瓦剌使者來往者眾，達官輩極易與其互通往來，輸出南北邊事情報，洩明廷虛實。〔註46〕另一方面，明代帝王在處理邊境外族入犯時，不乏御駕親征者，如成祖五次北征沙漠，宣宗亦曾御駕親征外釁。〔註47〕此對英宗亦有影響。日後的土木之役，實與明廷疏於邊防，及英宗誤信王振之言親征有關。

　　　　　頁5。
〔註41〕王鴻緒《明史稿》（臺北：文海書局，1962年出版），卷三十三，〈楊士奇傳〉，頁7載：「討麓川蠻，幸而勝之，帑幣耗費而士馬物故亦數萬，振乃自以為功。」
〔註42〕張廷玉《明史》（臺北：臺灣商務印書館，1976年出版），卷一七一，〈王驥傳〉，頁4。
〔註43〕陳子龍《皇明經世文編》（臺北：國風出版社，1964年出版），卷三一，〈劉忠愍公奏疏一‧諫伐麓川〉，頁6。
〔註44〕參閱托津等奉敕撰《明鑑》（北京：中國書店，1985年出版），卷三，〈英宗皇帝〉，頁147。
〔註45〕同註42，卷三○四，〈曹吉祥傳〉，頁10。
〔註46〕劉定之《否泰錄》（臺北：藝文印書館，1968年出版），頁1載：「也先每年冬遣人貢馬，朝廷厚答金帛，過元旦郊祀始去，然久之漸熬桀驁不恭，往來通使等變詐翻覆，告以中國虛實。」
〔註47〕參閱楊榮《北征記》（臺北：藝文印書館，1968年出版）頁2。

　　據《明史》載：「瓦剌，蒙古部落也，在韃靼西。元亡，其強臣猛可帖木兒據之。死，眾分爲三，其渠曰馬哈木，曰太平，曰把秀孛羅。」〔註48〕即瓦剌本是蒙古中的一個部族，位處於韃靼西方，元朝覆亡後爲猛可帖木兒所據，猛可帖木兒死後由馬哈木、太平、把秀孛羅三人分領。馬哈木即也先的祖父。永樂六年冬，馬哈木向明朝貢馬並請封，明於永樂七年（1409）封其爲特進金紫光祿大夫順寧王。〔註49〕馬哈木被封爲順寧王後，於隔年再遣使貢馬爲謝，此後每年皆入貢於明廷。

　　蒙古內部諸番之間，紛爭不斷，各部族互相爭伐，皆欲稱王。馬哈木於永樂十一年曾拘留中國使者不還，並請還甘肅、寧夏歸附韃靼者，成祖遣中官海童至其地切責之。〔註50〕永樂十六年，馬哈木子脫懽請襲爵，仍封爲順寧王。北方諸部在脫懽的努力下，再次一統於瓦剌。宣德九年（1434）脫懽襲殺韃靼部之阿魯台「悉收其部」。英宗正統初年，脫懽又殺死瓦剌部的賢義王和樂安王，「盡有其眾。」正統四年脫懽死後，其子也先立，此時瓦剌可謂已一統北方，形成另一個強權。《明史》載：「（正統）四年，脫懽死，子也先嗣，稱太師淮王。」〔註51〕也先即位後，利用明麓川用兵之際，便積極謀向外發展。首先其向東征服兀良哈三衛，並進一步勾結建州女眞部，另一方面又向明九邊各重鎮作武力上的探查，而且利用貿易的名義，將其耳目布於京師中，以備以後的入侵。〔註52〕

　　《明史》載：「故事，瓦使不過五十人，利朝廷爵賞，歲增至二千餘人，屢敕不奉約，使往來多行殺掠，又挾他部與俱，邀所中國貴重難得之物，稍不饜，輒造釁端，所賜財物亦歲增。」〔註53〕即按舊制，瓦剌使者不過五十人，但由於中國的爵賞豐厚，以致使者每年增至二千餘人，明屢敕不能止。而貢使往來又多所殺掠，又挾他部同來，邀索中國貴重之物，如不能滿足便製造事端，而明廷所賜之財物遂逐年增加。

　　瓦剌使者往來於中國京師等地，極易得知中國的虛實。而且沿途邊防盡

〔註48〕張廷玉《明史》（臺北：臺灣商務印書館，1976 年出版），卷三二八，外國九〈瓦剌傳〉，頁 1。

〔註49〕同上書，同卷，頁 1 載，「封馬哈木爲特進金紫光祿大夫，順寧王。太平爲特進金紫光祿大夫，賢義王。把秀孛羅爲特進金紫光祿大夫，安樂王。」

〔註50〕同上書，同卷，頁 2。

〔註51〕同上書，同卷，頁 3。

〔註52〕同上書，同卷，頁 3 載，「其部眾有來歸者，言也先謀入寇。」

〔註53〕同上註。

為敵所窺。因此在邀索不成時，常行殺掠。〔註 54〕瓦剌之行殺掠，在亦敵亦友的雙重身份下，隨其意而反覆不定，各關隘守軍處此窘境也不得不束手。也先遂利用此矛盾，從正統四年起，不停的擾邊，而入貢明廷時，也趁機擴充軍備。針對此一問題，明邊將大同巡撫宣府右僉都御史羅亨信上言：

> 此間瓦剌貢使至京，官軍人等亡賴者以弓易馬動以數千，其貢使得弓，潛內衣篋，踰境始出。臣思虜居常利此器，今中國人貪其貨賄反與易之，寧不資其威力。請敕機要重臣密廉在京弓人究市弓以易馬者治之，及俟貢使就道，於居庸關詰檢，仍敕萬全並山西行都司俱以此禁治所部官軍人等。〔註 55〕

羅亨信因為鎮守山西，地處邊陲，故其眼光所及較為深遠，其已意識到瓦剌貢使的居心不良，請於居庸關設關卡檢查在京以弓易馬交易之行為。事下都察院右都御史王文查辦，王文也主張加強檢查以賣弓換馬者，但由於王振阻礙，英宗下令不必檢查，只要等其回返時再回報即可。王振個人私心自用，以弓易馬，增其財源，故豈肯輕斷自己的財源。〔註56〕又，王振黨宦官郭敬奉派鎮守大同，其「歲造箭簇數十甕，遺其使，帝亦不問也。」〔註57〕可見王振縱容其黨造箭簇與瓦剌交易謀利，為圖個人私利，無形中卻壯大瓦剌之實力。

瓦剌入貢人數不斷激增。正統七年十一月，「瓦剌脫脫不花王及也先太師使臣卯失剌等二千三百二人來朝，貢馬二千五百三十七匹，宴賜如例。」〔註58〕本來這年英宗便已經因為也先貢使過多，限其只能以三百人入關。〔註59〕但是也先置若罔聞，到此時仍然派出二千餘人到大同，明廷對此無計可施只得優容之。劉球於正統八年上言十事時便因此而言：「今北虜比年入貢，然遣來之人，歲增無減，其包藏禍心，誠所難察，一旦率彼烏合之眾，長趨入寇，為患也深，

〔註54〕 張廷玉《明史》（臺北：臺灣商務印書館，1976 年出版），卷三二八，外國九〈瓦剌傳〉，頁 3：「使往來多行殺掠」。

〔註55〕 《英宗實錄》（臺北：中研院史語所，1965 年出版），卷九十七，正統七年十月乙卯條，頁 10 上。

〔註56〕 參閱夏燮《明通鑑》（臺北：世界書局，1978 年出版），卷二十三，紀二十三，英宗正統七年，頁 934～935。

〔註57〕 參閱托津等奉敕撰《明鑑》（北京：中國書店，1985 年出版），卷三，〈英宗皇帝〉，頁 145。

〔註58〕 同註 55，卷九十八，正統七年十一月癸亥條，頁 4 下。

〔註59〕 同註 56，同卷，頁 934。

不可不預防之。」〔註60〕惜劉球此言未能為朝廷所重視。

除忽視瓦剌貢使人數外，明廷於正統九年亦犯下嚴重的戰略錯誤，即唐突向兀良哈出兵。然此役並無大功，只是「捕其擾邊者，奪回所掠人畜而已。」〔註61〕促成之人實為王振，征兀良哈之役由於明軍軍紀不佳，反使兀良哈三衛銜恨積怨於明，日後也先謀反，遂自願為也先前導，助其入侵中國。

正統九年八月起，北方的邊務開始緊張。兵部尚書鄺埜亦以為也先日盛，宜嚴西北邊務。其與廷臣議後上言「請增大同兵，擇智謀大臣巡視西北邊務。」〔註62〕然此建議不為時用。也先自破三衛後，進一步脅逼朝鮮，「邊將知必大為患，屢書奏報，朝廷迄不省。」〔註63〕由於朝廷置之不理，至正統十一年，也先又攻兀良哈，並派遣使者至大同求糧，要求見鎮守太監郭敬。《明史》載：「遣使抵大同乞糧，並請見守備太監郭敬，帝敕敬毋見毋予糧。」〔註64〕由此可知郭敬與也先平日即有私通。正統十二年，羅亨信再上言告急，然兵部尚書鄺埜以王振用事於朝，不敢主其「宜預于直北要害增置城衛為備。」〔註65〕的建議。由於不得其議，明邊防重務遂因此而遭拖延。直到正統十三年時，由於時任兵部左侍郎的于謙之重視，才予採納。而正統十二年七月，大同參將都督僉事石亨亦上言備邊，明朝才開始稍稍加強沿邊的防務。〔註66〕正統十四年六月，于謙已警覺邊事危急，令河南及山西都司備戰，又命駙馬都尉西寧侯宋瑛總督大同軍馬。〔註67〕是年夏天兀良哈盜邊，大同參將石亨等擊其於箭谿山，擒斬五十人。〔註68〕三衛因積怨明已久，時屆秋高馬肥之時，也先亦藉口明廷減給貢使為兵端，兀良哈三衛遂導也先入寇中

〔註60〕陳子龍等撰《皇明經世文編》（臺北：國風出版社，1964年出版），卷三一，〈劉忠愍公奏疏一・修省十事疏〉，頁6。

〔註61〕夏燮《明通鑑》（臺北：世界書局，1978年出版），卷二十三，紀二十三，英宗正統九年，頁946。

〔註62〕張廷玉《明史》（臺北：臺灣商務印書館，1976年出版），卷一六七，〈鄺埜傳〉，頁3。

〔註63〕同註61，同卷，英宗正統十年，頁954。

〔註64〕同註62，卷三二八，外國九，〈瓦剌〉，頁3。

〔註65〕同上書，卷一七二，〈羅亨信傳〉，頁2。

〔註66〕參閱《英宗實錄》（臺北：中研院史語所，1965年出版），卷一五六，正統十二年七月甲辰條，頁4上～下。

〔註67〕同註61，卷二十四，紀二十四，英宗正統十四年，頁979。

〔註68〕參閱夏燮《明通鑑》（臺北：世界書局，1978年出版），卷二十四，紀二十四，英宗正統十四年，頁979。

國。

也先入侵的原因有二種說法，史籍不乏以訛傳訛。第一種說法是也先因為貪圖中國（明）的賞賜與爵祿，所以每年入貢時都虛報人數，違反明廷的規定，但由於明對之優容，反而變本加厲。正統十二年也先遣使二千餘人入貢，謊稱三千，王振怒其詐，遂減其馬價，因此銜恨明朝。〔註 69〕第二種說法是，也先嘗求婚於中國，而通事輩利其賄，除告以中國虛實外，對也先的求婚也私允之。也先誤以為中國應允，大告諸番，並於第二年貢馬以為聘禮，由於朝中不知，自然不允，答詔無許婚意，使也先益加忿恨，遂愧忿而入寇中國。〔註 70〕如《否泰錄》載：

> 也先求以其子結淵於帝室，通使皆私許，也先進馬為聘儀，朝廷不
> 知也，答詔無許婚意，也先愧怒，以正統十四年七月初八日入寇。
> 〔註 71〕

這兩種說法，亦可做為前後的因果關係來看待，實際上也證明明廷對異族的過度優容及邊務吏治敗壞。

綜上所述，土木之役之因，大致可歸納以下四點：一是也先不滿明朝減少賞賜，遂失和好。二是通婚問題，由於溝通不良，遂造成也先的愧怒。三是王振縱其黨控制邊境之互市，屢屢欺騙蒙人，又將交易中飽私囊，此亦引起也先之不滿。四是也先欲以此統一蒙古諸部，恢復其父祖時之威望，藉南侵中國之舉，重建蒙古帝國。故知，也先的入寇中國，其來有自。明朝露其虛實予也先是其一失，王振不知邊務事宜，疏於防範是其二失。王振用事後，極欲立威，固假禦外侮以謝主恩。麓川之役所造就的威勢令王振自大，輕敵之心遂起，以至於邊將上言皆不聽，疏於防務，遂使也先有可趁之機。

〔註 69〕據《明史》，卷三二八，外國九〈瓦剌傳〉，頁 3 載：「故事，瓦（剌）使不過五十人，（圖）利朝廷爵賞，歲增至二千餘人，屢敕，不奉約，使往來多行殺掠，又挾他部與俱，邀索中國貴重難得之物，稍不饜，輒造釁端，所賜財物亦歲增。」另《明史紀事本末》卷三十二，頁 332 載：「十四年春二月，也先遣使二千餘人進馬，詐稱三千人，王振怒其詐，減去馬價，使回報，遂失和好。」

〔註 70〕參閱尹守衡《明史竊》（臺北：華世出版社，1978 年出版），卷四，〈北狩紀〉，頁 1。

〔註 71〕劉定之《否泰錄》（臺北：藝文印書館，1968 年出版），頁 2。

第三節 土木之變

正統十四年（1449）七月八日，瓦剌酋長也先挾其諸番，分道大舉入侵明境。其將脫脫不花以兀良哈進寇遼東，阿剌知院寇宣府、包圍赤城，另派遣騎兵寇干州，也先自己則率大軍入寇大同。由於事出突然，明參將吳浩迎戰於貓兒庄且戰死，〔註72〕大同一地的戰事明顯失利。也先部隊所至之處無不陷沒，邊事緊急，每日皆有不利的戰況回報，英宗於是派駙馬都尉井源等四位將軍各自率領一萬名兵馬出擊。井源等人奉命相繼出發後，王振於此時向英宗建言，勸英宗仿成祖及宣宗親征之舉，親征瓦剌。由於王振對英宗的影響，英宗於是下令御駕親征。據《英宗實錄》載：

> 車駕發京師親征，是舉也司禮監太監王振實勸成於內，故群臣雖合章諫止，上皆不納，命下踰二日即行，扈從文武吏士皆倉促就道云。
>
> 〔註73〕

由於王振之勸，英宗遂御駕親征，命下不到二天就成行，文武百官皆倉促就道。

關於正統十四土木之役路線圖，請參閱文後附圖二。

親征之舉，決定倉促，從下令召兵到出發不過短短兩天的時間，滿朝文武大臣紛紛上言勸皇帝取消此舉。吏部尚書王直率廷臣趴伏在宮殿前懇求皇帝取消親征，其上奏曰：

> 邊鄙之事自古有之，惟在守備嚴固，陛下得天之助，將士用命，可圖必勝，不宜親御六師以臨塞下，況秋暑尚盛，旱氣未回，青草不豐，水泉猶澀，人畜用之實有未充，且車駕既出，四方急奏，豈能即達，其他利害，難保必無。天子至尊而躬履險地，臣等至愚以爲不可。〔註74〕

王直等人以爲，目前氣候及水土皆不宜出征，望皇帝至尊之軀勿輕涉險地，宜罷親征之舉。但英宗不聽，執意出征，並令王直留守。《英宗實錄》載：

> 上曰：『卿等所言，皆忠君愛國之意，但虜賊逆天悖恩，已犯邊境，殺掠軍民，邊將累請兵救授，不得不親率大兵以勦之。』〔註75〕

〔註72〕 參閱《英宗實錄》（臺北：中研院史語所，1965 年出版），卷一八〇，正統十四年秋七月乙丑條，頁 4 上～4 下。

〔註73〕 同上書，卷一八〇，正統十四年秋七月甲午條，頁 7 上。

〔註74〕 談遷《國榷》（臺北：鼎文書局，1978 年出版），卷二十七，頁 1771。

〔註75〕 《英宗實錄》（臺北：中研院史語所，1965 年出版），卷一八〇，正統十四年秋七月壬辰條，頁 5 上。

可見英宗心中亦有親征之意，故不顧眾人之勸，堅持率軍親勦。〔註76〕

　　正統十四年七月十七日，英宗命太監金英輔其弟郕王居守北京。偕同王振率官軍五十餘萬人至龍虎臺駐營，往征也先。〔註77〕部隊在行陣中，由於集合時間倉促，士氣及訓練都不足，鼓聲一響，軍士聞鼓聲卻訛相驚亂，毫無紀律可言，眾人觀之皆以為不祥之兆。〔註78〕軍隊出居庸關，過懷來，到達宣府，一路都遇有風雨，軍士人人皆心情浮燥，士氣不振，怨聲載道，不斷傳出鼓噪之聲。此外軍中又不時傳出夜驚的情況。隨駕諸臣見此情形，連忙上章請求緩兵暫行。王振聽聞此事，大怒，下令將上章之人抓拿掠陣。〔註79〕當大軍還未抵達大同時，軍中兵士便已經缺糧數日，而病死、餓死的屍體滿路皆是。由於局勢混亂，加上王振執意前行，軍中便有人提議殺王振，再護送皇帝回京，據《鴻猷錄》載：「人心愈憤怨，無不切齒，有謀欲擊殺振，遮駕返者，不果。」〔註80〕但未指出是何人所謀。《明通鑑》載：「（曹）鼐乃乘間謀於諸御史之從行者曰：『不殺王振則駕不可回。』……諸御史愷愷無敢應者，尋又欲謀之于（張）輔，而不得問，遂行。」〔註81〕故知是學士曹鼐提議謀殺王振，但是時無人敢應，遂欲轉與張輔謀，但亦無結果。大軍繼續前進，也先此時假裝退避以誘明軍深入。八月戊申朔（初一）軍隊終於到達大同，此時王振又要大軍繼續北行，但是兵部尚書鄺埜卻又上請英宗回鑾，王振避不上報並矯旨命鄺埜與王佐改赴戰力較差的老營。鄺埜乘馬蹀躞於前，墜地受重傷，而一向媚事王振的王佐也因忤振而被罰終日跪伏於草叢中。〔註82〕王振的親信故舊欽天監彭

〔註76〕川越泰博《土木　變　親征軍》：（《東洋史研究》第五十二卷第一號，東京：京都大學東洋史研究會，1993 年 6 月）一文認為，英宗可能是為求能與成祖時遠征漠北的功業匹敵，又因其確信出兵五十萬之眾，能擊滅也先，故有親征之舉。

〔註77〕參閱黃訓《皇明名臣經濟錄》（臺北：文海出版社，1984 年出版），卷三，〈王振之變一〉，頁 11。

〔註78〕參閱谷應泰《明史紀事本末》（臺北：三民書局，1969 年出版），卷三十二，〈土木之變〉，頁 333。

〔註79〕同上註。

〔註80〕高岱《鴻猷錄》（北京：中華書局，1985 年出版），卷十，〈己巳虜變〉，頁 124。

〔註81〕夏燮《明通鑑》（臺北：世界書局，1978 年出版），卷二十四，紀二十四，英宗正統十四年，頁 981～982。

〔註82〕張廷玉《明史》（臺北：臺灣商務印書館，1976 年出版），卷三〇四，〈王振傳〉，頁 9。

德正則於此時斥責王振，表示說他日觀天象，象中諱示不可再行前進，若有遲疑，將會陷皇帝乘輿於草莽之中，到時候該由誰來負此重責呢？〔註83〕學士曹鼐也上言，此事現涉及皇帝，而皇帝又是身繫天下安危之人，若冒失輕進敵前，恐遭不測。王振聞此言後，不禁大怒，說道如果眞會如此，也是天命所至，怨不得也。〔註84〕

　　雖然群臣皆上言王振，請求盡速返回朝中，以免皇帝遭到不測，但是王振始終不爲所動。《英宗實錄》載：「上素以諸事付振，至是振益肆其威。」〔註85〕由於英宗凡事皆委王振，王振此時更是固執己見。戰事不利的情況不斷傳來，先前奉命出征的駙馬督尉井源等將傳來敗報，西寧侯朱瑛、武進伯朱冕皆全軍覆沒。〔註86〕八月己酉（初二）鎮守大同的宦官郭敬，密言於王振，告訴他情勢之不可行，如果繼續北進則正中虜計，王振才開始有意還師。〔註87〕八月庚戌（初三），下令全軍班師還朝。雖然王振已同意還師，時大同總兵郭登急告學士曹鼐等，車駕宜從紫荊關，才能確保全軍無虞。但王振並不聽，據史書載，王振有意當軍隊還師行經其家鄉蔚州時，邀皇帝臨幸其家鄉，藉機光耀門楣，因此大軍仍走原路線。但行軍四十里後，隨及又考慮到軍隊數量龐大，所到之處，恐怕會因士卒踐踏損其家鄉的禾稼，遂又轉向東行，走回狼山。〔註88〕但此時也先的追兵已至。八月十日，明軍退至宣府，也先率大軍追至，英宗遣恭順伯吳克忠、都督吳克勤統兵爲後衛拒敵，二將皆戰死。〔註89〕十三日庚申時，明遣朱勇等率三萬名騎兵抵禦攻擊。朱勇是有勇無謀之將，率軍進攻雞兒嶺，反遭敵人於山兩翼邀阻夾攻，明軍是損兵又折將。〔註90〕

　　當天英宗一行人行至土木，此時天色尚未變暗，而且距離懷來僅有二十

〔註83〕同上註。

〔註84〕同上註。

〔註85〕《英宗實錄》（臺北：中研院史語所，1965 年出版），卷一八〇，正統十四年秋七月壬寅條，頁 7 下。

〔註86〕參閱尹守衡《明史竊》（臺北：華世出版社，1978 年出版），卷四，〈北狩紀〉，頁 1。

〔註87〕參閱嚴從簡《殊域周咨錄》（臺北：臺灣華文書局，1968 年出版），卷十七，〈韃靼〉，頁 15。

〔註88〕參閱谷應泰《明史紀事本末》（臺北：三民書局，1969 年出版），卷三十二，〈土木之變〉，頁 333。

〔註89〕同註 86，同卷，頁 2。

〔註90〕參閱谷應泰《明史紀事本末》（臺北：三民書局，1969 年出版），卷三十二，〈土木之變〉，頁 333。

餘里的路程，照兵法上言，如欲紮營必須是堅固易守且有水源之地爲宜，因此英宗車駕應入懷來駐紮才是，而隨行之文武百官也都力主入保懷來。尤其鄺埜還上章請英宗車駕疾馳入關以保，其本人願以重兵殿後保護，但王振不報。鄺埜最後則逕自親自到英宗行殿求見報告情形，力陳皇帝速行。王振以其輜重車輛未至，﹝註91﹞怒而斥責鄺埜說：「腐儒安知兵？再妄言，必死！」﹝註92﹞鄺埜回答說我是爲國家生靈設想故出此言，死對我而言何足懼哉！王振聞言更加忿恨，命左右護衛將其架出營帳外。由於王振的一意孤行，一行人只得駐紮於土木。﹝註93﹞

土木之地旁無水泉，其位置又正當敵人要衝。至十四日大軍欲再前行時，敵人已經逼進土木。由於無水，明軍人馬在無飲水的情形下又度過二天，軍士皆已飢渴不已，掘井二丈還是不得泉水飲用，明軍極思移行他地補充水源糧秣。土木堡南面十五里處有河，也先獲知明軍缺水的消息後，先將河佔領，並分道自土木旁的麻谷口入侵，明守口指揮郭懋拒戰終夜，但敵人不斷增多。當時在宣府適逢有總兵楊洪駐防，或勸楊洪以急兵衝入敵軍包圍圈，則或可助英宗車駕突圍，但楊洪竟緊閉城門且終日不肯出戰。﹝註94﹞八月十五日壬戌時，也先撤兵並遣使持書僞裝求和，英宗即命曹鼐草敕以言和，並派二位特使與也先使者同去。王振見也先撤軍，即下令軍隊速移營就水源，在部隊迴旋之間，行伍已經大亂。南行不到數里，也先部將突又來攻。在四面圍攻之下，明軍軍心士氣渙散，無心戀戰者眾，爭先逃跑，情勢已不能控制。也先的鐵騎破陣而入，踐踏明軍無數，並以長刀砍殺明軍，同時利用心理戰法，大呼解甲投刀者不殺。由於士氣已潰，明兵皆欲求自保，所以投刀解甲者眾，互相踐踏而死者亦多，蔽野塞川，明軍至此已完全潰敗。﹝註95﹞

﹝註91﹞據《明史紀事本末》卷三十二，〈土木之變〉，頁333載，「眾欲入保懷來，以王振輜重千餘兩未至，留待之。」另劉定之《否泰錄》，頁2載：「是日，駕至土木，尚未脯，去懷來城僅二十里，欲入保懷來城，振輜重千餘輛在後未至，留待之，遂駐土木。」

﹝註92﹞袁袠《皇明獻實》（臺北：文海出版社，1974年出版），卷十三，〈鄺埜傳〉，頁351。

﹝註93﹞據談遷《國榷》卷二十七，英宗正統十四年，頁1775載，「土木，隆慶州西南八十里，相傳遼主宰此張大幕，因名統幕，俗訛爲土幕，今又訛爲土木。」

﹝註94﹞同註90。

﹝註95﹞參閱谷應泰《明史紀事本末》（臺北：三民書局，1969年出版），卷三十二，〈土木之變〉，頁334。

明軍於土木堡遭瓦剌軍所擊，英宗雖逃出亂軍中，卻被也先部將所俘。〔註96〕將士死者眾多，王振亦死於是役，其他如太師英國公祥符張輔、駙馬督尉邢臺井源、戶部尚書海豐王佐、兵部尚書宜章鄺埜、吏部左侍郎兼翰林院學士寧晉、曹鼐等數百人皆死於是役，隨從之臣倖免於難者只有蕭惟禎、楊善等數人，士卒死者數十萬。〔註97〕贏馬二十餘萬，甲衣、器械、輜重盡為也先所獲。〔註98〕

王振之死，有二種說法，或謂其死於亂軍之中，〔註99〕或謂為英宗身旁的護衛將士安州樊忠，以其所持之武器瓜鎚捶死。〔註100〕王振死後，其親信故舊亦難逃制裁，其中以錦衣衛使馬順與內使毛玉諸人的遭遇最慘，馬順與毛玉二人被朝中大臣活活捶死。〔註101〕另外都御史陳鎰奉郕王令旨，抄王振家，將王振從子王山等人砍死於市，家族中無分老少皆斬首。〔註102〕

〔註96〕參閱李實《北使錄》（臺北：藝文印書館，1968年出版），頁1。
〔註97〕據談遷《國榷》（臺北：鼎文書局，1978年出版），卷二十七，頁1775載，是役共有太師英國公祥符張輔、泰寧侯太原陳瀛、駙馬督尉邢臺井源、平鄉伯合肥陳懷、襄城伯合州李珍、遂安伯巴縣陳塤、修武伯滁州沈榮、都督梁成王貴、戶部尚書海豐王佐、兵部尚書宜章鄺埜、吏部左侍郎兼翰林院學士寧晉曹鼐、刑部右侍郎豐城丁鉉、工部右侍郎崑山王永和、右都副御史南城鄧榮、翰林院侍讀學士江寧張益、通政司左通政蘭西龔全安、太常寺少卿瑞安黃養正、溧陽載慶祖、上元王一居、太僕寺少卿劉容、尚寶司少卿凌壽、給事中蘭谿包良佐、侯官姚銑、鮑輝、中書舍人俞肇、潘澄、錢昺、監察御史張洪、平谷黃常、魏貞、錢塘夏誠、登州申祐、尹竑、蘭谿章存德、孫慶、林祥鳳、郎中齊洋、保昌馮學明、甌寧滕員、建安雷潛、員外郎王健、婺源程思溫、常熟程式、逯端、主事侯官陳銑、懷安周傑、俞鑑、張鏜、鄭瑄、大理寺左寺副臨清馬豫、光祿寺署丞黃陂鄧鑑、行人司正吉水尹昌、行人盧陵羅如墉、欽天監夏官正劉信、序班李恭、石玉等不下數百人皆死於是役，隨從之臣倖免於難者只有蕭惟禎、楊善等數人。
〔註98〕據黃訓《皇明名臣經濟錄》（臺北：文海出版社，1984年出版），卷三，〈王振之變二〉，頁18載，「驢馬亦二十餘萬，衣甲兵器盡為胡人所獲，滿載而還，自古胡人得中國之利，未有幾于此舉者。」
〔註99〕參閱張廷玉《明史》（臺北：臺灣商務印書館，1976年出版），卷三〇四，〈王振傳〉，頁9。
〔註100〕參閱談遷《國榷》（臺北：鼎文書局，1978年出版），卷二十七，〈英宗正統十四年〉，頁1775。黃雲眉《明史考證》第八冊，明史卷三〇四考證，頁2340載：「黃景昉國史唯疑卷三云：『聞振實為護駕將軍樊忠以所持瓜捶死』。」
〔註101〕黃訓《皇明名臣經濟錄》（臺北：文海出版社，1984年出版），卷三，〈王振之變一〉，頁13。
〔註102〕同上書，同卷，頁13～14載其家產，「凡京城內外數處，重堂邃閣，擬於宸居，器服綺麗，尚方不逮，玉盤百面，珊瑚高六七尺者二十餘株，金銀六十

　　土木之變究係誰之過失，由史料知除王振外，英宗亦當負其責，《明史紀事本末》載：

　　　　英宗初立，年僅九齡，至張后崩時，年已十六，質果英敏，亦當知
　　　　上官之詐矣，何至呼爲先生，使振周公自待？〔註103〕

即英宗即位之初，雖年僅九歲，但到太皇太后死時，已十六歲，如果其資質果眞英敏，亦當知曉王振之僞善，奈何其竟呼王振爲先生致使其以周公自居。
《明史紀事本末》又載：

　　　　天順元年五月，英宗復辟，思振，諱爲（樊）忠所殺，詔復振官，
　　　　刻木爲振形，招魂葬之，祀智化寺，賜額曰旌忠。〔註104〕

知英宗復辟後，仍然思念王振。英宗對王振的種種，已遠超出一般君臣之禮，隱含父子間之關係存在，英宗之態度無疑是王振竊權的重要關鍵。

　　此外，朝中諸臣卻也難辭其咎，據《國榷》載：

　　　　以土木爲罪閹振，乎振之肉誠不足食……彼矯命雄行，適自沉其族
　　　　耳，當時最善兵望重，不爲振屈，毋踰張英公，其人雖老，獨不爲
　　　　趙營平馬伏波乎，以三十年之成名，將干撒幝幄之是賴，竟徇一腐
　　　　豎，委骨塵露，傳所云智老而偷焉？〔註105〕

談遷認爲當時以英國公張輔等最知兵事且望重，但他卻不能以其對軍事的專業能力來向王振力爭，反而循其錯誤，遂致身死荒野。《殊域周咨錄》載：

　　　　英公歷事四朝，爲元老上將，自王振盜權專橫，三楊皆避禍，不以國
　　　　家安危自任，己巳親征，心知不可而從之出，不免于難，若早與三楊
　　　　謀而去振，則禍不待避，節不須折，何至臨老身膏草野乎？〔註106〕

嚴從簡認爲張輔歷任四朝，土木親征，其明知不可行卻遵從之，故遭此難，若其早與三楊共謀，合力將王振於朝中去除，或不至於有今日。此外廖道南也爲曹鼐的遭遇而感嘆，其言曰：

　　　　自古夷狄之禍，未有甚於土木之難者……我明當全盛之時，王用三

　　　　餘庫，幣帛珠寶無算。」
〔註103〕谷應泰《明史紀事本末》（臺北：三民書局，1969 年出版），卷二十九，〈王
　　　　振用事〉，頁 317。
〔註104〕同註 102。
〔註105〕談遷《國榷》（臺北：鼎文書局，1978 年出版），卷二十七，〈英宗正統十四
　　　　年〉，頁 1778。
〔註106〕嚴從簡《殊域周咨錄》（臺北：臺灣華文書局，1968 年出版），卷十七，〈韃
　　　　靼〉，頁 16。

　　驅，高墉射隼，而乃專制閹豎，親勞六飛，至使全師覆沒，善人殄

　　瘁，如霾者爲廷魁首，元喪犬羊，身膏草野，不亦可悲乎？〔註107〕

此雖是悲曹鼐之死，但又何嘗不是譏諷王振之竊權亂政？感歎身爲內閣學士
的曹鼐，在面對王振竊權時的無奈。土木之變所以發生，朝中諸臣上諫卻不
能力爭亦是一大原因。

　　關於土木之變，王世貞以爲：

　　宣宗神武，將強士良，而從事屬國之潯夷，若山壓卵。然使閹振狃

　　之，而輕以萬乘委敵，即今毳裘懾魄，紫蓋還雒，而蒙塵之辱，畢

　　世莫可洗矣。〔註108〕

即此變實爲「畢世莫可洗」。談遷亦認爲：

　　閹振用事，狃太宗宣宗之故駕，勸上親征。廷臣伏爭不得也……英

　　宗襲於久治，目不變旌旗，不諳角，乍聞羽警，遽拊劍攬甲，思銘

　　燕然而禪姑，衍抑何所恃也。不過用其眾耳。權璫弄兵，挾天子，

　　笯朝士，謂強胡數萬騎，猶我圉隸，欲借之以示威重，孰知塡五十

　　萬人之骨，未足築窮荒而潤塞草也，亦可爲萬世之大戒也。〔註109〕

犧牲五十萬人之性命，實爲萬世之大戒。谷應泰對王振之死，則作如下批評：

　　天佑人國，假手也先，樊忠殺（王）振，而後戰沒，功何偉也，響

　　令英宗不陷賊，兌璫（王振）不授首，天假之年，而滋其毒，明社

　　之屋，宵竣今矣〔註110〕

即王振若不死，明之國運恐怕無法持續。總而言之，土木之役失敗，原因大
致如下：一爲王振擅權，其清除朝中異己，立威朝中，朝中無人敢言。又勸
導英宗親征，卻不諳兵法，復以己私延誤軍機，遂成大禍。二是英宗寵王振
太過，凡事言聽計從，徒使王振用事益烈，親征之舉，實屬不智。三是朝中
士大夫之失，此輩平日沉默以對，至於事起而人人自危，雖有曹鼐欲殺王振
之議，卻無人能應，至使皇帝被俘，彼等亦身死陣中。四是明廷邊務草率，
王振縱黨營私，有司疏於邊務已久，遂使也先得利用進貢之機，探中國虛實

〔註107〕談遷《國榷》（臺北：鼎文書局，1978 年出版），卷二十七，〈英宗正統十四
　　　　年〉，頁 1778。

〔註108〕同上書，同卷，頁 1777。

〔註109〕同上書，同卷，頁 1772。

〔註110〕谷應泰《明史紀事本末》（臺北：三民書局，1969 年出版），卷二十九，〈王
　　　　振用事〉，頁 318。

而後入侵。明經此一役，實力大減。

附圖一：正統六年麓川之役路線圖

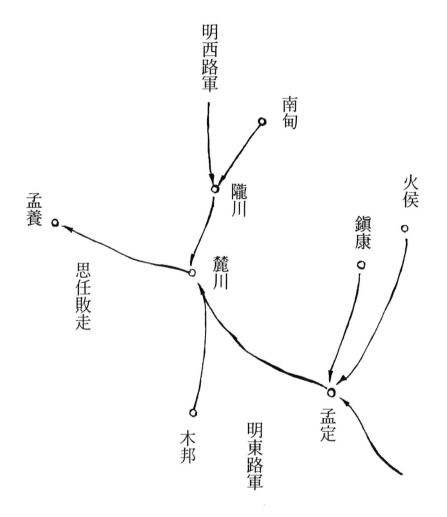

本圖係據李則芬《中外戰爭全史》卷六，頁404改。

附圖二：正統十四年土木之役路線圖

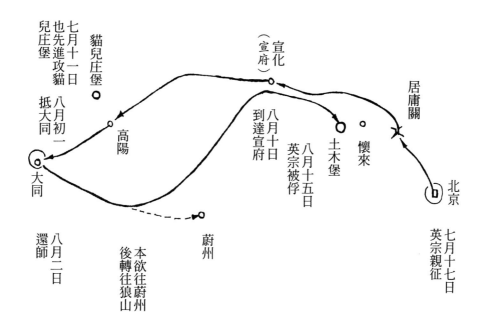

本圖係據李則芬《中外戰爭全史》卷六，頁 300 改。

第五章　王振的宦官意識與宦官現象

　　宦官是傳統君主體系所造就的產物，在明代，宦官專政發展到頂盛。明代內府二十四衙門此一組織之嚴密與健全，爲前朝所未有，特別是它集合國家政務、軍事、人事行政、財政、外交等諸權力於一身。因此在後來時空環境的變遷及歷任皇帝對宦官態度不斷轉變下，擅權之人的出現是預料中事。王振擅權亂政除涉及時代制度的缺失外，與他個人心態也有極大關聯。因此，研究王振權勢擴張的過程時，應該對其意識形態和心態行爲做一完整分析。畢竟，王振不是以一個正常人的身份主導權勢。

　　在此以兩個方向進行研究，第一是探討王振的宦官意識。王振在中國傳統宦官制度的不公平待遇下，生理上遭受摧殘，而心理上亦因此衍生出一些特異的想法，此或可稱其爲「宦官意識」。〔註1〕對於王振擅權干政諸行爲，由於史家記錄其言行時，不乏以傳統士人的觀點審之，故結論往往以負面居多。本章擬藉由現代心理學上的研究成果，以檢視其意識形態。

　　第二是研究王振的心態所導致之行爲。主要由中國歷來宦官制度下所形成的「宦官現象」著手。宦官現象歷朝皆有，明代爲自宮求進、崇佛風氣、釋教盛行及對歧視者施以強烈報復，手段殘虐。藉由此類之宦官現象研究王振的行爲，或可對其擅權干政能有進一步瞭解。

〔註1〕據韋驥〈宦官意識和宦官現象〉：(《當代思潮》，北京：北京人民出版社，1992年4月)，頁15載，該文提出「宦官意識」之說法，但該文未加以定義，本文即引用並運用現代心理學研究加以定義之。

第一節　王振的宦官意識

　　一般所謂的閹人，是指一個正常男人自願，或被迫閹割其生殖器官，成為不具生育能力的中性人，其既非男性亦非女性。〔註2〕但閹人並非皆是宦官，其必須進入宮中服務，始能稱為宦官。〔註3〕宦官在遭受閹割之苦，生理上喪失男性的特徵之後，心理上所產生的變化，使其人格遭到扭曲而致變態，而產生種種異於常態的想法就稱為宦官意識。在王振用事的過程中，其種種行為，藉由這樣的心理分析，或可有所瞭解。

　　人的內心是個難解的迷，每個人的內心都有無法窺視的思緒。然而內心世界的秘密並非完全難以瞭解，現代科學，特別是心理學，提供精神分析，行為科學等，已經為認識人與人的內心世界，提供某些方法，使我們得以從人對刺激的反應，推斷出滿足的方式及準則，而從人的行為規範及其特徵等方面的研究入手，透過此分析或可達成瞭解人的內心世界。〔註4〕

　　心理學上認為，人的行為是受到動機的支配，而動機是由需要所產生。所謂需要，就是指人們對某種目標的渴求或慾望。這種渴求和慾望在內心世界中引起緊張，當目標透過行為達到後，緊張消除。但又產生新的需要、新的動機和行為，而進入下一個行為過程。〔註5〕人的需要、動機和行為與他的身心狀況有關，而且也是他所處的具體環境的激發、誘導或暗示的結果。本文分析宦官的意識與行為，即是以此行為動機論作為理論基礎。〔註6〕

〔註2〕　參閱王玉德《神秘的第三性——中國太監大寫真》：（石首市，華中理工大學出版社，1994年出版）頁5～6。

〔註3〕　參閱余華青《中國宦官制度史》：（上海，上海人民出版社，1993年出版），頁8～10。

〔註4〕　據楊國樞、張國春《應用心理學》（臺北：桂冠圖書公司，1986年出版）頁1。關於心理學的定義，可以以哈伯（D. O. Hebb）的說法來解釋：「心理學到底是幹什麼的？……心理學是有關思想、感覺、意志等活動的學問，它所探討的是人類所有問題中最重要、最神密、最困難、最難以解釋的。」

〔註5〕　據郭敬晃等著《心理學》（臺北：揚智文化公司，1993年出版），第七章動機，頁310～311，一文指出：「動機、需求、驅力是彼此連續而不易畫分的，由於需求產生驅力，因驅力而產生動機。」其過程請參見下附圖。
因需求匱乏或是未被滿足形成緊張→驅力→行為→需求被滿足緊張消除

〔註6〕　據韋驥〈宦官意識和宦官現象〉：（《當代思潮》，北京：北京人民出版社，1992年4月），頁21，一文認為：「現代心理學雖然可以對宦官擅權干政的種種行為做出分析，並得到合理程度的解釋，此舉有助於瞭解宦官的心理層次，是以往研究宦官時所忽略的新領域，也開啟研究宦官的新方向。但其亦指出，心理學的應用僅僅只是提供較合理的判斷及解釋，並不能做為歷史惟一的結

心理學的研究上，主要是以人格來定義被研究人的行爲差異。所謂的「人格」（Personality），其定義爲：

> 人格乃是個人在對人己，對事物等各方面適應時，於其行爲上所顯示的獨特個性，此種獨特個性，係由個人在其遺傳、環境、成熟、學習等因素交互作用下，表現於身心各方面的特質所組成，而該等特質又具有相當的統整性與持久性。〔註7〕

知影響人格發展有遺傳與生理、環境與社會、家庭及文化等因素，此形成個人獨特的人格。研究王振的宦官意識，可由此著手。

宦官是中國歷史上特殊的群體，其主要的生理特徵便是閹人的身分。由於生殖器官與生殖機能的喪失，宦官在生理上呈現出不同於正常男性之處。此生理變化，勢必對其心理狀態產生影響，也使其人格構成產生變化，下面就由生理、家庭、環境與學習四方面，分析宦官的意識及王振在此方面的反映。〔註8〕

首先就生理方面而言，此係指生理創傷和閹割情結，這使閹人產生出屈辱的心理反應。古代缺乏適當麻醉藥品，閹割過程中巨大的痛苦，使被閹割者一輩子也難忘懷。又，失去性器官後，會導致內分泌失調和相貌異常等生理反應。〔註9〕因此宦官對於失去性器官一事，其十分敏感，極爲忌諱。自卑心重，所以防備、猜忌心也極重。

此外，宦官在閹割後，精神上亦受打擊。西漢時司馬遷因故遭腐刑後，據《漢書》載：

> 人固有一死，死有重於泰山，或輕於鴻毛。用之所趨異也，太上不辱先，其次不辱身，其次不辱理色，其次不辱詞令，其次屈體受辱，其次易服受辱，其次關木索被箠楚受辱，其次髡毛髮嬰金鐵受辱，其次毀肌膚斷支體受辱，最下腐刑，極矣。〔註10〕

論，借用西方心理學的觀點，可以觀察和分析中國歷史上的宦官現象，這種觀察和分析，是採取科學的態度，提供研究上的參考，輔助解釋此一現像，而非運用排列一些術語來代替實際的研究，以得到簡單直接的結論。」

〔註 7〕 張春興等著《心理學》（臺北：三民書局，1970 年出版）第十一章人格，頁 401。

〔註 8〕 同上書，頁 404～414。

〔註 9〕 參閱冷東《被閹割的守護神》：（吉林，吉林教育出版社，1990 年出版）頁 34～36。

〔註 10〕 班固《漢書》（臺北：臺灣商務印書館，1976 年出版），卷三十二，〈司馬遷傳〉，頁 19。

司馬遷認為人最受屈辱的是腐刑，《漢書》又載：

> 僕以口語遭遇此禍，重為鄉黨戮笑，污辱先人，亦何面目復上父母
> 之丘墓乎？雖累百世，垢彌甚耳，是以腸一日而九回，居則忽忽若
> 有所亡，出則不知所如往。每念斯恥，汗未嘗不發背沾衣也。〔註11〕

知司馬遷遭到腐刑後，終日恍惚，每想起此一恥辱便驚嚇而汗流夾背。可見腐刑對他的心理有莫大的傷害及影響。王振雖是自宮後入宮，其出於自願，但這種心理傷害大約亦是存在的。正統九年（1444）秋七月，發生駙馬都尉石璟對其家中的閹人呂寶責罵一事，此本是一件單純的家務事，卻引起同是身為閹人的王振的反感，王振遷怒於石璟，將其下錦衣衛獄處分。〔註12〕由此可以看出，王振對自己是閹人的身分，感受是相當的強烈。

第二是家庭方面，即缺乏家庭溫暖，這使閹人有冷酷、自卑的心理。多數宦官自幼即遭閹割，入宮後，小小年紀即要飽受欺凌和侮辱。長大成人後又沒有婚姻、家庭。他們缺乏人世間普遍的親情和溫情的薰陶，內心不免由落寞而趨於冷酷、自卑。〔註13〕王振雖非自幼入宮，但也非年邁之人，其心靈勢必也有空虛的時候，因此其性格上不免也有冷酷、自卑的傾向。宦官在強烈自卑感的作祟下，則形成兩類性格，一是個性平和溫順、安份守己。一是多疑猜忌，及具有強烈的報復意識。〔註14〕

王振初涉權勢時，對朝中大臣的禮遇與籠絡，正表現出他內心的自卑。如南京國子監祭酒陳敬宗到京考績，王振久慕其名望，欲網羅於門下，遂利

〔註11〕 班固《漢書》（臺北：臺灣商務印書館，1976年出版），卷三十二，〈司馬遷傳〉，頁21。

〔註12〕 參閱谷應泰《明史紀事本末》（臺北：三民書局，1969年出版），卷二十九，〈王振用事〉，頁316。

〔註13〕 據張春興等著《心理學》（臺北：三民書局，1970年出版）第十一章人格中，一文認為：「現代心理學者研究，育兒、家庭、愛情、親子之情是影響人格發展的因素之一。人的一生若缺乏其中之一，人的心理就會產生某種程度的歧變。」若以此說法來檢視宦官，則知其既不曾充分享受來自父母的親情、男女之愛、骨肉親情更是不可能，因此內心不免由落莫而趨於冷酷。由於宦官們幾乎終生生長在宮廷中，根本不能指望從帝王或后妃處得到一點溫情，如稍有不慎，恐還會遭致挨打受罵，死於非命的下場。

〔註14〕 據高宣揚《佛洛伊德主義》（臺北：遠流出版社，1993年出版）頁221。知：「殘廢者對自己生理上的殘缺會感到自卑敏感。」故以此檢視宦官的自卑感，在一定的條件下即會以扭曲的形式表現出來，產生種種殘忍、虐待、狂熱、濫施淫威等變態行為。

用南畿巡撫周忱對其示好，但陳敬宗卻回答說：「敬宗忝爲人師表而謁中貴人，他日無以見諸生。」〔註15〕此語道出一般士人對閹人的傳統看法。王振遭此羞辱後，亦只能忍氣吞聲，但陳敬宗卻爲此累官十八年之久而未見升遷。〔註16〕又如隆慶右衛紀廣、工部郎中王佑等人，對王振則是禮遇有加，甚至可說是諂媚逢迎，此舉反而滿足了王振自卑感下膨脹的虛榮心與權力慾，因此二人仕途無阻。〔註17〕王振在逐漸奪得權勢後，將朝中勳戚視如奴隸，此亦可以說是其由自卑感產生的心態。

　　第三是環境，係指環境創傷，此使閹人產生團體意識和報復的心理反應。環境的創傷有兩方面，一是來自宦官自身的生存環境。宦官的生存環境，是帝王的起居之處，這是戒備深嚴的地方，與外界幾近隔絕。所以宦官們的視野狹隘，內心世界狹小，因此易產生自私、排外的心理反應。二是來自傳統文化對宦官的看法與評價。在傳統儒家思想的影響下，中國人普遍有閹割行爲是上辱祖先、中傷自體、下絕後嗣，違背「不孝有三，無後爲大」的觀念。〔註18〕此使宦官的內心承受巨大的壓力。然而這種壓力，加上排外心理卻也迫使宦官彼此間自我認同，甚而團結對外，以求生存。其團結方式有三種，一是對初入宮中的宦官收爲養子；二是結成師徒關係；三是結成幫派黨羽。〔註19〕

　　宦官的團體意識是指他們共同的生理缺陷和共同的生活環境，使得彼此之間具有較強的認同感。盡管宦官內部也會常常發生爭權奪利的爭鬥，但在對外的場合，宦官卻表現出強烈的團體意識。此種團體意識，極易導致宦官在政治上的結黨營私，排斥異己等行爲，從而形成宦官政治集團。例如東漢宦官即以「我曹族類」〔註20〕爲號召，增強宦官內部的凝聚力和一致性，藉以同外戚集團、士人官僚集團相抗衡。

〔註15〕尹守衡《明史竊》（臺北：華世出版社，1978年出版），卷三十九，〈陳敬宗傳〉，頁8。

〔註16〕據谷應泰《明史紀事本末》（臺北：三民書局，1969年出版），卷二十九，〈王振用事〉，頁315載：「敬宗爲祭酒十八年不遷」。

〔註17〕同上書，同卷，頁313～314。

〔註18〕趙岐《孟子註疏》（臺北：中國子學名著集成編印基金會，1981年出版），卷七，頁517。

〔註19〕參閱顧蓉等著《霧橫帷牆‧古代宦官群體的文化考察》：（陝西人民教育出版社，1992年出版）頁323～324。

〔註20〕據范曄《後漢書》（臺北：臺灣商務印書館，1976年出版），卷五十九，〈何進傳〉，頁12載：「今與天下黨人謀誅先帝左右，埽滅我曹。」

　　王振的黨羽以曹吉祥爲主，王振吸收曹吉祥等宦官爲己用，並賦予他們特權。〔註21〕正統四年（1439）明出兵征麓川，便以曹吉祥爲督軍，按《弇山堂別集》載：「正統四年遣太監吳誠、吉祥監督諸軍討麓川宣慰司任發，敗績。」〔註22〕但麓川之征失敗時，曹吉祥並沒有受到處罰，這與他是王振的黨羽有關。另外，宦官喜寧服侍英宗身邊，善侍英宗顏色。正統十二年（1447）六月，英國公張輔即因喜寧之故，致田土被奪。〔註23〕其原因是喜寧侵奪英國公張輔田宅，張輔不從。後喜寧的弟弟喜勝率閹奴毆打張輔家人之妻，使其流產而死，張輔投訴於英宗，但是皇帝卻寬恕喜寧兄弟二人而只處罰其所率閹奴戍邊。〔註24〕不久，喜寧挾怨唆使青縣知縣上奏誣告張輔侵佔民田二十餘頃，英宗雖不治張輔罪，但下令其將田還與民。張輔實並未侵佔民田，竟平白無故失去二十餘頃的田地，這當然是喜寧的報復行爲，但也看得出王振結黨，及其黨羽的威勢。〔註25〕

　　第四是學習方面，係指整合創傷，此有可能導致閹宦的發憤意識。宦官在成爲宮廷奴隸之後，選擇其他生活道路的可能性已被斷絕，即使中途退出宮門，亦不見容於社會。遂導致部份宦官萬念俱灰，頹唐渾噩，成爲只知道滿足生存需要的行屍走肉。據《明宮史》載，明代，宦官「讀書安貧者少，貪婪成俗者多」；「飽食逸居，無所事事」；「三五成群，飲酒賭博，」。〔註26〕但也有少部份宦官，能化痛苦爲力量，化屈辱爲堅強，建立功業。〔註27〕

　　王振雖入宮爲宦者，卻沒有因閹人的身份而消沉或墮落。史書中並無明文記載王振本身有何不良習性，如嗜好賭博之類。相反的是其於侍英宗東宮時，

〔註21〕參閱張廷玉《明史》（臺北：臺灣商務印書館，1976年出版），卷三〇四，〈曹吉祥傳〉，頁10。

〔註22〕王世貞《弇山堂別集》（北京：中華書局，1985年出版），卷九十，〈中官考一〉，頁1728。

〔註23〕參閱托津等奉敕撰《明鑑》（北京：中國書店，1985年出版），卷三，〈英宗皇帝〉，頁152。

〔註24〕據《英宗實錄》（臺北：中研院史語所，1965年出版），卷一五三，正統十二年四月庚午條，頁1下載，「上命勝贖罪，謫自淨者戍廣西南丹衛。」

〔註25〕同註23，同卷，頁152載：「時王振視勳戚如奴隸，諸勳戚亦望塵頓首，呼曰「翁父」，惟輔猶與抗禮，振亦致敬於輔，及是輔既衰老，又數爲喜寧所侮，亦屈節以避禍矣。」

〔註26〕劉若愚《明宮史》（臺北：藝文印書館，1968年出版）火集，〈飲食好尚〉，頁7。

〔註27〕據《明史》，卷三〇四，〈鄭和傳〉中提及鄭和下西洋，世稱三保太監，

處處謹言愼行，勸英宗向學，表現出臣下輔佐幼主的態度。正統十一年英宗感念其輔佐有功，還對其賞敕：「保衛調護，克盡乃心，贊翊維持，靡所不至，正言忠告，俾益實多。」〔註28〕又，王振於正統初便積極導英宗閱武將臺，征麓川、征也先，此亦可視爲其個人極欲建立功業的一種表現。礙於閹人不得干政之禁，王振心中實欲建立功業，故其選擇軍功，藉以揚名並固主寵。麓川之征，使其立威朝中，提昇威望，但土木之役則失敗而無法如願。〔註29〕

　　此外，由王振身上還可以發現，其具有下列五點人格上的特質，而這些特質亦影響了當時其他的宦官。第一，即具有宦官群體的人格化象徵。在宦官的群體中，爲協調群體的活動，使其能發揮最大的效能，長久以來便逐漸形成適應群體生存方式的心理行爲結構，而這個群體的首要分子，即組織之首，通常就是這種特定心理行爲結構的人格化象徵與代表。〔註30〕

　　前已提及，宦官是被壓抑的一個群體，沒有所謂的自我意識。因此位居首位的人，其行爲、品行的良善與否，就影響宦官群體的行爲好壞。宦官首領的思維趨向和行爲特徵對於整個群體具有強大的誘導和整合作用。他們個人品格上的優缺點經常很快傳染給群體成員，從而對整體群體的心理和行爲結構產生重大的影響。王振是宦官之首，宦官群體自然而然以他爲主要的投射對象。王振的一舉一動成爲宦官行爲的準則。此由王振所培養出來的曹吉祥等人在日後的行事，可略窺一二。〔註31〕

　　第二，帶動了逢迎諂媚的風氣。對居高位的宦官首領來說，逢迎巴結、諂媚討好是他們在幾十年的宮廷生活中所學習得到的經驗。瞭解皇帝后妃的習慣、嗜好等，並極力逢迎，這是宦官首領爭寵奪權的特殊手段。在和外廷官僚集團爭奪權力的過程中，爭取皇帝偏向自己這一邊，更是最具優勢的特點。而影響所及，宦官內部無不仿效風行。歷史雖證明，宦官靠自己的才能學識受皇帝賞識的人不是沒有，但是大多數的宦官還是靠逢迎諂媚而求得飛

〔註28〕《英宗實錄》（臺北：中研院史語所，1965年出版），卷一三七，正統十一年正月庚辰條，頁3上。
〔註29〕參閱川越泰博：〈土木の變と親征軍〉（《東洋史研究》第五十二卷第一號，東京：京都大學東洋史研究會，1993年6月）頁51。
〔註30〕參閱顧蓉等著《霧橫帷牆・古代宦官群體的文化考察》：（陝西，人民教育出版社，1992年出版）頁330。
〔註31〕參閱張廷玉《明史》（臺北：臺灣商務印書館，1976年出版），卷三〇四，〈曹吉祥傳〉，頁10～12。

黃騰達。〔註32〕

　　諂媚的最大特徵就是對自我人格的貶低。爲了討好皇帝，宦官幾乎沒有人格尊嚴可言，而接受其諂媚的對像皇帝，由於得到精神上的滿足，便相對的給予諂媚者種種獎賞及鼓勵。是以諂媚者日趨。有地位的宦官首領一方面對皇帝極力的巴結討好，以鞏固自己的權勢地位，另一方面也要求其下屬逢迎巴結自己，來得到相對的滿足，以求得心理上的平衡與補償。因此宦官集團內部，諂媚之風盛行。王振服侍英宗，在未成爲司禮監太監前，職位低微，其藉諂媚，討好皇帝，以求晉昇至高位。此無疑對其他宦官輩藉諂媚以求晉昇、生存有極大導引作用。〔註33〕

　　第三是由掌握權力所引起自大、好大喜功的心態。宦官的自卑心理和屈辱地位，始終影響他們，爲求擺脫心靈上的陰影，所以一旦條件具備，機會出現，向上爬的欲望便十分強烈。〔註34〕王振的一些行爲，亦正是此一心態

〔註32〕 參閱顧蓉等著《霧橫帷牆‧古代宦官群體的文化考察》：（陝西，人民教育出版社，1992年出版）頁331～334。

〔註33〕 據張春興等著《心理學》（臺北：三民書局，1970年出版）第十二章挫折、衝突與適應，頁473，一文認爲：「面對挫折的防衛方式中，第六點爲反向作用，即是指諂媚的現象。」就宦官而言，關於諂媚的花樣，可謂繁多，歸納起來大致有言語上的奉承吹捧和行動上的逢迎討好兩種。在實際運用中，語言和行動往往又交織在一起。宦官瞭解皇帝的心態，明白該如何來運用諂媚之術來迎合上意，滿足其虛榮心和權威感。諂媚可視爲是政治的毒榴，至高無上的地位和高度集中的權力，必然造成君主的唯我獨尊及專斷獨行，他們很難容忍臣僚特別是宦官的獨立人格和見解。

〔註34〕 據郭敬晃等著《心理學》（臺北：揚智文化事業公司，1993年出版）第一章緒論，頁59。西方心理學家馬斯洛（Abraham. Maslow 1908～1970）將人的需求分爲如下數個層次：

　自我實現需求
　自我尊重需求
　歸屬感需求
　安全感需求
　　生理需求

另據顧蓉等著《霧橫帷牆‧古代宦官群體的文化考察》，一文認爲：「對於下層宦官而言，生理和安全的需要處在主導的地位。而中、上層的宦官，由於生理和安全的需要的問題已經獲得解決，所以歸屬需要及尊重需要便相繼上昇爲主要需要。而對於那些居於宦官群體首位的宦官首領而言，對地位與權力的不斷追逐已經成爲動機性行爲的主要依據。他們一旦大權在握，便不知覺陷入用權力來攫取財富、地位的泥淖中，此正可由以上的需求層次提供解

的反映。如正統六年（1441）十月，三殿完工皇帝犒賞群臣時，王振由於不能出席而大感不滿。〔註35〕他大怒說：「周公輔成王，我胡爲不可與百官宴？」〔註36〕後來在英宗開東華中門，及命百官列位等候他赴宴才了事。王振自比周公，並認爲皇帝也必須屈就於他。又，他藉麓川之叛而興大兵征伐，爲的即是想立威於朝中內外。其後力勸英宗親征，名爲替皇帝揚威，但其實也是一種他掌權後的好大喜功心態。

　　第四是貪求財富的過度補償心理。〔註37〕王振的貪求財富，由他奪權干政的七年裏（正統七年到正統十四年），所攫取財富的龐大可以得知，如《罪惟錄》載：

> 振宅在宮城內外，凡數處，重簷邃閣，僭儗宸居，器服綺麗，尚方不逮，玉盤徑尺者十，珊瑚高六、七尺者五六，金銀十餘庫，馬數萬匹。〔註38〕

這些財富，都是來自文武百官的賄賂。王振的貪婪未嘗不是一種補償心態。

　　第五是無氣節，心理空間狹隘。明代廢相後，國家大權集中於皇帝身上，至高無上的皇權是宦官權勢的保障。所以通常情形下，宦官是忠於皇帝的，而這種忠誠是以他們能從皇權的庇蔭中得到多少的利益爲條件。王振所依賴的是皇帝對他的信任，而非其內心對皇帝的忠貞，如正統十四年御駕親征，當大軍進退無據時，學士曹鼐上諫曰：「臣子固不足惜，主上係社稷安危，豈可遽進？」〔註39〕王振聞而怒曰：「儻有此，亦天命也。」〔註40〕由此，可以

釋。」
〔註35〕據谷應泰《明史紀事本末》（臺北：三民書局，1969 年出版），卷二十九，〈王振用事〉，頁 313 載：「故事，宦者雖寵，不得預王庭宴」。
〔註36〕何喬遠《名山藏》（臺北：成文出版社，1971 年出版），卷二十六，〈王振傳〉，頁 2。
〔註37〕據張春興等著《心理學》（臺北：三民書局，1970 年出版）第十二章挫折、衝突與適應，頁 470～471 載：「對於挫折的防衛方式之一即爲補償作用，而補償的另一種形式爲過度補償。」以此觀察王振其過度補償的心態下反造成其貪婪的習性。據《明史紀事本末》卷二十九，知正統七年十二月時，他矯旨將平日諂媚逢迎其最力的徐晞昇爲兵部尚書，此舉引起府、部、院諸大臣及在外各方面的流官的仿效，皆以金錢賄賂求見。其中賄賂的金額，送百金的人只能算是普通，而送千金的人才能在朝觀之日被接見，參與其家宴。
〔註38〕查繼佐《罪惟錄》（臺北：藝文印書館，1965 年出版），卷二十九，〈王振傳〉，頁 28。
〔註39〕傅維鱗《明書》（臺北：華正書局，1974 年出版），卷一〇六，〈曹鼐傳〉，頁 14。

看出其無氣節的一面。其後曹吉祥亦是如此,其因奪門有功而見寵於英宗,但在英宗疑其有貳心時,便轉而謀奪帝位。〔註 41〕可見此輩心態之狹窄,絕非人主一時之寵便能固之。

第二節　王振的宦官現象

　　宦官意識形成宦官行為,而宦官的種種行為隨著其權貴者的聲勢顯赫而引起社會的注目,就衍生出所謂的宦官現象。〔註 42〕所謂宦官現象,在明代有自宮求進、崇尚佛道,廣建佛寺,報復等。下面僅將這些現象略作說明。

　　一、自宮求進風氣盛行。〔註 43〕明代平民自宮的現象在洪武年間已有之,洪武五年(1372)五月太祖曾下令「閩、粵豪家毋閹人子女為火者,犯者抵罪。」〔註 44〕禁民間私自閹割,犯者抵罪,成祖永樂十九年(1421)也曾下令「嚴自宮之禁。」〔註 45〕然自宮者被定罪則始於永樂二十二年(1424),成祖下令禁止自宮行為,還定自宮者罪。據《大明會典》載:「永樂二十二年令,凡自宮者以不孝論,軍犯罪及本管頭目,總小旗民犯罪及有司里老。」〔註 46〕仁宗洪熙元年(1425),有軍民任本等數人自宮求用,仁宗亦下令禁止,如《仁宗實錄》載:

〔註40〕焦竑《國朝獻徵錄》(臺北:臺灣學生書局,1965年出版),卷十三,〈曹鼐傳〉,頁 8。

〔註41〕張萱《西園聞見錄》(臺北:文海出版社,1940年出版),卷一○二,〈內臣下〉,頁 17～23。

〔註42〕韋驥〈宦官意識和宦官現象〉:(《當代思潮》,北京:北京人民出版社,1992年4月),頁 17～21,本文引用「宦官現象」一詞,並自行定義。

〔註43〕據冷東《世界宦官叢談》:(瀋陽,遼寧教育出版社,1993年出版)頁 73～74。該文認為:「"自宮"的含義,隋、唐以來,將宦官多稱為自宮者,往往指的是宮刑的執行是否由官府所為,或宦官的來源受不受中央機構的決定。嚴格來說,只有本人出於自願接受閹割手術,入宮成為宦官者方能稱為自宮者。如王振或後來的劉瑾、魏忠賢等,皆屬此類。閹割是極為痛苦的事,絕大多數都是由旁人動手施行,少有自行為之,至於年幼無知的幼童,被其利慾薰心的家人送去閹割者,不能稱為"自宮"。」

〔註44〕張廷玉《明史》(臺北:臺灣商務印書館,1976年出版),卷二,〈太祖本紀二〉,頁 9。

〔註45〕《太宗實錄》(臺北:中研院史語所,1965年出版),卷二三九,永樂十九年七月丁卯條,頁 1 下。

〔註46〕申時行《大明會典》(臺北:新文豐書局,1981年出版),卷八十,〈自宮禁例〉,頁 7。

> 洪熙元年三月丁亥，上諭（金）純等曰：『自宮以求用者，惟圖一身
> 富貴而絕其祖宗父母，不顧古人求忠臣於孝子，彼父母尚不顧，豈
> 有誠心事君，朕已決意，不用此等人，然其不孝之罪須懲治，今後
> 有自宮者必不宥，若加人宮刑者，朕亦惡之，蓋宮刑下死刑一等耳，
> 亦須嚴切禁止』〔註47〕

但宣宗時還是有自宮求進的情形。為此，宣宗於宣德二年特下詔不准再進用自宮者，如《大明會典》載：

> 宣德二年，令凡自淨身者，軍還原伍，民還原籍，不許投入王府及
> 官員勢要之家隱藏躲避差役，若再犯者，本犯及隱藏之家俱處死，
> 該管總小旗里老鄰人知而不舉，一體治罪。〔註48〕

同年七月又更進一步下詔禁止自宮行為，如有違例者發配充軍。〔註49〕宣宗一再下令禁止，但是民間自宮的風氣卻未見消失。至英宗時反有愈演愈烈之勢，如正統元年（1436）九月，有僧侶自宮為閹人，朝廷特戍其於遼東懲戒。〔註50〕正統十二年（1447）閏四月，查出成國公朱勇養私閹一百十一人，全部逮捕後送南海子管理。〔註51〕又，正統十三年（1448）五月，有順天府懷柔縣民劉廣、江西鄱陽民樊侃、陝西民李肆漢等三人自宮求用，皆為英宗以違反例令，發送戍於鐵衛嶺，著為例。〔註52〕另據《典故紀聞》載：

> 祖宗以來，凡閹割火者，皆罪極之人，或俘獲之虜。景泰以來近畿
> 民畏避差徭，希圖富貴者，往往自宮赴禮部求進。自是以後，千百
> 為群，禁之不能止，為國之蠹甚矣。〔註53〕

〔註47〕《仁宗實錄》（臺北：中研院史語所，1967年出版），卷八上，洪熙元年三月
丁亥條，頁7下。

〔註48〕申時行《大明會典》（臺北：新文豐書局，1981年出版），卷八十，〈自宮禁例〉，
頁7～8。

〔註49〕陳夢雷《古今圖書集成》（臺北：鼎文書局，1977年出版），卷一二三，宦寺
部，頁1226，宣宗諭禮部尚書胡濙時云：「昔皇考在位禁止自宮之人，謂其毀
傷父母遺體最是不孝，凡有此等皆發充軍。」

〔註50〕參閱《英宗實錄》（臺北：中研院史語所，1965年出版），卷二十二，正統元
年九月甲午條，頁4上。

〔註51〕同上書：卷一五三，正統十二年閏四月條，頁2下。據《大明會典》卷八十，
〈自宮禁例〉，頁8載：「正統十二年令，凡自首在宮闈者，送南海子種菜，
其隱瞞不首及再擅淨身并私收使用者，事發全家發遼東充軍。」

〔註52〕同註50，卷一六六，正統十三年五月壬子條，頁8下。

〔註53〕余繼登《典故紀聞》（北京：中華書局：1985年出版），卷十四，頁232。

而《菽園雜紀》亦載：

> 京畿民家，羨慕內官富貴，私自閹割幼男，以求收用。亦有無籍子
> 弟已婚而自閹者。禮部每爲奏請，大率御批之出，皆免死，編配口
> 外衛所，名淨軍。遇赦，則所司按故事奏送南苑種菜。遇缺，選入
> 應役。亦有聰敏解事，擠至顯要者。然此輩惟軍前奄入內府者，得
> 選送書堂讀書，後多得在近侍。〔註54〕

知民間自宮的風氣始終未能消失，其原因是這些人或希圖富貴，或畏避差傜。
禮部每次爲此上奏請求裁示，亦大多免死，僅編配口外衛所。而聰敏者，甚
至可位至顯要。王振亦是自宮，其入宮後，一步步向上爬，最後大權獨攬。
其成功的例子，很難不成爲眾人或其他宦官仿效的對象。因此英宗朝自宮求
進之例頗多，雖三令五申亦不得止。〔註55〕明代自宮求進的風氣一直維持下
去，日後劉瑾、魏忠賢，即是最明顯的例子。〔註56〕

　　第二種宦官現象是崇尙佛道、廣建佛寺。〔註57〕宦官崇尙佛道，可能的原
因是出於無知、精神生活空虛和對於來世的宿命的期望。也有可能是出於顯示
權勢地位和進行經濟行爲，如出售僧、道度牒可以有一筆可觀的收入。掌握這
種出售的權力和擴大僧道名額，又增加收受賄賂的機會。而領工修建寺觀，也
可藉此盜竊貪污，增加收入。〔註58〕又，其崇尙佛法，亦與佛教強調修行與來
世的因果循環有關。〔註59〕宦官在今生因爲各種主客觀的因素，上毀父母所賜
之身軀，下違人道之存立，對於下半生已經無所求，因此只有轉而追求來世，
佛教的因果循環正符合此點，所以宦官向佛者眾。〔註60〕《明宮史》載：

> （漢經廠）每遇收選官人，則撥給數十名，習念釋氏諸品經懺，其
> 持戒與否，則聽人自便……（番經廠）習念西方梵唄經咒，宮中英

〔註54〕 陸容《菽園雜紀》（北京：中華書局，1985年出版），卷二，頁17。

〔註55〕 沈德符《萬曆野獲編》：（臺北，新興書局，1930年出版），補遺卷一，閹幼
　　　　童，頁820載，「英宗朝最嚴自宮之禁，而臣下不奉行者，則時時有之。」

〔註56〕 參閱張廷玉《明史》（臺北：臺灣商務印書館，1975年出版），卷三〇五，〈魏
　　　　忠賢傳〉，頁18。

〔註57〕 參閱劉若愚《明宮史》（臺北：藝文印書館，1968年出版）上冊，木集，〈內
　　　　府職掌〉，頁26～28。

〔註58〕 參閱韋驥〈宦官意識和宦官現象〉：（《當代思潮》，北京：北京人民出版社，
　　　　1992年4月），頁16。

〔註59〕 參閱冷東《世界宦官叢談》：（瀋陽，遼寧教育出版社，1993年出版）頁132
　　　　～134。

〔註60〕 同上註。

華殿所供西番佛像皆陳設，近侍司其燈燭、香火，其隆德殿欽、安
殿香火亦各有陳設……（道經廠）習演元教諸品經懺、建醮，做好
事亦於隆德殿或欽安殿懸旛掛榜……以上共謂之曰三經廠。〔註61〕

知宦官內府組織中設有三經廠，其各選官人數十人隸屬，分習漢、番、道經，
此舉係欲讓入宮閹人精神上有所依歸。

　　另外一方面，宦官在宮中除少數的首領外，大多是無所居處，此輩在年
老體邁，離開宮中後，就只能把寺廟作爲苟延殘年的處所。因此在他們年富
力強的時候，常把積攢下來的錢買點地捐給寺廟，拜主持作師父，或施捨給
方外人蓋寺廟，待其出宮後便到寺廟安身，靠點香火錢或經營土地收入維持
生活，死後也就葬在廟裏。據考，明清時，北京郊區有太監廟二十六座，都
是出宮太監居住過的地方。〔註62〕據《明宮史》〈京城內外寺廟〉載：

大護國隆善寺等寺，朝天宮等宮，東獄廟等廟，各有燒香內官十餘
員不等，及東西捨飯寺，亦各有內官十餘員，或因年老有病，退居
於此，止給本身柴米、冬衣、靴料，以終天年。此祖宗以來眷養之
澤，周詳備至者也。〔註63〕

知明代京城內外各寺廟皆派有燒香宦官十餘人，皆爲年老或有疾者，其僅領
衣物、柴米於此安養。

　　宦官的崇佛，在王振身上，也可看到，如正統八年（1443）四月，王振
在皇城中修建自己的大宅，他並且在大宅的東邊作智化寺爲自己祝喜，且撰
文鑄碑留念。〔註64〕正統十三年二月，又以慶壽寺年久失修爲由，動員大量
軍民改建，耗費巨萬。該寺修成後比京城還要壯麗，英宗給賜，並號「第一
叢林」。〔註65〕如《明史》載：

初王振佞佛，請帝歲一度僧，其所修大興隆寺，日役萬人，靡幣數
十萬，閎麗冠京都，英宗爲賜，號第一叢林，命僧士做佛事，躬自

〔註61〕劉若愚《明宮史》（臺北：藝文印書館，1965 年出版）上冊，木集，〈內府職
　　　　掌〉，頁 27～29。
〔註62〕據杜婉言《中國宦官史》（臺北：文津出版社，1996 年出版）頁 35 載，現存
　　　　的思濟莊、立馬關帝廟、大悲庵等寺廟都是。
〔註63〕同註 60，頁 31。
〔註64〕參閱谷應泰《明史紀事本末》（臺北：三民書局，1969 年出版），卷二十九，〈王
　　　　振用事〉，頁 316。
〔註65〕《英宗實錄》（臺北：中研院史語所，1965 年出版），卷一六三，正統十三年
　　　　二月乙未條，頁 1 下～2 上載：「修大興隆寺，寺初名慶壽。」

臨幸，以故釋教益熾。〔註66〕

另據《典故紀聞》載：

> 正統中，御史彭勗疏言僧道三害，請凡僧尼未度者，皆令還俗，叢
> 林不許創立，官民之家，不許修齋設醮，事下禮部都察院，尚書胡
> 濙等查洪武間禁約條例入奏，英宗命都察院遵例禁約，違者依律罪
> 之，寺觀有賜額者聽其居住，今後再不許私自創建。〔註67〕

知英宗嚴令禁止民間任意創建寺觀。但由於王振佞佛，故終正統朝始終是釋教盛行，如景泰年間尚褫曾上言：「釋教盛行，誘煽聾俗，由掌邦禮者畏王振勢，度僧多至此，宜盡勒歸農。」〔註68〕知由於王振之勢，致使民間度僧泛濫。

第三個宦官現象是報復心態。宦官由於人格上的屈辱感，因此也產生出報復的心態。王振對朝中王公勳戚及士大夫的打擊，除政治上奪權的意義外，也包含這種報復的複雜心理情緒。如正統六年（1441）時，劉球因反對王振出兵麓川而與之結怨，因此在正統八年（1443），上言十事，即引起王振的不滿與反彈。《明史》載：

> 至（正統）六年，王振始亂政，數辱廷臣，刑章大紊。侍講劉球條
> 上十事，中言：「天降災譴，多感於刑罰之不中。宜一任法司，視其
> 徇私不當者而加以罪，雖有觸忤，如漢犯蹕盜環之事，猶當聽張釋
> 之之執奏而從之」。帝不能用，而球即以是疏觸振怒，死於獄，然諸
> 酷虐事大率振為之，帝心頗寬平。〔註69〕

即劉球因上言十事，而遭殺身之禍。王振一向以周公輔成王自居，他以為劉球的上疏，實暗指他奪權干政。劉球被逮，下錦衣衛獄後，王振則暗中吩咐其黨羽錦衣衛指揮馬順殺之。最後，劉球是在獄中遭到分屍。〔註70〕王振的報復心理，由其後來去除不願輔助他的朝中大臣一事，亦可得知。〔註71〕

〔註66〕 張廷玉《明史》（臺北：臺灣商務印書館，1976 年出版），卷一六四，〈單宇傳〉，頁 22。

〔註67〕 余繼登《典故紀聞》（北京：中華書局：1981 年出版），卷十一，頁 182。

〔註68〕 張廷玉《明史》（臺北：臺灣商務印書館，1976 年出版），卷一六四，〈尚褫傳〉，頁 21。

〔註69〕 同上書，卷九十四，〈刑法志二〉，頁 20。

〔註70〕 據李贄《續藏書》（臺北：臺灣學生書局，1974 年出版），卷二十三，〈劉球傳〉，頁 451 載：「……縛公（劉球）至暗獄中，斧躓暴下，碎其體，極慘毒。」

〔註71〕 據嚴從簡《殊域周咨錄》（臺北：臺灣華文書局，1965 年出版），卷十七，〈韃靼〉，頁 16 載：「內閣之柄悉為振所擅，生殺與奪盡在其手，遂殺諫官劉球，

　　王振對付朝中大臣的手段，主要是以屈辱的肉刑爲主。王振的諸行爲與其閹人身份有關，也是他對宦官制度的殘酷所做出的反彈。由於皇帝的信任，他始終以爲自己是輔佐皇帝的重臣而非擅權干政的小人，故面對士大夫以傳統倫理價值觀爲出發的批判時，遂產生強烈的報復心理。當其未能掌權時，便卑躬虛委，而當掌握權力後，對不服或輕視己者便施以酷罰。

去大臣不輔己者。」

結　論

　　明代宦官之禍，雖不如漢、唐二朝嚴重，但有明一朝，閹宦之禍不斷，則爲漢、唐所未有。此一現象的起因，源於正統時王振的擅權干政。但窮本溯源，實與太祖廢除丞相、集權中央，及宦官組織不斷擴充有關。

　　明初廢相使大權集中於皇帝一人身上，但國家政務繁多，皇帝難以全部處理，致使日後遂有內閣的產生。但是內閣與皇帝間的連繫是由宦官來居中傳遞使令，因此在政治制度上也就留下潛存的危機。擴充宦官組織其原因或出於實際需要，然宦官組織、人數的日益龐大，實爲造成日後宦官橫行的危機之一，特別是司禮監的特殊地位。對於宦官，太祖是以嚴罰峻法管理，如不得兼外臣文武銜，不得御外臣冠服，官無過四品，衣食於內廷，不得干預政事，敕諸司不得與文移往來，禁宦官讀書識字等，因此其在位時宦官少有違法之事。惠帝繼位後，對宦官仍嚴加管理。但成祖時，閹宦以協助靖難有功，開始得到信任。成祖雖在外在行爲上仍嚴格控制宦官不許竊權干政，但宦官權勢卻已有發展的空間，舉凡監軍、出使、封王、鎮守等皆由宦官出任，宦官開始能獲得功名利碌，如三保太監鄭和之名聲，明代百姓自宮求進的風氣也隨之而起。

　　仁、宣二帝，對宦官控制亦嚴，但司禮監之職權已逐步提昇，復以宣宗開內書堂教習宦官讀書識字，司禮監以職位之便，在傳遞使令中漸得到竊權的機會。英宗年幼即位，王振以服侍之便，小心謹愼遂得英宗信任，命其出掌司禮監。

　　王振出掌司禮監後，雖然高居宦官之首，但上仍有太皇太后監國，下有三楊輔政，一時之間尚不能竊權干政。但太皇太后於正統七年去逝，三楊亦

因年邁而逐漸退出朝政，王振挾皇帝之寵信，既掌控司禮監大權，又握有廠、衛的御用監察機構，便開始立威朝廷，整肅異己，超擢曲意媚己者。致使朝中諂媚之風盛行，公侯勛戚亦稱其為翁父，獻金賄賂者不斷，朝中已無人能與之相抗。至正統十四年，王振力排眾議，獨勸英宗親征瓦剌，師次土木時，英宗兵敗被俘，王振亦身死行伍，才結束其擅權干政的局面。

　　王振擅權干政除涉及個人的是非觀念外，宦官制度的存在與明代政治制度上的缺失也是原因，而皇帝的寵信更是他能奪權干政的主因。明、清二代的史學家處在傳統君主制度下的思維模式，對英宗皆無太多苛責，故焦點便集中於王振身上。以心理學分析，王振不過是欲以功名來突顯，彌補自己身為閹人的缺憾，因此與傳統儒家觀念出身的士大夫格格不入。王振自己並不認為有擅權干政之舉，反而是以周公輔成王自居，但由於他是閹人的身份，使他必須背上竊權干政的罪名，而不能如常人般成就功名，這是中國宦官制度下的殘酷事實。

附錄：王振年表大事記

時　間	事　件	備　註
明成祖 永樂年間	王振出生年月不詳，若據《英宗實錄》載其於永樂時選入宮中，侍時爲太子之仁宗，教其詩書，則或可推測其時應爲十餘歲之成人，以此推斷或爲洪武末年～永樂初年時出生。	王振爲山西大同府蔚州人
明宣宗 宣德年間	宣宗以王振侍仁宗有佳，選爲侍英宗，英宗咸敬王振，素呼先生而不稱名諱。	
明宣宗 宣德十年 （1435）	七　月：王振導英宗閱武於將臺，矯旨昇紀廣爲騎射第一，宦官專政自此始，王振遂導帝用重典，嚴刑御臣下，防臣下欺瞞。 九　月：英宗命王振越金英等出掌司禮監。 太皇太后召王振於便殿，欲殺之，英宗及諸大臣求之，赦之，太后令王振不得干國事。 宣宗崩，太皇太后監國，事皆白太后而後行，委用三楊，政歸臺閣，每數日，太后必遣中官入閣，問施行何事，俱以聞，或王振自斷不付閣議者，必立召王振面責之。	王世貞以爲係何孟春所誤傳。
明英宗 正統元年 （1436）	十二月：王振導英宗下兵部尚書王驥等於獄，王驥議邊務凡五日未奏，振教英宗召王驥面見曰「卿等欺朕年幼耶？」遂下獄，尋釋之。	自是王振以言官屢撼大臣過。
正統四年 （1439）	十　月：福建僉事廖謨杖死驛丞，丞爲楊溥同鄉，謨爲楊士奇同鄉，士奇欲因公致死結案，溥則主抵命，爭論不休，裁決於太皇太后。太監王鎮則說，二人皆挾鄉故，抵命太重，因公過輕，宜對品降調，太后善之。	自此王振漸預朝事。
正統五年 （1440）	二　月：王振抵內閣，語楊士起、楊榮等曰，朝廷事賴公等，公等高年，他日何處之？楊榮對曰當推薦後繼之人以代之，振悅，即日薦曹鼐、高穀等入閣辦事。 該年內閣閣臣楊榮因病去世。	
正統六年 （1441）	正　月：明大舉征麓川，戰事曠日費時，勞師費財，以一隅騷動天下，王驥等媚王振，支持太監王振力主出兵。 四　月：王振矯旨以工部郎中王佑昇爲工部右侍郎，王佑嘗以父事王振，聞者皆以爲恥。 十　月：三殿工成，英宗設宴宮廷，邀宴百官，王振依例不得往，振怒曰，周公輔成王，我獨不可一坐乎？英宗開東華中門暨百官迎之，王振始悅。 王振械戶部尚書劉中敷、侍郎吳璽、陳常，歷十六日始釋。 閏十一月劉中敷等下獄，王振唆英宗論死，劉中敷得免。	

正統七年 （1442）	十　月：太皇太后張氏去世，王振始無所憚。王振盜去太祖時所立之禁宦官干政碑。 十二月：王振矯旨以徐晞爲兵部尚書，徐晞以詔見擢，於是府部院諸大臣及百執事，在外方面，俱舉金往進王振，賄賂風行，百金爲準，千金始得見，明士風大壞。 王振罰都御史陳鑑、王文，見其而不禮，故俯首跪於門前。 王振建大宅於皇城東，壯麗過京師，振姪王林爲錦衣衛同知世襲，尋命侍經筵。	
正統八年 （1443）	六　月：王振以翰林院侍讀劉球上言諷己，下劉球於錦衣獄，尋命其黨馬順於獄中殺之，劉球嘗上言諫止伐麓川，王振銜之，復因欽天監澎德清誣劉球，故殺害之。 王振下大理寺少卿薛瑄於錦衣獄，誣死罪，既而得釋。 八　月：王振枷國子監祭酒李時勉於太學門前。 十　月：內使張環、顧忠匿名寫誹謗語於市，揭王振罪，詔　於市。 王振修智化寺。	
正統九年 （1444）	五　月：饒州瓷器不堪，王振命杖提督官，仍督責造。 七　月：駙馬都衛石璟罰家閹奴呂寶，王振以其傷同類，令下錦衣獄，後戍鐵嶺衛。 十　月：王振下監察御史李儼錦衣衛獄，李儼見王振不跪，後戍鐵嶺衛。 該年內閣閣臣楊士奇以子稷之故，稱病不出，後亦病死。	
正統十年 （1445）	正　月：王振殺錦衣衛卒王永。 七　月：王振令逮霸州知州張需，下錦衣衛獄。	
正統十一 年（1446）	正　月：英宗賜王振白金寶玉等賞賜，並頒敕文褒獎。 該年三楊之楊溥亦因病去世。內閣至此已無能與王振鬥。	
正統十二 年（1447）	四　月：武功中衛指揮華嵩與王振姪爭妓，被械，戍大同。	
正統十三 年（1448）	二　月：王振於京城中修大興隆寺，花費十數萬，日役萬人，壯麗過京師，英宗親臨，賜號第一叢林，自此釋教益盛。 五　月：王振薦山西左布政使石璞爲工部尚書。 福建鄧茂七爲亂，起因於福建參政宋彰與中官多親進，嘗竊官銀萬兩賄王振，得遷左布政使司，遂斂戶收刮以償，民貧不能堪，夏，鄧茂七聚民起事。	
正統十四 年（1449）	七　月：瓦剌也先入寇，先是王振以也先入貢，謊報人數，怒其詐，遂減其馬價，也先遂失好，連朵顏三衛來犯，京師震動，王振勸英宗親征也先英宗令太監金英輔弟郕王監國，親率五十萬大軍往征也先。 群臣上言諫英宗毋親征，不聽，王振主之，成國公朱勇等因諫皆膝行王振聽事。	
	八　月：兵至大同，兵部尚書鄺埜等仍勸回師，王振怒，令其隨老營行，鄺埜墜馬幾殆。 英宗於土木堡兵敗被俘，隨駕之文武百官從死者眾，王振亦於是役死去，或謂爲衛士樊忠所殺。	推測王振可能時爲四十餘歲。

明景帝 景泰年間	言官上言籍王振家，家族皆處死，家產充公，得金銀六十餘庫，玉盤百，珊瑚二十餘株，並籍其黨太監郭敬、陳官、唐童等家。	
明英宗 天順年間	英宗奪門復辟，令刻王振木形，詔復其官，言官劾王振者皆貶官處罰，招魂祭於智化寺，後憲宗立，以言論去之。	

資料來源：1.《明史紀事本末》卷二十九
　　　　　2.《英宗實錄》
　　　　　3.《明史》卷三○四
　　　　　4.《明書》卷一五八

參考書目

一、基本史料

1. 明·尹守衡：《明史竊》（臺北：華世出版社，1978 年影印東莞博物館刊本）。

2. 明·王圻：《續文獻通考》（臺北：文海出版社，1984 年出版）。

3. 明·王世貞：《弇山堂別集》（北京：中華書局，1985 年出版）。

4. 明·王世貞：《錦衣志》（北京：中華書局，1985 年出版）。

5. 清·王鴻緒：《明史稿》（臺北：文海出版社，1962 年出版）。

6. 明·申時行：《大明會典》（臺北：新文豐書局，1981 年出版）。

7. 清·托津：《明鑑》（北京：中國書店，1985 年出版）。

8. 清·何良俊：《四友齋叢說摘抄》（北京：中華書局，1985 年出版，叢書集成初編）。

9. 明·何喬遠：《名山藏》（臺北：成文出版社，1971 年影印明崇禎十三年刊本）。

10. 明·余繼登：《典故紀聞》（北京：中華書局，1985 年出版）。

11. 明·李實：《北使錄》（臺北：藝文印書館，1968 年影印百部叢書集成，紀錄彙編第二函）。

12. 清·沈德符：《萬曆野獲編》（臺北：新興書局，1976 年出版）。

13. 清·谷應泰：《明史紀事本末》（臺北：三民書局，1969 年出版）。

14. 明·姚廣孝等撰：《太祖實錄》（臺北：中央研究院歷史語言研究所，1965 年影印國立北平圖書館珍藏善本）。

15. 清·查繼佐：《罪惟錄》（臺北：藝文印書館，1965 年影印四庫善本叢書續編）。

16. 清・夏燮：《明通鑑》（臺北：宏業書局，1974 年出版）。

17. 清・孫承澤：《春明夢餘錄》（臺北：大立出版社，1980 年影印古香齋本）。

18. 明・孫繼忠等撰：《英宗實錄》（臺北：中央研究院歷史語言研究所，1965 年影印國立北平圖書館珍藏善本）。

19. 清・徐學聚：《國朝典彙》（臺北：臺灣學生書局，1965 年影印國立中央圖書館珍藏善本）。

20. 明・耿定向：《碩輔寶鑑》（臺北：文海書局，明人文集叢刊，1970 年出版）。

21. 明・高岱：《鴻猷錄》（北京：中華書局，1985 年影印叢書集成初編）。

22. 明・涂山：《明政統宗》（臺北：成北出版社，1969 年出版）。

23. 明・張萱：《西園聞見錄》（臺北：文海出版社，1940 年出版）。

24. 清・張廷玉：《明史》（臺北：臺灣商務印書館，百納本二十四史，1976 年出版）。

25. 明・張輔等撰：《太宗實錄》（臺北：中央研究院歷史語言研究所，1965 年影印國立北平圖書館珍藏善本）。

26. 清高宗敕撰：《續通典》（臺北：新興書局，1963 年出版）。

27. 清・陳鶴：《明紀》（臺北：世界書局，1967 年出版）。

28. 明・陳子龍：《皇明經世文編》（臺北：國聯出版社，1964 年影印國立中央圖書館珍藏明崇禎年間平露堂刊本）。

29. 清・陳夢雷：《古今圖書集成》（臺北：鼎文書局，1977 年出版）。

30. 明・陸容：《菽園雜記》（北京：中華書局，1985 年出版）。

31. 清・傅維鱗：《明書》（臺北：華正書局，1974 年出版）。

32. 明・焦竑：《國朝獻徵錄》（臺北：臺灣學生書局，1965 年影印國立中央圖書館珍藏善本）。

33. 明・黃佐：《翰林記》（北京：中華書局，1985 年出版）。

34. 明・黃訓：《皇明名臣經濟錄》（臺北：文海出版社，1984 年出版）。

35. 明・黃瑜：《雙槐歲鈔》（北京：中華書局，1985 年出版）。

36. 清・黃宗羲：《明夷待訪錄》（臺北：臺灣中華書局，1964 年出版）。

37. 明・楊榮：《北征記》（臺北：藝文印書館，1968 年影印百部叢書集成，紀錄彙編第二函）。

38. 明・楊士奇等撰：《仁宗實錄》（臺北：中央研究院歷史語言研究所，1965 年影印國立北平圖書館珍藏善本）。

39. 明・楊士奇等撰：《宣宗實錄》（臺北：中央研究院歷史語言研究所，1965 年影印國立北平圖書館珍藏善本）。

40. 明・雷禮：《內閣行實》（臺北：臺灣學生書局，1970 年影印國立中央圖書館藏本）。

41. 明・雷禮：《國朝列卿記》（臺北：文海書局，出版年月不詳）。

42. 清・趙翼：《二十二史箚記》（臺北：華世書局，1977 年出版）。

43. 明・劉定之：《否泰錄》（臺北：藝文印書館，1968 年影印百部叢書集成，紀錄彙編第二函）。

44. 明・劉若愚：《明宮史》（臺北：藝文印書館，1968 年影印百部叢書集成，學津討原）。

45. 明・劉若愚：《酌中志》（臺北：藝文印書館，1968 年影印百部叢書集成，海山仙館叢書）。

46. 撰者不詳：《明會要》（臺北：世界書局，1963 年出版）。

47. 明・談遷：《國榷》（臺北：鼎文書局，1978 年年出版）。

48. 闕名：《沂陽日記》（《續說郛》卷七，臺北：新興書局，1964 年出版）。

49. 闕名：《海上記聞》（《續說郛》卷七，臺北：新興書局，1964 年出版）。

50. 明・嚴從簡：《殊域周咨錄》（臺北：臺灣華文書局，1968 年出版）。

51. 清・顧炎武：《日知錄》（臺北：臺灣商務印書館，1956 年出版）。

二、專　書

1. 丁易：《明代特務政治》（北京：群眾出版社，1983 年出版）。

2. 王天有：《明代國家機構研究》（北京：北京大學，1992 年出版）。

3. 王其渠：《明代內閣制度史》（北京：中華書局，1989 年出版）。

4. 王春瑜：《中國宦官史》（臺北：文津出版社，1996 年出版）。

5. 王春瑜：《明朝宦官》（北京：紫禁城出版社，1989 年出版）。

6. 王雲五：《明代政治思想》（臺北：臺灣商務印書館，1969 年出版）。

7. 余華青：《中國宦官制度史》（上海：人民出版社，1993 年出版）。

8. 冷東：《世界宦官叢談》（瀋陽：遼寧教育出版社，1993 年出版）。

9. 冷東：《被閹割的守護神；宦官與中國政治》（吉林：吉林教育出版社，1990 年出版）。

10. 吳晗：《朱元璋大傳》（臺北：遠流出版社，1991 年出版）。

11. 吳緝華：《明代制度史論叢》（臺北：學生書局，1971 年出版）。

12. 杜乃濟：《明代內閣制度》（臺北：臺灣商務印書館，1967 年出版）。

13. 高宣揚：《佛洛伊德主義》（臺北：遠流出版社，1993 年出版）。

14. 張式苓：《中國古代的宦官之禍》：（北京：北京科學科技出版社，1995 出版）。

15. 張治安：《明代政治制度研究》（臺北：聯經出版社，1992 年出版）。

16. 張春興等：《心理學》（臺北：三民書局，1970 年出版）。

17. 郭敬晃等：《心理學》（臺北：揚智文化事業公司，1993 年出版）。

18. 陳新華：《中國歷代宦官大觀》（深圳：海天出版社，1993 年出版）。

19. 黃雲眉：《明史考證》：（北京：中華書局，1986 年出版）。

20. 楊國樞等：《心理學》（臺北：桂冠圖書公司，1990 年出版）。

21. 楊國樞等：《應用心理學》（臺北：桂冠圖書公司，1986 年出版）。

22. 楊樹藩：《明代中央政治制度》（臺北：臺灣商務印書館，1978 年出版）。

23. 溫功義：《明代的宦官和宮廷》（重慶：重慶出版社，1989 年出版）。

24. 衛建林：《明代宦官政治》（山西：山西人民出版社，1991 年出版）。

25. 韓索林：《宦官擅權概覽》（瀋陽：遼寧大學出版社，1976 年出版）。

26. 顧蓉等：《霧橫帷牆・古代宦官群體的文化考察》（西安：陝西人民教育出版社，1992 年出版）。

三、論　文

（一）學位論文

1. 巨煥武：〈明代宦官禍國之研究〉（臺北：政治大學政治研究所碩士論文，1962 年）。

2. 吳行健：〈明英宗朝權力的運作〉（臺北：臺灣大學政治學研究所碩士論文，1989 年）。

3. 吳紹開：〈明代廠衛之研究〉（臺北：政治大學政治研究所碩士論文，1984 年）。

4. 蔡慶順：〈明代宦官研究〉（臺北：政治大學政治研究所碩士論文，1993 年）。

（二）期刊論文

1. 何冠彪：〈宦官通稱太監考〉（《漢學研究》第八卷二期，臺北，漢學研究中心，1990 年 12 月）。

2. 冷東：〈明初三楊與宦官關係論略〉（《明清史》第九期，北京，中國人民大學書報資料中心，1992 年 9 月）。

3. 冷東：〈明清兩代宦官專權與封建專制的關係〉（《汕頭大學學報》1985 年第二期，廣東：中國人民大學書報資料中心，1985 年 9 月）。

4. 吳晗：〈明代的錦衣衛與東西廠〉（《吳晗文集》第三卷，北京，北京出版社，1988 年出版）。

5. 吳晗：〈明代靖難之役與國都北遷〉（《清華學報》第十卷第四期，北平，清華大學，1935 年 10 月）。

6. 吳晗：〈明初的恐怖政治〉（《吳晗文集》第三卷，北京，北京出版社，1988 年出版）。

7. 吳智和：〈明代正統國變與景泰興復〉（《明史研究論叢》第一輯，臺北，大立出版社，1982 年 6 月）。

8. 吳緝華：〈明仁宣時內閣制度之變與宦官僭越相權之禍〉（《明代制度史論叢》上冊，臺北：臺灣學生書局，1971 年初版）。

9. 李紹強：〈論儒臣與宦官鬥爭對明代政局的影響〉（《中國古代史》第二期，北京，中國人民大學，1994 年 3 月）。

10. 林正根：〈論明太祖的心態與功臣群體的覆滅〉（《江漢論壇》1992 年第十二期，武昌：中國人民大學書報資料中心，1993 年 3 月）。

11. 韋驤：〈宦官意識和宦官現象〉（《當代思潮》1992 年第二期（北京：中國人民大學書報資料中心，1992 年 11 月）。

12. 韋慶遠：〈三楊與儒家政治〉（《史學集刊》1988 年第一期，長春：中國人民大學書報資料中心，1988 年 4 月）。

13. 孫衛國：〈論明初的宦官外交〉（《南開學報》第二期，1994 年 3 月）。

14. 徐連達：〈明代錦衣衛權勢的演變及其特點〉（《復旦學報》1992 年第六期）滬：社科版，1992 年 6 月。

15. 馬良懷：〈中國宦官制度生存原因試探〉（《中國史研究》第三期，北京，中國社會科學院歷史研究所，1992 年 8 月）。

16. 張存武：〈說明代宦官〉（《幼獅學誌》三卷二期，臺北，幼獅書店，1964 年 4 月）。

17. 張治安：〈宦官權勢之發展及其與內閣之關係〉（《明代政治制度研究》臺北：聯經出版社，1992 年出版）。

18. 張奕善：〈明成祖政治權力中心北移的研究〉（《臺大歷史學系學報》第十、十一期，臺北：臺灣大學，1984 年 12 月）。

19. 張奕善：〈奪國後的明成祖與諸藩王關係考〉（《臺大文史哲學報》第三十一期，臺北：臺灣大學，1982 年 12 月）。

20. 梁希哲：〈明代內閣與明代的官僚政治〉（《史學集刊》1992 年第二期，長春：中國人民大學書報資料中心，1992 年 7 月）。

21. 陳清泉、金成基：〈略論明代中後期的宦官擅權〉（《歷史教學》第三期，1980 年 3 月）。

22. 曾唯一：〈朱元璋的集權與明中後期的政治腐敗〉（《四川師院學報》1985 年第三期，成都：中國人民大學書報資料中心，1985 年 11 月）。

23. 黃才庚：〈明代司禮監專權對奏章制度的破壞〉（《故宮博物院院刊》第二期，北京：文物出版社，1982年5月）。

24. 黃彰健：〈論祖訓錄所記明初宦官制度〉（《明清史研究叢稿》，臺北，臺灣商務印書館，1977年9月初版）。

25. 楊亞進：〈明代經筵制度與內閣〉（《故宮博物院院刊》1990年第二期，北京，中國人民大學書報資料中心，1990年8月）。

26. 趙鐵峰：〈票擬制度與明代政治〉（《東北師大學報》第二期，哲社版，1989年2月）。

27. 劉禮芳：〈關於明代內閣建制的幾個問題〉（《南昌職業技術師範學院學報》1991年第二期，南昌，中國人民大學書報資料中心，1992年2月）。

28. 歐陽琛：〈明內府內書堂考略〉（《江西師範大學學報》1990年第三期，南昌，哲社版，1990年3月出版）。

29. 歐陽琛：〈論明代閣權的演變〉（《江西師範大學學報》1987年第四期，南昌：中國人民大學書報資料中心，1988年1月）。

30. 蔡秉碩：〈明代"仁宣致治"新探〉（《雲南民族學院學報》1993年第一期，昆明：哲社版，1993年1月）。

31. 懷效鋒：〈明代中期的宦官與司法〉（《中國社會科學學報》第六期，北京，中國社會科學，1985年6月）。

32. 羅麗馨：〈明代內閣制度〉（《中國史學論文選集》第三輯，臺北：幼獅文化事業公司，1979年出版）。

（四）日文書目

1. 川越泰博：〈土木の變と親征軍〉（《東洋史研究》第五十二卷第一號，東京：京都大學東洋史研究會，1993年6月）。